全国交通高级技工学校通用教材

Gonglu Shigong Yu Yanghu Guanli

公路施工与养护管理

（公路施工与养护专业用）

孟　华　主编
张文才　主审

人民交通出版社

内容提要

本书主要内容包括:公路建设管理的概念,公路施工组织设计和公路基本建设工程概预算的基本原理和编制方法,公路施工质量和公路养护管理的基本原理和方法。

本书是全国交通高级技工学校公路施工与养护专业教学用书,也可供公路工程技术人员学习参考,或作为公路系统职工进行高级工、技师、高级技师培训的选用教材。

图书在版编目(CIP)数据

公路施工与养护管理 / 孟华主编. —北京: 人民交通出版社, 2005.10 (2007.7 重印)
ISBN 978-7-114-05796-0

Ⅰ. 公… Ⅱ. 孟… Ⅲ. ①道路工程-工程施工②公路养护 Ⅳ. U41

中国版本图书馆 CIP 数据核字 (2005) 第 114172 号

全国交通高级技工学校通用教材
书　　名: 公路施工与养护管理 (公路施工与养护专业用)
著 作 者: 孟　华
责任编辑: 曹延鹏
出版发行: 人民交通出版社
地　　址: (100011)北京市朝阳区安定门外外馆斜街 3 号
网　　址: http://www.ccpress.com.cn
销售电话: (010)59757973
总 经 销: 人民交通出版社发行部
经　　销: 各地新华书店
印　　刷: 北京盈盛恒通印刷有限公司
开　　本: 787×1092　1/16
印　　张: 12.75
字　　数: 309 千
版　　次: 2005 年 11 月　第 1 版
印　　次: 2017 年 5 月　第 6 次印刷
书　　号: ISBN 978-7-114-05796-0
印　　数: 13001-14000 册
定　　价: 23.00 元

交通职业教育教学指导委员会公路类（技工）学科委员会 和交通技工教育研究会公路专业委员会

前 言

FOREWORD

为了适应交通新的跨越式发展,积极推进一体化教学改革,进一步加快高级技工学校公路类专业教材建设,交通职业教育教学指导委员会公路类(技工)学科委员会和交通技工教育研究会公路专业委员会组织制定了高级技工学校公路施工与养护和公路工程机械使用与维修两个专业的教学计划与教学大纲,并依此确定了教学改革和教材改革的模式。2004 年 3 月启动教材的编写工作,2005 年 7 月交稿。

本套教材用于培养公路类专业高级技工和技师,具有以下特点:

1. 教材内容与高级工等级标准、考核标准相衔接,适应现代化施工与养护的基本要求,教材全部采用最新的标准和规范,符合先进性、科学性和实用性的要求。

2. 教材编写满足理实一体化和模块式的教学方式,以操作技能为主,体现职业教育特色,使学生具备较高的实用技能。

3. 教材与作业、题库配套。各课程均编写了“习题集和答案”,汇成题库和题解,供学生做作业和练习,也可供命题参考。

本套教材由柯爱琴担任责任编委。

《公路施工与养护管理》是全国交通高级技工学校公路施工与养护专业通用教材之一,内容包括:公路建设管理的概念,公路施工组织设计和公路基本建设工程概预算的基本原理和编制方法,公路施工质量和公路养护管理的基本原理和方法。

参加本书编写工作的有:山东公路高级技工学校孟华(编写单元一、四、六、七),广东省交通技工学校邝青梅(编写单元二、三),河南省交通技工学校黄丽平(编写单元五,附录)。全书由孟华担任主编,山西交通高级技工学校张文才担任主审。

本套教材在交通技工教育研究会理事长卢荣林的指导下进行,在编写过程中,得到了全国16个省市的交通技工学校领导的大力支持和帮助,共有60余名公路类专业教师参与了教材的编审工作,在此表示感谢。

由于我们的业务水平和教学经验有限,书中有不妥之处,恳切希望使用本书的教师和读者批评指正。

交通职业教育教学指导委员会公路类(技工)学科委员会

交通技工教育研究会公路专业委员会

二〇〇五年八月

目录

CONTENTS

单元一　公路建设管理的概念

【知识目标】

1. 具有管理学的一般概念；
2. 了解公路建设的管理原则及体制；
3. 具有公路基本建设的一般知识。

课题一　概　　述

一、管理的含义

1. 管理的概念

“管理”起源于人类的共同劳动，自古就有。当人们开始组织集体去达成共同目标时，就需要管理以协调集体中每个成员的活动。倘若没有管理，人类社会就无法生存，更谈不上发展。但是，至于什么是“管理”，人们却有着不同的理解。“科学管理之父”弗雷德理克·泰罗认为：管理就是“确切知道要别人干些什么，并且注意他们用最好、最经济的方法去干”。“组织管理之父”亨利·法约尔则认为：管理就是实行计划、组织、指挥、协调和控制。决策管理学派的代表人物西蒙认为：管理就是决策。当代管理学派的代表人物哈罗德·孔茨把管理定义为“管理就是设计一种良好的环境，使人在群体里高效率地完成既定目标”。

随着管理理论的研究范围不断扩大，特别是由于各方面专家运用各种现代科学知识进行分析，人们对管理的认识更加多种多样，这些不同的认识从不同侧面揭示了管理的含义，或者揭示了管理的某一方面的属性。我们在借鉴国内外学者研究成果的基础上，对“管理”作出如下定义：管理是指组织中的管理者，通过计划、组织、领导和控制，来协调他人的活动，使他人同自己一起高效率地实现既定目标的活动和过程。管理概念的得出，如图 1-1-1 所示。

2. 管理的特性

一般来说，管理具有如下特性：

(1)两重性。管理是由许多人协作劳动而产生的，是有效组织、共同劳动所必需的，具有同生产力、社会化大生产相联系的自然属性；另一方面，管理又体现着生产资料所有者指挥劳动、监督劳动的意志，因此，它又有同生产关系、社会制度相联系的社会属性。这就是管理的两重性。

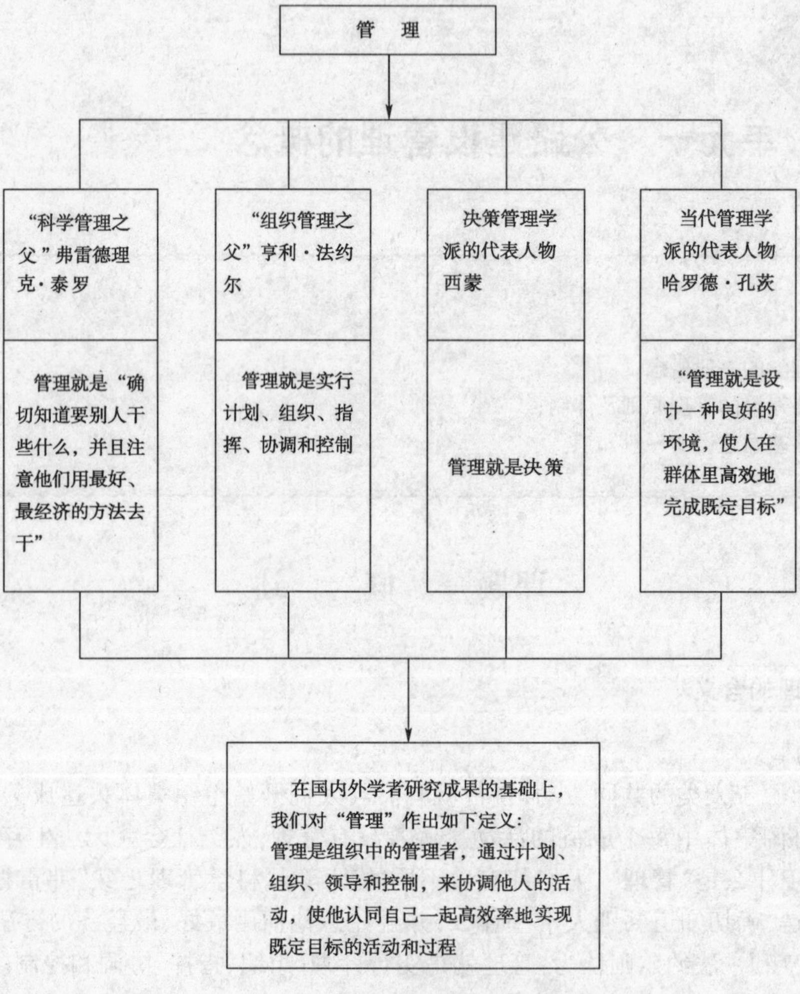

图 1-1-1　管理的概念

（2）组织性。无论从改造自然还是改造社会的任务来看，个体的能力都是有限的，个体的无序组合也是不能发挥作用的。现实社会中普遍存在着由两个或两个以上的人组成的、为一定目标而共同协作的集体，这就是组织。

（3）人本性。所谓“人本性”是指以人为根本。在管理过程中以人为中心，把理解人、尊重人、调动人的积极性放在首位，把人视为管理的重要对象和组织中最重要的资源。

（4）创新性。管理的创新性是指管理本身是一种不断变革、不断创新的社会活动。通过管理的变革，推动社会和经济的发展。

（5）科学性。管理是一门科学，它能以反映管理过程中的客观规律和方法为指导，分析、解决管理中的问题。

（6）艺术性。管理的艺术性是指在掌握一定理论和方法的基础上，灵活运用这些知识和技能。管理的艺术性强调的是管理人员必须在管理实践中发挥积极性、主动性和创造性，因地制宜地将管理知识与具体的管理活动相结合，才能进行有效的管理。管理的艺术性还意味着仅仅学习书本上的管理理论、熟记管理的原理和原则，是不可能成为成功的管理者的。成功的管理者必须学会熟练地掌握实际情况，学会因势利导，学会总结经验，学会理论联系实际。

在现代社会，管理几乎无所不包，无处不在，而且还在不断开辟新的领域。从企业来看，管理的对象主要是指人、财、物、信息、时间等资源要素，其中最主要的是对人的管理。

3. 管理的重要性

管理自人类有史以来就发挥着巨大的作用。随着社会生产力的发展和科学技术的进步，人类社会有组织的活动规模越来越大，协作的范围越来越广，管理的作用也就越来越突出。人们常常把现代科学技术和现代科学管理比作是加速生产力发展的两个车轮，两者缺一不可，现代科学技术必须通过现代科学管理才能发挥出更大的效益。在所有的生产活动中都需要劳动者、劳动工具和劳动对象这些生产要素，但是，离开了管理，它们只能是一种潜在的生产力。管理是使生产要素转变为现实生产力的条件，而且，管理能够提高生产力水平。马克思在论述协作时指出，“不仅通过协作提高了个人生产力，而且是创造了一种生产力，这种生产力本身必然是集体力”。正是管理创造了这种新力量。所以，现在越来越多的人们把管理看作一种资源，并且疾呼要大力开发管理资源。国外有人在分析企业破产的原因时，发现有 90% 以上的破产企业是由它们在管理上的无能和缺乏经验所致。

4. 公路施工与养护管理的概念

公路施工与养护管理，就是对公路建设的施工与养护生产过程中诸要素之合理组织的学科。公路施工与养护管理有其自身的规律性，由于公路建设点多线长、流动分散，其管理工作比其他工业管理的难度更大。作为公路建设者，不懂管理就不能适应工作的需要，因此应认真学习和掌握这门科学。

二、管理的产生与发展

自从有了人类社会，人们的社会实践活动就表现为集体的协作劳动形式，而有集体协作劳动的地方就有管理活动。人们在长期管理实践活动的基础上产生了早期的管理思想，管理思想的提炼和升华逐步形成了系统的管理理论；另一方面，人们运用管理理论去指导管理实践，并在管理实践中修正和完善管理理论。图 1-1-2 表明了管理实践、管理思想、管理理论三者之间的关系。

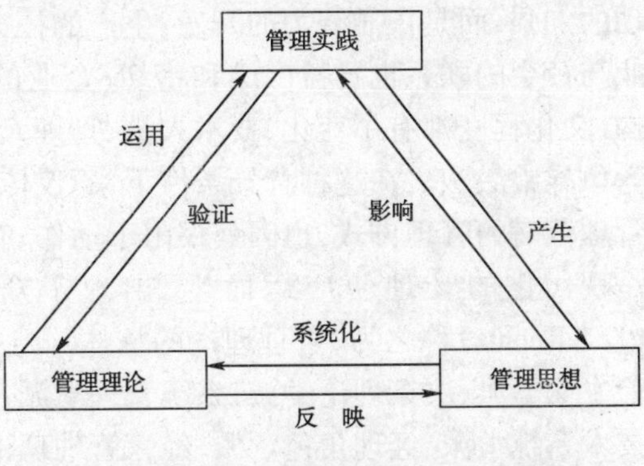

图 1-1-2　管理实践、管理思想、管理理论三者关系示意图

管理学诞生于 20 世纪初，但是，人们对管理学进行系统的研究和探讨，是近二十年才开始的，从西方管理思想的发展过程看，它的发展大体可以分为三个阶段：

1. 传统（经验）管理阶段（18 世纪后期 ~ 20 世纪初）

在18世纪80年代,西方工业革命之后,现代大工业代替了工厂手工业,使生产方式发生了变化。手工生产被机器生产所代替,生产集中在一个场所,生产过程的分工协作变得复杂,从而引起了工厂管理的需要。由于采用机器生产需要大量的投资,因而资本家控制了工厂的生产,管理日益复杂,管理工作逐渐成为一种专门工作。这一时期的主要特点是:生产和管理工作,主要凭个人经验办事——工人主要凭个人的经验来操作,没有统一的操作规程;管理人员主要凭自己的经验来管理,没有统一的管理规则;工人的培养,也主要是采取师傅带徒弟传授个人经验的办法;管理方法上,是采取家长式的、独裁式的、专制式的;管理的主要内容则在于生产管理与工资管理及成本管理。总之,这一时期,还没有完全摆脱小生产经营管理的影响,仍然沿袭着小生产的传统。因而,人们把这一时期称为传统管理阶段。

但到了19世纪末和20世纪初,随着生产的发展,这个阶段的管理方式和方法,已经不能适应生产需要,因而开始从传统管理阶段走向科学管理阶段。

2. 科学管理阶段(19世纪末、20世纪初~20世纪40年代)

19世纪末,随着工业的迅速发展,石油、电力等能源和化学等新工业的兴起,以及新技术在工业中的广泛应用,促进了资本主义经济的迅速发展:一方面,资本更加集中,自由竞争的资本主义逐步走向垄断的资本主义;另一方面,由于经济的发展,生产进一步社会化,生产规模不断扩大,劳动专业化程度越来越高,生产技术更加复杂,劳资矛盾日益加剧,同时竞争范围日益扩大,竞争对手日益增多。这些都对管理提出了更高要求,企业主仅仅凭经验与直觉这种经验管理办法进行生产与管理已经不能适应大生产的要求及这种激烈争夺的局面,需要专门的管理人员与管理机构来研究科学的管理制度,实行标准化生产和提高劳动生产率的种种措施,以改进企业管理,增强企业竞争能力。为适应这种需要,加上前一段传统管理思想都为建立管理理论创造了条件,于是,在20世纪初出现了以泰罗、法约尔为代表的一批管理学家,创建了"科学管理理论",使这一时期成为管理学科的转折点,使管理逐步由经验变为科学,由支离破碎走向系统化。这一时期的管理,着重研究的还是厂内生产管理方面的问题,主要解决生产组织方法的科学化、生产程序的标准化、提高生产效率等方面问题。

3. 现代管理阶段(20世纪40年代以后)

第二次世界大战以后,世界的经济、政治情况发生了极大的变化:科学技术迅速发展,新兴工业不断出现,产品制造技术的复杂程度大大提高,劳动生产率的提高也主要不是依靠体力劳动的加强,而是依靠智力的开发;生产的社会化程度越来越高,生产的协作关系也变得复杂,企业与社会的联系也日益广泛和密切;企业的规模也在激烈的竞争中迅速扩大;职工队伍的结构、文化程度都有了变化,技术人员、管理人员在职工中的比重增加;技术更新周期加快,市场竞争异常激烈。在这种背景条件下,不仅传统管理根本无法适应,就是科学管理这一属于近代管理范畴的管理方式,也因其仅限于动作、时间和车间范围内的管理方式而不能满足要求,于是现代化的管理便应运而生,出现了众多的现代管理理论学派,美国管理学家孔茨(H·Koontz)称之为"管理理论的丛林"。这些学派主要有:管理程序学派、权变理论学派、经验主义学派、决策理论学派、系统管理学派、管理科学学派、行为科学学派、社会系统学派、社会技术系统学派、经理角色学派、经营管理理论学派等。这些学派与经济学中的流派类似,是建立在基本理论观点、基本分析方法和主要管理措施相一致的基础上的,各家都有自己的独到之处,而且都曾解决或说明过一些实际问题,现在也都同样经历着实践的检验。

三、管理的基本内容

管理学研究的内容是很广泛的,大体可以分两个层次或两个侧重点。

1. 管理学的研究对象

由于管理活动总是在一定的社会生产方式下进行的,因此研究内容可以分三个方面:

(1)生产力方面。主要研究合理组织生产力问题,使劳动者、劳动工具、劳动对象在一定的空间和时间上科学、合理的组织和运转,各生产要素充分发挥作用以求得最佳经济效益与社会效益。

(2)生产关系方面。研究如何正确处理人与人之间的关系和其他关系,研究如何正确处理分配关系以及企业内部的管理体制、组织机构、经济核算等问题。

(3)上层建筑方面。研究如何从企业的实际出发,认真贯彻执行党和国家的有关方针政策、法令、计划,以及各项规章制度,从而维持正常的生产关系,促进生产力的发展。

2. 管理的职能

管理的职能是指企业管理者在企业管理活动中所应有的职责和功能,一般包括以下几个方面:

1)计划和决策

计划是指通过调研、预测,对企业的经营目标、经营方针作出决策,制订长远和短期计划,确定实现目标的途径、方法和资源配置等管理工作,并把计划层层分解落实到各个部门、各个环节。计划是企业从事经营活动的行动纲领,具有科学性、统一性、灵活性、连续性和群众性的特征,是企业管理的各项职能中的首要职能。

决策主要是指对企业生产经营的方向、战略目标以及由此而产生的一系列重大问题进行决定。决策正确与否,极大地影响企业的经济效益。

2)组织和指挥

组织是根据计划，为了实现企业经济目标，把生产的各种要素、各个环节在时间和空间上合理的组织起来，形成一个有机的整体，从而有效地进行生产活动。指挥职能是由企业各级领导人员行使的一种职能，企业各级领导人为贯彻实施企业的计划，通过组织系统来安排指导其下属人员的工作活动，使其互相配合，以便更好地完成企业的计划任务和经营目标。

3)控制和协调

控制职能,是指将工作执行的实际情况与该项工作的标准相比较,进行检查和考核,发现偏差、纠正偏差的管理活动,以保证经济目标的实现。

协调职能就是协调企业内部各生产部门之间的经营生产活动。既要协调人财物各部门的工作,企业各层次领导间、领导和职工间的工作,还要协调企业内部与外部环境关系,平衡和调节企业与外部环境之间出现的一些矛盾和不协调现象。

控制和协调是不可分割的统一体。只控制不协调,控制就失去本来的积极意义,而离开控制去协调,协调便是无的放矢。

4)教育和鼓励

提高职工队伍的全面素质,离不开教育培训和鼓励。充分发挥员工主观能动性,使其以企业主人翁的态度积极的对待企业，视企业如家，多劳多得，优质优酬等，是做好各项企业工作的重要措施。

以上四个方面八项职能相互影响、相互渗透，交叉进行、缺一不可。只有按照企业管理活动自身的内在规律开展好各项管理活动，才能收到良好的管理效果。

四、学习方法与要求

公路施工与养护管理课程是研究和揭示如何按照经济规律和生产力组织规律的要求来管理公路建设活动的一门专业课，是将公路工程技术与经济规律相结合，将公路施工与养护管理经验、技术政策与现代管理科学的理论和方法相结合，将人的思想行为与公路工程建设的客观规律性相结合而发展起来的一门学科。本课程需综合运用所学各科知识，在学完基础课和大部分专业课并参加过生产实习后再来学习本课程为宜。它同许多学科如现代管理科学、政治经济学、国民经济管理学、基本建设经济学、技术经济学、数学以及电子计算机及软件技术等有着紧密的联系，因此，本门课是一门介于技术科学和经济科学之间的边缘科学。

本课程主要包括三部分内容：公路建设管理的概念；公路施工组织设计和公路工程概、预算的基本原理和编制方法；公路施工质量与公路养护管理的基本原理和方法。由于它是一门实用科学，在学习和研究时，需要采取以下方法：

(1)理论和实践相结合。

(2)定性分析和定量分析相结合。

(3)注意各学科知识的综合运用。

(4)国外经验与国内经验相结合。

学习不是一件容易的事，正确使用就更不容易。学习、研究和运用管理科学，是我们当前十分紧迫的任务。我们不但要向书本学，而且要在实践中学，要把学习和独创结合起来，既要不断丰富和发展公路工程管理科学，又要不断提高工程管理能力。

课题二　公路建设的管理原则及体制

1. 公路建设的概念

现代交通运输业是由铁路、公路、水运、航空以及管道等多种运输方式组成的综合运输体系，交通运输对国民经济、国防和人民物质文化生活具有重要意义。

公路运输以其机动、灵活、直达、迅速、适应性强、服务面广的特点，在整个交通运输业中占有较大比例，在社会主义现代化建设中发挥着巨大作用，并且具有良好的发展前景。

发展公路运输业，首先必须进行公路建设。公路建设就是为公路运输业提供或更新诸如路线、桥涵、隧道、防护工程等固定资产的。

公路建设的内容包括小修保养、养护大中修、公路基本建设等三个方面，主要形式包括公路养护、重建、改建、扩建和新建等。

2. 公路建设的管理原则

我国公路系统，实行“统一领导，分级管理”的原则。国道、省道由省、自治区、直辖市公路主管部门负责修建、养护和管理；国道中跨省、自治区、直辖市的高速公路，由交通部批准的专门机构负责修建、养护和管理；县道由县(市)公路主管部门负责修建、养护和管理；乡道由乡(镇)人民政府负责修建、养护和管理；专用公路由专用单位负责修建、养护和管理。

3. 公路建设的管理体制

根据《公路法》的规定，我国公路事业的监督管理机构分中央和地方两个层次。在中央，由国务院交通主管部门即中华人民共和国交通部负责全国公路事业的监督管理工作；在地方，各省、直辖市、自治区人民政府设交通厅统一领导本省、市、区及直属单位的公路建设监督管理，各地区设交通局、各县设县交通局负责本行政区域内的公路事业的监督管理；乡、民族乡、镇人民政府负责本行政区域内的乡道的建设养护和监督管理。部及省、地、县级厅局均设各类职能和业务部门，从事相关的规划、组织和领导工作。

根据行政区域和公路等级依法确定公路监督管理的职责。对国道、省道的监督管理职责由省、自治区、直辖市人民政府确定；县级以上地方人民政府交通主管部门根据公路管理需要，可以委托公路管理机构行使行政管理职责。

科学、高效的公路建设管理体制是做好公路行业管理工作的重要保证和必要条件。但是，由于我国公路管理体制和养护运行机制是在计划经济框架下形成的，已经不能很好的适应公路事业快速发展的需要，因此，深化公路管理体制和运行机制改革，既是加快公路建设的动力，又是公路事业健康发展的必要条件。我国公路建设管理体制的改革，总的方向是实行“政企分开”的管理体制。公路建设管理方式的改革，一般情况是：公路小修保养，由养路部门自行安排和管理；属于养路费投资的项目(包括新建、改建等)，由地方公路主管部门(如公路管理局)负责下达任务并安排施工部门进行施工；凡列入国家基本建设投资的工程项目，必须纳入国家基本建设计划，其一切基本建设活动，必须按照国家规定和要求进行管理。交通部制定的《公路养护与管理发展纲要 2001—2010 年》明确提出深化公路养护管理体制和养护运行机制改革将是今后工作目标之一，并提出了具体的工作措施，为我国公路管理体制改革理清了思路、明确了目标。当前公路养护管理体制改革的主要任务可归纳为：一是要按照“精简、统一、效能”的原则，合理设置公路养护管理机构；二是要根据公路行业的自身特点，科学界定各级交通主管部门对路网管理的职责；三是要按照“统一高效”的原则，强化公路管理机构对收费公路的行业管理工作。

课题三　公路工程基本建设程序

一、公路基本建设的内容

1. 公路基本建设的概念

公路基本建设，是指公路运输业中有关固定资产的建筑、购置、安装活动以及与其相关的如勘察设计、征用土地等工作。按项目性质分为新建、扩建、改建和重建，其中新建和改建是最主要的形式；按经济内容可分为生产性建设和非生产性建没(如为政治、国防需要所修建的专用公路)；按项目建设总规模和总投资可分为大型、中型和小型项目，其划分标准国家有明文规定。

2. 公路基本建设的内容

公路基本建设工作内容按其投资额构成和工作性质主要有如下 3 部分：

(1)建筑安装工程：指兴工动料的施工活动，包括建筑工程和设备安装活动。

(2)设备、工具、器具的购置:指为满足公路营运、服务、管理、养护所需要购置的设备、工具、器具,以及为保证新建、改建公路初期正常生产、使用、管理所需办公和生活用家具的采购或自制。

(3)其他基本建设:指不属于上述各项的但不可或缺的基本建设工作,如勘察、设计及与之有关的调查和技术研究工作,公路筹建阶段和建设阶段的管理工作,征用土地、青苗补偿和安置补助工作,施工机构迁移工作等。

二、基本建设基层单位、项目组成

1. 基本建设基层单位

直接参与基本建设工作的基层单位有:建设单位、勘察设计单位、建设银行、施工单位、工程质量监督和监理单位。

1)建设单位

凡是负责执行国家基本建设管理的基层单位,称为基本建设单位(简称建设单位或业主,又称甲方)。它在行政上有独立的组织形式,在经济上进行独立核算,具有法人资格。建设单位是基本建设的组织者、监督者、使用者,对国家负有一定的政治和经济责任。

2)勘察设计单位

设计院、设计室等设计机构通称勘察设计单位。设计单位应持有国家主管发证机关颁发的设计资质等级证书。设计单位受建设单位或主管部门的委托,或与建设单位签订测设合同,承担与资质等级相符的设计任务,按照规定的设计要求为基本建设工程进行勘察设计工作,并负责编制设计文件(包括设计概算及施工图预算),对设计项目负有一定的政治和经济责任。

3)建设银行

中国建设银行是基本建设资金的支出、预算和财务监督管理机构,是负责办理基本建设资金拨款、结算和放款,进行财政监督的国家专业银行。因此,建设银行兼有财政和银行双重职能。

4)施工单位

施工单位是承担建筑安装工程的施工机构(又称承包商或乙方)。按照目前我国施工单位的生产经营特点,可分为自营施工单位和专门施工企业。所谓自营施工单位是建设单位为了完成本单位的施工任务而组成的施工机构,一般为事业单位。施工企业是独立的经济核算实体,自负盈亏的法人,而且在国家工商管理部门注册并持有工商管理部门颁发的施工营业执照和国家主管单位颁发的资质等级证书,它根据国家或主管部门下达的施工任务,或者通过施工投标从市场竞争中承揽施工任务,在中国建设银行开立账户,按计划使用资金。施工企业有权与建设单位签订施工承包合同,有权办理往来资金结算。它能独立依法经营,组织施工,申请工程交工、竣工,办理工程结算并独立计算盈亏。

5)工程质量监督和监理单位

凡列入基本建设计划的公路工程项目,都应实行"政府监督、社会监理、企业自检"的质量保证体系。据此,交通部成立了"工程质量监督总站",各省、市、自治区相继成立了"工程质量监督站",代表政府行使职能,对建设工程质量实行强制性监督,并对监理单位及监理人员、承包人及施工人员和业主的项目管理人员实行管理和监督检查。

为了实施社会监理,全国各地相继组建了许多工程咨询公司和监理公司。凡承担公路工程施工监理业务的单位，必须是经交通部或省交通厅（局）审批，取得公路工程施工监理资质等级证书，具有独立法人资格的监理单位，并按批准的资质等级承担相应的监理业务。这些监理单位根据国家或主管部门下达的委托书，或者通过投标从市场竞争中承揽委托合同来承担监理任务。它依据业主和承包商签订的合同文件，以及监理单位与业主签订的监理服务合同的内容，对基本建设工程进行费用、质量、进度的监控，既维护业主利益，又不损害承包商的合法权益，按照合同文件规定的职责、权限程序，独立公正地为工程建设服务。

2. 基本建设项目的组成

1）基本建设项目

基本建设项目，也称建设项目，它是按照一个总体设计进行施工的各个工程项目总和，建成后具有设计要求的生产能力或效益。一般把一个独立工程，例如，一条公路、一条铁路等作为一个建设项目。一个建设项目通常包含一个或几个单位工程。

2）单位工程

在建设项目中，根据签订的合同，具有独立施工条件可以单独作为成本计算对象的工程，例如公路上的路线工程、桥梁工程、隧道工程、涵洞工程等称为单位工程。一个单位工程可由若干个分部工程所组成。

3）分部工程

一般是指某些性质相近，工种、用料基本相同的施工对象，例如路线工程中的路基工程、路面工程、材料采集、加工工程；桥梁工程中的上部结构工程、下部结构工程、基础工程等，一般按单位工程的结构部位、路段长度及施工特点或施工任务划分。一个分部工程可由若干个分项工程组成。

4）分项工程

一般在分部工程中按不同的施工方法、材料、工序及路段长度等划分为若干个分项工程。

例如，砌筑工程可分为浆砌片石和浆砌块石；路面工程可分为沥青路面、混凝土路面、级配砾石路面；桥梁基础工程可分为桩基础、扩大基础、沉井基础、组合式基础等。

三、公路工程基本建设程序

1. 公路工程基本建设程序的作用和意义

基本建设项目在整个建设过程中各项工作的先后顺序，称为基本建设程序。这个程序是由基本建设进程的客观规律（包括自然规律和经济规律）决定的。

公路工程基本建设涉及面广，它受到地质、气候、水文等自然条件和资源供应、技术水平等物质技术条件的严格制约，是一项内容复杂的工作，需要内外各个环节的密切配合，并要按照固定的要求和科学的总体设计进行建设。所以，一切基本建设，都必须严格按照符合经济规律和自然规律的程序办事。这些程序规定的各阶段和环节的工作必须互相衔接，循序渐进，不能超越，也不能省略。建国几十年来的公路建设实践证明，坚持按程序办事，公路建设的速度就快，质量就高，投资效益就好。否则，就会拖延工期，造成不必要的经济损失和严重浪费。

2. 公路工程基本建设程序

公路工程基本建设从计划到竣工交付使用的全过程大致可分为规划与研究阶段、设计阶段、施工阶段、交付使用阶段，如图 1-3-1 所示。

现将公路工程基本建设程序中各环节的工程内容简述如下：

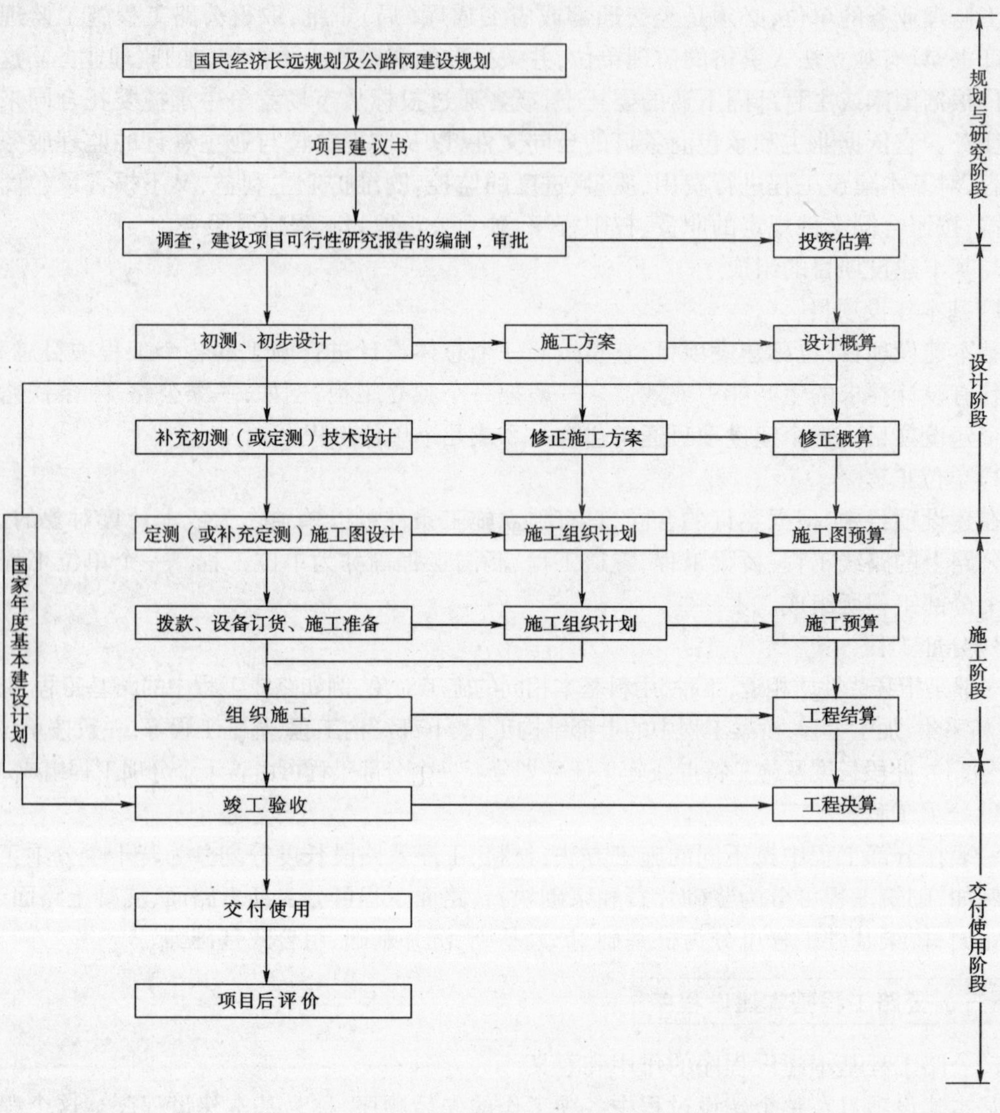

图 1-3-1　公路工程基本建设程序

1)项目建议书

根据发展国民经济的长远规划和公路网建设规划，提出项目建议书。项目建议书是进行各项准备工作的依据。对建设项目提出包括目标、要求、原料、资金来源等的文字设想说明，作为进行可行性研究的依据。

2)可行性研究

可行性研究是基本建设前期工作的重要组成部分，是建设项目立项、决策的主要依据。大中型高等级公路及重点工程建设项目（含国防、边防公路）均应进行可行性研究，小型项目可适当简化，凡未经可行性研究的项目，一律不予审查报批。

公路可行性研究的任务是：在对地区的社会、经济发展及路网状况充分调查研究、评价预测和必要的勘察工作基础上，对项目建设的必要性、技术可行性、经济合理性、实施条件的可能性等方面进行综合研究论证并提出报告，推荐最佳方案，为建设项目决策、审批提供科学依据。

公路可行性研究按其工作深度，分为预可行性研究和工程可行性研究。编制预可行性研究报告，应以国民经济与社会发展规划、路网规划和公路建设五年计划为依据，重点阐明建设项目的必要性，通过踏勘和调查研究，提出建设项目的规模、技术标准，进行简要的经济效益分析，审批后作为编制工程可行性研究报告的依据。编制工程可行性研究报告，应以批准的预可行性研究报告和项目建议书（或省、自治区、直辖市及计划单列市级单位的委托书）为依据，通过必要的测量（高等级公路必须做）、地质勘探（大桥、隧道及不良地质地段等），在认真调查研究，拥有必要资料的基础上，对不同建设方案从经济上、技术上进行综合论证，提出推荐建设方案，经审批后作为编制设计任务书的依据。工程可行性研究的投资估算与初步设计概算之差，应控制在 ±10% 以内。

公路建设项目可行性研究涉及工程技术、社会经济、技术经济等各方面，报告的主要内容应包括：建设项目依据及历史背景；建设地区综合运输网的交通运输现状和建设项目在交通运输网中的地位及作用；原有公路的技术状况及适应程度；论述建设项目所在地区的经济特征，研究建设项目与经济发展的内在联系，预测交通量、运输量的发展水平；建设项目的地理位置、地形、地质、地震、气候、水文等自然特征；筑路材料来源及运输条件；论证不同方案的路线起点和主要控制点、建设规模、标准，提出推荐意见；评价建设项目对环境的影响；测算主要工程数量、征地拆迁数量，估算投资，提出资金筹措方式；提出勘测设计、施工计划安排；确定运输成本及有关经济参数，进行经济评价、敏感性分析；收费公路、桥梁、隧道尚需做财务分析；评价推荐方案，提出存在问题和有关建议。

3）建设项目任务书

计划任务书又叫“设计任务书”，是根据批准的工程可行性研究报告和现场踏勘资料编制的。它是确定基本建设项目、进行现场勘测和编制设计文件的重要依据。小型项目一般不作可行性研究，其计划任务可用技术经济论证作根据。

公路建设项目任务书，主要内容一般包括：建设依据和重要意义；公路或独立大桥的建设规模及修建性质；路线走向和主要控制点，独立大桥的主要特点；工程技术标准和主要技术指标；按几个阶段设计，各阶段完成时间；建设期限和投资估算，资金来源的建议，分期修建时应提出每期的建设规模和投资估算；设计、施工、科研力量的安排原则。路线示意图及工程数量、钢材、水泥、木材用量估算表及工程数量表（工程数量、投资、三材估算）等只在上报任务书时列入，以供审批时参考；上级下达任务书时，可不列入。

计划任务书由工程所在的省一级计委或交通厅，或由交通部编制上报。具有特殊意义的项目及重大项目要由国务院审批；大中型项目由国家计委审批；小型项目由交通部或省一级计委审批。计划任务书经批准后，如对建设规模、技术标准、路线走向等主要内容作原则变更时，必须报经原批准机关复批同意。

4）设计文件

设计文件是安排建设项目、控制投资、编制招标文件、组织施工和竣工验收的重要依据。设计文件的编制必须坚持精心设计，认真贯彻国家有关方针政策，严格执行基本建设程序的规定。

公路工程基本建设项目的设计阶段有一阶段设计（即一阶段施工图设计）、二阶段设计（即初步设计和施工图设计）和三阶段设计（即初步设计、技术设计和施工图设计）三种。一般采用二阶段设计。对于技术简单、方案明确的小型建设项目,可采用一阶段设计。技术复杂而又缺乏基础资料的建设项目或建设项目中的特大桥、互通式立体交叉、隧道等,必要时采用三阶段设计。

初步设计是由设计单位根据批准的计划任务书的要求,通过现场勘测,拟定修建原则,选定设计方案,计算工程数量及劳动力、主要材料、机具数量,提出施工方案,编制设计概算,提供必要的文字说明和图表资料的设计文件。初步设计经上级批准后,作为国家控制建设项目投资和编制施工图设计的依据,并为施工前材料、机具、征用土地等施工准备提供资料。

技术设计是根据批准的初步设计和补充初测(或定测)资料,对重大、复杂的技术问题通过科学试验、专题研究,加深勘探调查及分析比较,解决初步设计中未能解决的问题,落实技术方案,计算工程数量,提出修正的施工方案,编制修正设计概算。经批准后作为编制施工图设计的依据。

一阶段施工图设计应是根据批准的计划任务书的要求和定测资料,拟定修建原则,确定设计方案和工程数量,提出文字说明和图表资料以及施工组织计划,编制施工图预算,满足审批的要求,适应施工的需要。

二阶段(或三阶段)施工图设计应根据批准的初步设计(或技术设计)和定测(或补充定测)资料,进一步对所审定的修建原则、设计方案、技术决定加以具体和深化,最终确定各项工程数量,提出文字说明和符合施工需要的图表资料及施工组织计划,并编制施工图预算等设计文件。

设计文件必须由具有相应公路勘察、设计证书等级的单位编制,其编制与审批应按交通部现行的《公路工程基本建设项目设计文件编制办法》、《公路工程基本建设管理办法》及有关规定办理。

5)列入年度基本建设计划

当建设项目的初步设计和概算经上报批准后,才能列入国家基本建设年度计划。建设单位根据国家计委颁发的年度基本建设计划控制数字,按照批准的可行性研究报告和设计文件,编制本单位的年度基本建设计划。报经批准后,再编制物资、劳动、财务计划。这些计划分别经过主管机关审批平衡后,作为国家安排生产、物资分配、劳力调配和财政拨款(或贷款)的依据,并通过招投标或其他方式落实施工单位和工程监理单位。

6)施工准备

为了保证施工的顺利进行,在施工准备阶段,建设单位、勘测设计单位、施工单位、工程监理单位和建设银行要分别做好下述准备工作。

建设单位:组织基建管理机构;办理登记及拆迁;做好施工沿线有关单位和部门的协调工作;抓紧配套工程项目的落实;组织施工范围内的技术资料、材料、设备的供应。

勘测设计单位:按照技术资料供应协议,按时提供各种图纸资料;做好施工图纸的会审及移交、交底工作。

施工单位:组织机具、人员进场;进行施工测量;修筑便道及生产、生活等临时设施;组织材料、物资采购、加工、运输、供应、储备;做好施工图纸的接收工作;熟悉图纸的要求;编制施工组织设计和施工预算;提出开工申请报告并按投资隶属关系报请交通部或省(市)、自治区基建主管部门核准。

工程监理单位:组织监理机构、建立监理组织体系;组织监理人员、设备进入施工现场;熟悉施工设计文件和合同文件;根据工程监理制度规定的程序及合同条款审批、验收、检查施工单位(即承包商)各项施工准备工作,使其按合同规定要求如期开工。

建设银行:会同建设、设计、施工、工程监理单位作好图纸的会审;严格按计划要求进行财政拨款或贷款。

7)组织施工

施工单位要遵照施工程序合理组织施工,施工过程中应严格按照设计要求和施工规范,严格按照工程监理程序和要求进行施工组织与管理,确保工程质量,安全施工,积极推广应用新工艺、新技术,努力缩短工期,降低造价,同时应做好施工记录,建立技术资料档案。

8)竣工验收、交付使用

建设项目的竣工验收是一项十分细致而又严肃的工作,必须从国家和人民的利益出发,按照国家建设部《关于基本建设项目竣工验收暂行规定》和交通部颁发的《公路工程竣工验收办法》的要求,认真负责地根据设计文件和《公路工程质量检查评定标准》进行严格检查验收,对工程质量、数量、期限、生产能力、建设规模、使用条件进行审查评价并作出评价结论,对存在的问题要明确责任、确定处理措施及期限,对建设单位和施工单位编报的竣工图表、竣工决算、固定资产移交清单、隐蔽工程说明等进行细致检查。特别是竣工决算,它是反映整个基本建设工作所消耗的全部国家建设资金的综合性文件,也是通过货币指标对全部基本建设工作的全面总结。

当全部基本建设工程经过验收合格,完全符合设计要求后,应立即移交给生产部门正式使用,迅速办理固定资产交付使用的转帐手续,加强固定资产的管理。竣工决算上报财政部门批准核销。在验收时,对遗留问题,由验收委员会(或小组)确定具体处理办法,报主管部门批准,交有关单位执行。

9)公路建设项目后评价

公路建设项目后评价指在公路竣工交付使用通车后,经过二、三年的实际运营考核,达到正常生产能力后的实际效果与原来可行性研究中的预期效果的比较、分析,以及按系统工程的思想方法,对建设项目从立项决策、设计方案、工程施工直至通车运营的全过程各阶段工作成果变化的内在联系与促成因果进行追踪和评价的工作。

我国开展后评价工作是从20世纪80年代末期开始的。1988年底和1989年8月,国家计委先后以计外资[1988]933号文件下发,首先要求在外资贷款项目中进行后评价工作,并先期进行了十几个项目的试点,交通部根据国家计委“今后重大项目都要做后评价工作”的精神,于1990年3月下发了《公路建设项目后评价报告编制办法》,文中对后评价工作的内容进行了规范性阐述,并规定于1990年5月1日起开始实行。

公路建设项目后评价的内容一般包括:建设项目概述;项目前期各阶段指标的变化分析;项目施工实施与设计文件变化分析;考核运营情况与预期目标的差异分析等四个方面内容。每个方面内容在文件中又规定了更加具体的项目(详细见该办法)。

公路建设项目后评价,国外20世纪70年代已实行,我国才刚刚开始,今后随着它的实施和实践,需不断研究、改进与完善。

公路养护和大、中修工程,即固定资产的更新与技术改造,原则上也可参照基本建设程序,按交通部有关规定执行。

单元二　施工过程组织

【知识目标】

1. 具有施工组织的一般知识；
2. 掌握流水作业的作图方法，并能确定合理的施工次序；
3. 掌握双代号网络图的编制方法。

【能力目标】

1. 能够利用各种方法编制简单的施工进度图；
2. 能够用网络图编制施工进度计划。

课题一　施工过程组织

施工过程组织是研究如何在施工生产过程中，以经济有效的方式来生产公路建筑产品，也就是要实现施工工期短、占用资金少、劳动生产效益高，以及产品质量好、产量高、成本低等目标。因此，施工过程组织是公路工程组织设计和施工管理的重要内容。同时，施工过程组织的原理也适用于公路工程的测设、试验、科研等生产活动。施工过程组织的目的，是使工程建设在一定的时间和空间内，实现有组织、有计划、有秩序的施工，以期达到工程施工的相对最优化效果。

一、施工过程组织

1. 施工生产类型

施工生产类型不同，其生产组织和管理特点也不相同，正确划分生产类型，对不同类型的施工过程，可采取相应的、有效的施工组织和管理方法。

施工生产类型划分如表 2-1-1 所示。

由于公路工程施工产品具有多样性的特点，所以就公路工程主体而言，其生产类型基本上都属于单件、固定性产品生产，有时也可能同时出现加工装配性生产，如大型公路、桥梁工程中的构件预制厂、混凝土拌和站等。

施工生产类型划分表　　表 2-1-1

划分依据	类型	特点	实例
按产品特点和工艺特点分	建筑施工性生产（固定性产品生产）	劳动对象在生产活动中在工作地固定不动；劳动力（人、机械）按一定的次序相对劳动对象进行移动性施工生产活动	路基、路面、桥梁墩台的施工
	加工装配性生产（移动性产品生产）	劳动对象在生产活动中在工作地之间移动加工；劳动力在固定工作地进行加工装配性生产活动	预制构件的预制、拌和厂生产拌和物
按产品生产的重复性分	大量生产	产品的品种少而又相对稳定，每种产品的产量大，工作地专业化程度较高，可连续地大量生产一种或少数几种产品	材料加工
	批量生产	产品的品种较多，产量较大，在工地可以连续地执行几道不同工序，周期性地重复批量生产	专门预制构件厂生产预制件
	单件生产	产品品种多，每一种产品一般只制造一次或偶然重复制造，工地施工生产需要较多工种或工序，专业化生产程度低	大中型桥梁施工

2. 施工过程

1）施工过程的内容

施工过程就是生产建筑产品的过程，它是由一系列相联系的施工活动所组成。为了更有效地组织施工生产，必须首先了解施工过程的内容。

施工过程的基本内容包括劳动过程和自然过程。公路工程是野外施工生产，就是劳动过程和自然过程的结合。因此，施工过程组织不仅要考虑劳动生产过程，还要考虑自然因素对施工产生的影响。

2）施工过程的分类

根据施工过程所需劳动的性质及其对产品所起的作用的不同，可将施工过程划分为：

（1）施工准备过程。是指产品在投入生产前所进行的全部生产技术准备工作，如编制项目建设书、可行性研究、勘测设计、招投标组织、施工准备等。

（2）基本施工过程。是指直接为完成产品而进行的生产活动，如砌筑基础、修筑路面等。

（3）辅助施工过程。是指为保证基本施工过程的正常进行所必须的各种辅助生产活动，如水、电、热的生产；机械设备维修；材料的采集及加工等。

（4）服务施工过程。是指为基本施工过程和辅助施工过程必须进行的各种服务过程，如物资的供应、运输等。

在这四个过程中，基本施工过程是形成产品的主要过程。

3）基本施工过程的层次划分

公路工程的基本施工过程，按生产工艺的特点和施工组织的要求，可分解或划分为操作过程、工序、操作、动作等层次。

基本施工过程可由若干操作过程所组成。例如，路堤施工包括挖方取土、填筑路堤、土壤压实、整修成型等操作过程。

(1)操作过程。操作过程是由若干个技术相互关联的工序所组成,各工序由不同的工种或使用不同的机具依次地或平行地完成。

(2)工序。工序是指一个或多个工人,在工作地利用工具或机械对同一劳动对象连续进行的生产活动。工作地是工人进行生产活动的场所,也叫现场。

工序的主要特征是劳动者、劳动对象和使用的劳动工具均不发生变化,如果其中一个发生变化,就意味着从一个工序转入另一个工序。

从技术操作和施工组织的观点来看,工序是最基本的施工过程,常由若干个操作所组成。在编制定额时,通常也是以工序为基本组成单位。

(3)操作。操作是指工人为完成工序产品的组成部分所进行的生产活动,由若干个相互关联的动作所组成。

(4)动作。动作是指工人在劳动时一次能完成的最基本的活动。

基本施工过程的层次划分示例如图 2-1-1 所示。

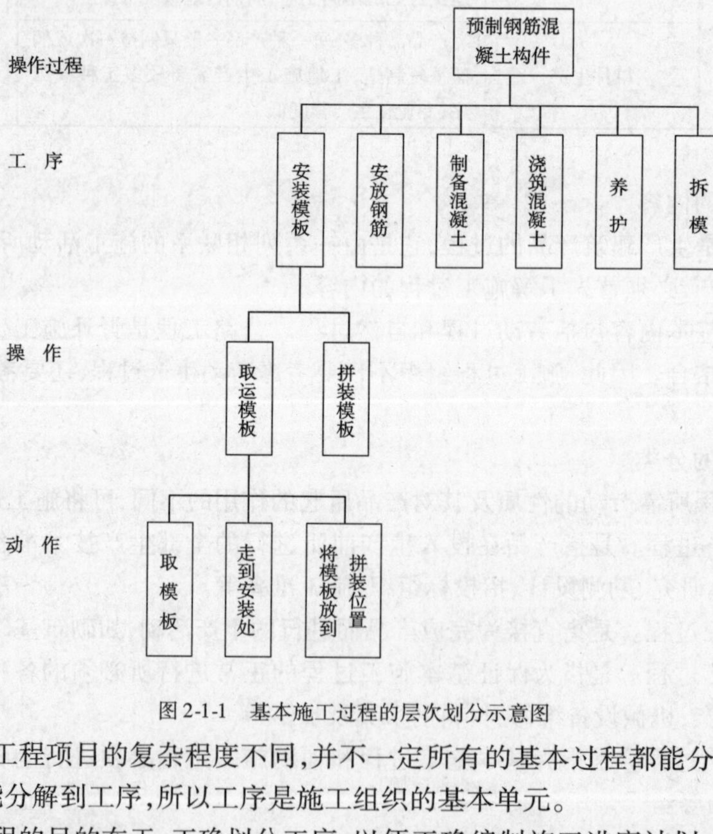

图 2-1-1 基本施工过程的层次划分示意图

由于产品或工程项目的复杂程度不同,并不一定所有的基本过程都能分解划分成上述各种层次,但至少能分解到工序,所以工序是施工组织的基本单元。

研究施工过程的目的在于:正确划分工序,以便正确编制施工进度计划,科学地组织施工生产。

二、施工过程组织的原则

影响施工过程组织的因素,如施工性质、施工类型、建筑产品结构、材料及半成品性质、机械设备条件、自然条件等,使施工过程的组织变化因素多、困难大,因此,科学地、合理地组织施工过程则更为重要。施工过程组织的原则可归纳为：

1. 施工过程的连续性

连续性是指施工过程的各阶段、各道工序的进行，在时间安排上是紧密衔接的，不发生各种不合理的时间中断。即在施工中，表现为劳动对象始终处于被加工或检验状态，或处于自然过程中。施工过程的连续既包括施工工艺本身的连续，也包括施工组织的连续，采用先进的施工组织方法才能保证连续施工，从而加快进度、缩短工期、节约成本，避免不必要的等待和窝工，提高劳动生产率。施工过程的连续性要求凡是能平行进行的生产活动，必须组织平行作业，平行作业是连续性的必然要求。

2. 施工过程的协调性

施工过程的协调性也称比例性，它是指施工各阶段、各工序之间在施工能力上要保持一定的比例关系，各施工环节的劳动力、材料、机具设备用量等相互协调，不发生脱节和比例失调现象。具有协调性的施工组织，可使施工过程中人力和设备得到充分利用，避免在各个施工阶段和工序之间出现停顿和等待，从而缩短施工周期。施工过程的协调性在很大程度上取决于施工组织设计的合理性。

3. 施工过程的均衡性

施工过程的均衡性也叫节奏性，是指施工过程的各环节都按施工进度计划的要求，在一定时间内完成相等或相同递增数量的工作量，使劳动力、材料、机具设备等资源供应保持相对稳定，不发生时松时紧或前松后紧等现象。均衡性地组织施工能充分利用设备和工时，避免突击赶工造成的各种损失，有利于保证施工质量、降低成本及资源的合理调配。

4. 施工过程的经济性

施工过程的经济性是指施工过程组织除满足技术要求外，还应讲求经济效益，要以最小的工程成本消耗取得最大的施工生产效果。施工组织的根本目的是降低工程造价，但又不能影响工程进度和质量，所以经济性是施工组织的出发点亦是归宿点，同时施工过程中的连续性、协调性和均衡性最终都要通过经济效果集中反映出来。

合理组织施工过程的四个原则是相互制约、互为条件的。在进行施工组织时，必须保证全面符合上述四个原则，不得有所偏废。

课题二　施工过程的空间和时间组织

一、施工过程的空间组织

公路施工过程的组织，主要是解决空间组织和时间组织两个方面的问题。施工过程的空间组织主要是解决生产作业单位的设置问题和具体工程项目的各种生产、生活、运输、行政等临时设施的空间分布问题（即施工平面图设计）。本节主要介绍生产作业单位的设置问题，关于施工平面图设计的问题将在单元三课题三论述。

一个建设项目的施工作业单位如施工队（项目经理部）、工段（工区）、班组等的设置，通常按以下原则进行：

1. 按工艺原则设置

工艺原则也叫工艺专业化形式。它是按照生产工艺性质的不同来设置施工作业单位的。在工艺专业化的生产单位里,集中着同工种的工人和同工种所需的工具、机械和设备,对工程项目的各组成部分或其他有关工程项目,进行同类工艺的施工。如木工班、钢筋班、混凝土作业队、汽车队、开山爆破组等,都是按工艺原则(即工艺专业化形式)建立的生产作业单位。这种设置形式的特点是能充分发挥技术、机具、设备的潜力,设备投资较少,便于专业化的技术管理,在一定程度上能适应多品种多规格生产的要求。但是,由于在工艺专业化的生产作业单位里不能独立地出产产品,所以增加生产单位之间协作配合关系的难度,组织与管理也比较复杂。

2. 按对象原则设置

对象原则也叫产品专业化形式。它是按照产品(如构件、分项工程、分部工程等)的不同而分别设置生产作业单位。在产品专业化单位里,集中着为生产某种产品所需的各种工具、机具、设备,对相同产品进行不同工艺的施工生产,其工艺过程基本上是封闭的,能够独立地生产出产品或半成品。如大桥施工中的基础工程、上部构造工程,又如构件预制厂中的主梁车间、涵管车间等都是按对象原则(即产品专业化形式)设置的生产作业单位。这种设置形式有利于采用流水作业法等先进的施工组织方法来组织生产,简化施工作业单位之间的协作配合关系,也便于施工现场管理。但是它需要较多的设备投资,同时,由于技术工人和机械设备分散使用,所以一般不能充分发挥工人和设备的生产潜力,对于产品品种变化适应能力差。

3. 按混合原则设置

通常在一个建设项目中,上述两种形式的生产作业单位都有,根据工程特点,混合建立生产作业单位。

在施工过程的空间组织中,究竟按哪一种原则来组建生产作业单位,要从实际需要出发,通过全面的分析比较,择优而定。

二、施工过程的时间组织

施工过程的时间组织主要是解决工程项目的施工作业方式,以及施工作业单位的排序和衔接问题。

进行施工过程时间组织的目的,是在时间上使各生产作业单位之间、各工序之间按设计和施工工艺顺序紧密衔接,在充分利用人力、工时和设备条件下,达到缩短生产周期的目的。

1. 施工过程时间组织的任务

施工过程时间组织的主要任务是:

(1)对于建筑施工性生产类型,主要是解决具体工程项目施工过程的时间组织方式问题,其中包括各工程项目(各工段)之间的施工次序的排序问题。

(2)对于加工装配性生产类型,一方面要解决劳动对象在工序之间的移动方式问题,另一方面要解决加工任务在关键设备上的排序问题。

对于公路工程施工过程,主要是研究建筑施工性生产类型的时间组织问题。

2. 施工过程时间组织的类型

建筑施工性生产的施工过程时间组织类型主要有以下3种:

(1)单段多工序型。指工程项目只有一个施工段,而且在该施工段中包括有若干项工序的施工过程。这种类型的施工过程时间组织比较简单,一般只需解决各工序生产力的配置,按工艺顺序确定施工工期。

(2)多段多工序型。指工程项目包含或划分为若干个施工段,而每一个施工段又包含有多项工序的施工过程。这种类型的施工过程时间组织较复杂,可以采用多种方法进行组织。

(3)混合型。指在工程项目中已有多个施工段,其中既包含有单段多工序型又包含有多段多工序型的施工过程。这种类型实质上是立体交叉作业。

三、时间组织的基本作业方法

公路工程施工过程时间组织的方法很多,其基本方法可归纳为:顺序作业法、平行作业法和流水作业法 3 种。举例说明如下:

例如,有 3 个钻孔灌注桩单桩基础工程需进行施工,现将此 3 个桩基工程划分为 A、B、C 3 个施工段,每个施工段(桩基础)按工艺流程须经过以下 4 道工序:a. 准备工作,b. 钻孔,c. 清孔,d. 水下混凝土灌注。根据这 4 道工序建立 4 个专业队,每道工序按 2 天完成配备劳动力及机具,劳动力需要量见表 2-2-1。则完成此项工程的施工组织的方法可有多种,其中按图 2-2-1、2-2-2、2-2-3 进行施工组织的方法分别是顺序作业法、平行作业法、流水作业法等 3 种基本作业方法。

劳动力需要量表(单位:人)　　表 2-2-1

施工段	工序			
	准备工作	钻孔	清孔	水下混凝土灌注
基础 A	5	6	5	13
基础 B	5	6	5	13
基础 C	5	6	5	13

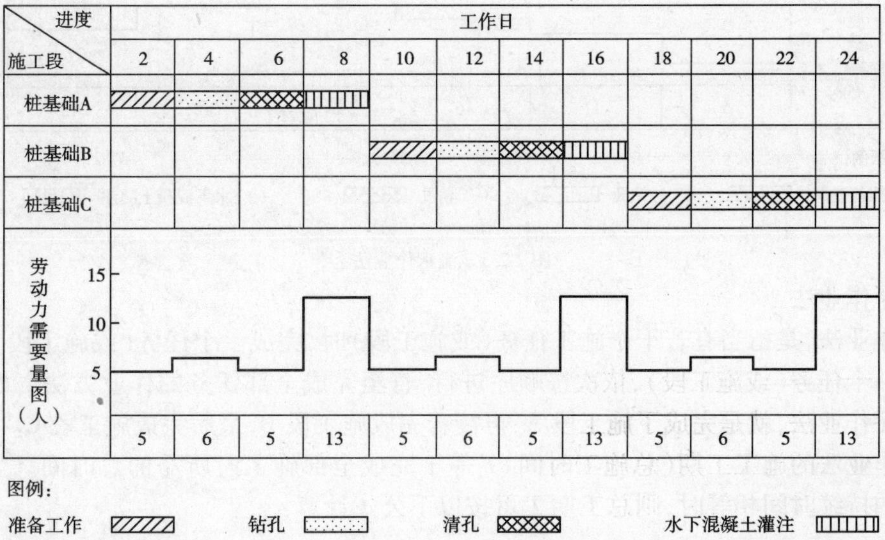

图 2-2-1　顺序作业法

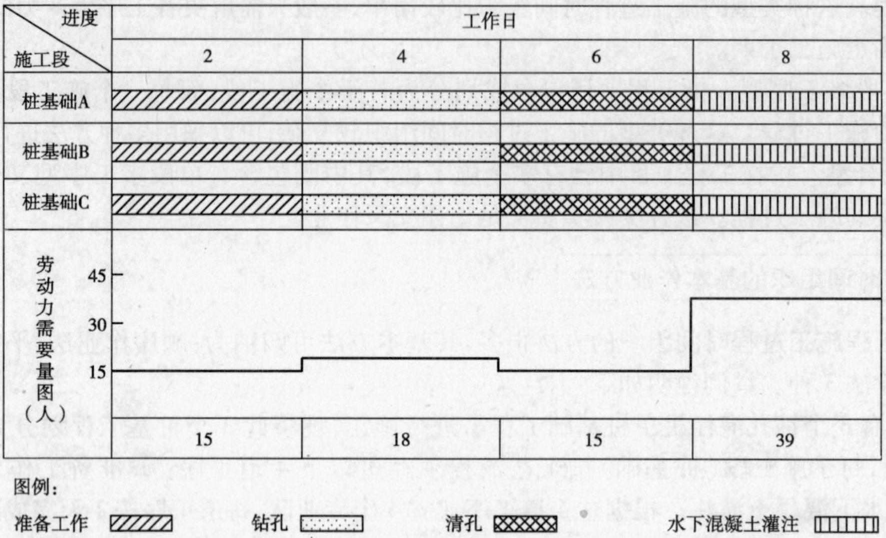

图 2-2-2　平行作业法

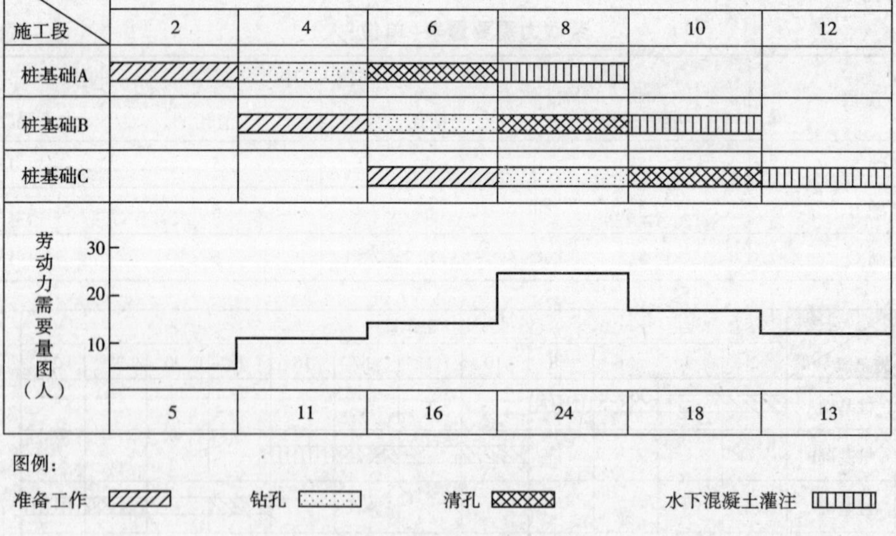

图 2-2-3　流水作业法

1. 顺序作业法

顺序作业法，是指当有若干个施工任务（或施工段）时，完成一个任务（或施工段）后，再接着完成另一个任务（或施工段），依次按顺序进行，直至完成全部任务的作业方法。如图 2-2-1 所示的顺序作业法，就是完成了施工段 A，再接着完成施工段 B，最后完成施工段 C。

顺序作业法的施工工期（总施工时间）T 等于完成全部施工段所需的总时间。当 m 个施工段施工的持续时间相等时，则总工期 T 可按以下公式计算：

$$T = mt = m\sum_{i}^{n} t_i \qquad (2\text{-}2\text{-}1)$$

式中：T——工期；

m——施工段数；

t——一个施工段施工所持续的时间；

t_i——各工序的持续时间；

n——工序数。

本例的工期 $T=mt=3\times8=24$ 天。

2. 平行作业法

平行作业法，是指当有若干个施工任务（或施工段）时，组织若干个作业班组，分别同时进行施工的作业方法。如图 2-2-2 所示的平行作业法，就是组织三个作业班组，A、B、C 三个施工段同时开工，齐头并进，同时完成。

平行作业法的施工工期为施工时间最长的施工段的施工期，即 $T=\max\{t\}$。

本例的施工工期 $T=8$ 天。

3. 流水作业法

流水作业法，是指当有若干个施工任务（或施工段）时，各个施工任务（施工段）间隔一定时间依次投入生产，相同的工序依次进行，不同的工序则平行进行的作业方法。如图 2-2-3 所示的流水作业法，就是按准备工作、钻孔、清孔、水下混凝土灌注 4 道工序分别组织 4 个专业队伍，依次在各个桩基础上完成各自的工序。

本例的施工工期 $T=12$ 天。

4. 三种基本作业法的特点

三种作业方法的施工工期及劳动力需要量比较如表 2-2-2。

三种作业法的工期及劳动力需要量比较表　　表 2-2-2

施工组织方式	工期（天）	劳动力需要量最多时（工时）	劳动力需要量最少时（工时）
顺序作业法	24	13	5
平行作业法	8	39	15
流水作业法	12	24	5

通过上述例子可以看出，三种基本作业法具有以下各自的特点。

1）顺序作业法的特点

（1）没有充分利用工作面进行施工，工期长。

（2）若按工艺专业化原则成立作业队，各专业队不能连续作业，有时间间歇，劳动力和材料的使用不均衡。

（3）若由一个作业队完成全部施工任务，则不能实现专业化生产，不利于提高劳动生产率和工程质量。

（4）每天投入施工的劳动力、材料和机具的种类比较少，有利于资源供应的组织工作。

（5）施工现场的组织、管理比较简单。

2）平行作业法的特点

（1）充分利用了工作面进行施工，工期短。

（2）若按工艺专业化原则成立作业队，则需组织多（m）个同一工种的专业队，劳动力和材料的使用不均衡；

（3）若由一个作业队完成全部施工任务，则不能实现专业化生产，不利于提高劳动生产率和工程质量。

(4)每天投入施工的劳动力、材料和机具数量成倍增加，不利于资源供应的组织工作。

(5)施工现场的组织、管理比较复杂。

3)流水作业法的特点

(1)尽可能地利用了工作面进行施工，工期比较短。

(2)按工艺专业化原则成立作业队，实现了专业化生产，有利于提高技术水平和改进使用的机具，劳动力生产率高，工程质量好。

(3)专业队能够连续作业，相邻专业队的开工时间最大限度地搭接。

(4)每天投入施工的资源量较为均衡，有利于资源供应的组织工作。

综上所述，流水作业法是顺序作业法和平行作业法相结合的搭接施工方法，即相同的工序顺序作业，不同的工序平行作业。它保留了平行作业法和顺序作业法的优点，消除了它们的缺点。在工序相同的多个施工段的施工安排中，其优越性是显而易见的。

5.施工组织其他方法

顺序作业法、平行作业法、流水作业法在施工过程中可以单独运用，也可以根据具体条件，将三种作业方法综合运用，从而形成平行流水作业法、平行顺序作业法以及立体交叉平行作业法等其他施工组织方法。

四、流水作业法

1.流水作业法的组织步骤

(1)划分施工段。将工程施工对象，依据已选择的施工方案和工程结构特点、空间位置及施工工艺流程，按自然形成的因素或人为因素划分为劳动量大致相等的施工段。

(2)划分工序并建立专业班组。按施工对象的工艺过程及其施工的先后顺序，将施工段划分为若干道工序，每道工序按工艺原则建立专业班组。

(3)每个作业班组。按照施工顺序沿着一定的方向，依次、连续地由一个施工段转入下一个施工段，不间断地完成同类作业。

(4)确定流水作业参数。要尽可能地相互协调，以便于流水作业具有节奏性、连续性。

(5)本施工段相邻工序之间或本工序相邻施工段之间间隔的时间，在满足工艺要求和自然需要的条件下，尽可能短。

2.流水作业法的主要参数

用流水作业法组织施工，施工过程的协调性和节奏性如何，取决于一系列参数的确定以及它们之间的相互关系，反映这些关系的参数就称为流水参数。主要的流水参数见图2-2-4。

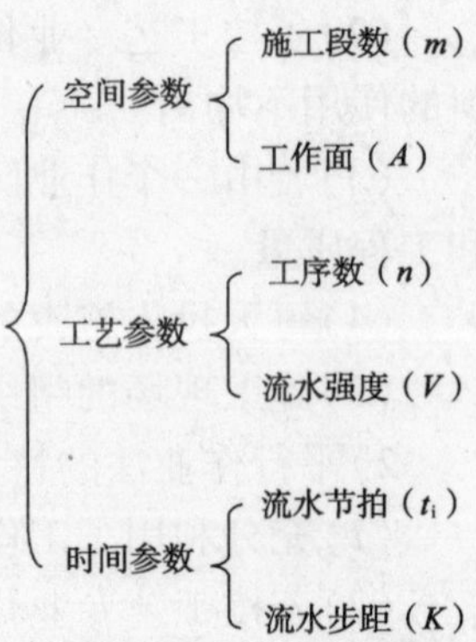

图2-2-4　主要的流水参数

1)空间参数

(1)施工段数(m)

在组织流水作业时，通常把工程项目划分为所需劳动量大致相等的若干段，这些段就叫做施工段。施工段的数目用 m 表示。

通常情况下，每一个施工段在某一段时间内只供一个施工过程的专业队伍进行施工。划分施工段的目的，一方面是要多创造工作面为下道工序的尽早开工创造条件；另一方面是为不同的专业队在不同工作面上同时工作创造条件。

划分施工段，应着重考虑以下几点：

①各施工段劳动量要基本相等，相差不要太大。

②每段要有足够的作业面，使人、机操作方便，既有利于提高工效，又保证安全施工。

③应考虑结构的整体性。大型人工构造物的分段界线宜选在伸缩缝、沉降缝处，一般工程应选在对结构整体影响较小的位置上分段。

④施工段的数目，要满足合理流水施工组织的要求，施工段的数目过多会引起资源集中，过少会拖延工期，一般要求施工段数目大于或等于工序数，即 $m \geqslant n$。

(2)工作面(A)

某作业队的工人和机械在施工的过程中，所必须具备的活动空间称为工作面。工作面是施工的现场，它的大小可以表明在施工对象上可能安置多少工人操作或布置多少施工机械，为流水节拍的确定提供依据。

工作面大小的要求，是紧前工序结束后能为紧后工序提供工作面，且应满足施工技术规范和安全操作规程的要求。

2)工艺参数

(1)工序数(n)

工序数也叫施工过程数，一般等于需要建立的专业队数。

工序数的划分应与工程项目及施工组织分工相适应，对简单的施工过程，工序可划分得少些，对技术复杂的施工过程，工序可划分得多些。工序划分应使各道工序的持续时间相差不致太大，以利专业队分工。

(2)流水强度(V)

每一专业队在单位时间内所完成的工程数量称流水强度，也称流水能力、生产能力。

3)时间参数

(1)流水节拍(t_i)

流水节拍 t_i 是指某道工序在一个施工段上完成该工序操作的延续时间。它的长短，直接关系到投入劳动力、机械和材料的数量，决定着施工速度和施工的节奏性。流水节拍的确定通常有两种方法，一种是根据施工工期要求来确定；另一种是根据现有能够投入的资源来确定。

(2)流水步距(K)

流水步距是指两相邻的专业队相继进入同一施工段开始作业的时间间隔。

流水步距和工序数(n) 的关系：流水步距数 = 工序数 - 1。

确定流水步距的目的，是保证专业队进入流水线后，能连续不断地依次完成所有施工段的工程量，直到退出流水线为止，并使相邻专业队时间搭接紧凑，施工组织合理，工期缩短。

①确定流水步距时，应始终遵循下列基本要求：

a. 始终保持相邻两施工过程的先后顺序。

b. 保证各专业队能连续、均衡而有节奏的工作，允许工作面有一定空闲。

c. 在保证专业队连续作业的同时，又要使工程的工期最短，必须使前后两施工过程在施工时间上保持最大衔接，以此来确定出最小流水步距。

②确定最小流水步距(K_{min})的方法如下：

最小流水步距 K_{min} 可用最简便的计算方法确定，通常称为“累加数列错位相减取大差法”，即潘特考夫斯基法。其计算步骤如下：

a. 根据专业队在各施工段上的流水节拍，求累加数列。

b. 根据施工顺序，对所求的两相邻累加数列错位相减。

c. 根据错位相减的结果，确定相邻专业队伍之间的最小流水步距，即相减结果中数值最大者。

【例 2-2-1】 某项目划分为 A、B、C、D 4 个施工段，分别由 3 个专业队完成，每个专业队在各施工段上的流水节拍如表 2-2-3 所示，试确定相邻专业队之间的最小流水步距。

工 序 工 期 表　　表 2-2-3

工　序	施　工　段			
	A	B	C	D
a	3	2	3	3
b	2	2	3	3
c	3	2	3	2

解：①求各专业队的累加数列

a 工序：　3　5　8　11

b 工序：　2　4　7　10

c 工序：　3　5　8　10

②错位相减

$$
\begin{array}{llrrrrr}
 & a & 3 & 5 & 8 & 11 & \\
a与b: & b \quad -) & & 2 & 4 & 7 & 10 \\
\hline
 & K_{ab} & 3 & 3 & 4 & 4 & -10
\end{array}
$$

$$
\begin{array}{llrrrrr}
 & b & 2 & 4 & 7 & 10 & \\
b与c: & c \quad -) & & 3 & 5 & 8 & 10 \\
\hline
 & K_{bc} & 2 & 1 & 2 & 2 & -10
\end{array}
$$

③求流水步距

$$K_{ab} = \max\{3,3,4,4,-10\} = 4$$

$$K_{bc} = \max\{2,1,2,2,-10\} = 2$$

该项目施工进度图如图 2-2-5。

3. 流水作业的分类

由于工程构造的复杂程度不同，所处的具体位置不同，以及工程性质各异等因素的影响，流水作业的组织，依据流水参数特性可分为有节拍流水和无节拍流水两大类。其中有节拍流水又分为全等节拍流水、分别流水和成倍节拍流水。

1）全等节拍流水

全等节拍流水也称稳定性流水，是指所有施工段上的所有工序的流水节拍 t_i 均相等，且流水节拍与流水步距也完全相等的流水作业，即 $t_i = K_{ij} =$ 常数。

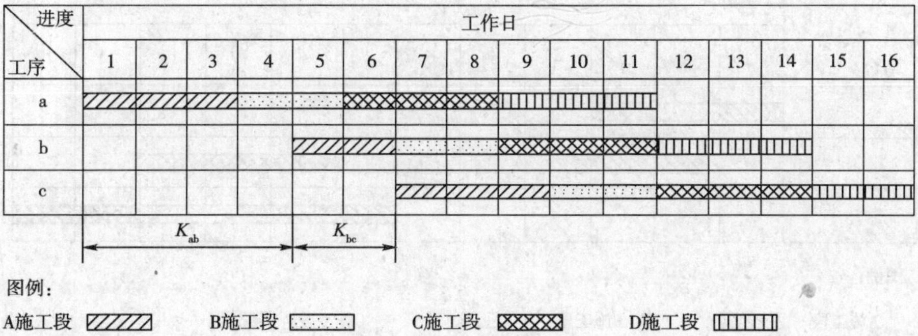

图 2-2-5　施工进度图

如图 2-2-6 所示是一个全等节拍流水的例子，图中 $m=3$、$n=4$、$t_i = K = 2$。

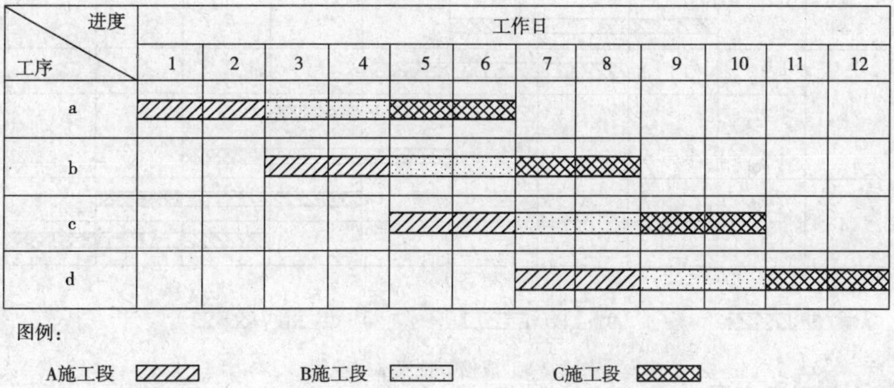

图 2-2-6　全等节拍流水作业图

2）分别流水

分别流水是指各工序之间的流水节拍不完全相等，而各工序本身的流水节拍在各施工段上相等的流水作业，即同类工序本身的流水节拍 $t_i =$ 常数，但不同工序之间的流水节拍并不全部相等，同时 $K_{ij} \neq$ 常数。

组织分别流水作业时，首先要保证各工序的专业队伍能连续、均衡地施工，但又要避免各工序之间发生矛盾，尽量减少作业面上的空闲时间，使各专业队伍均无窝工现象，保持工序之间最大程度的紧凑，以达到缩短工期的目的。

图 2-2-7 所示为分别流水作业图。

3）成倍节拍流水

成倍节拍流水也称节奏性流水，是指工序本身的流水节拍在各施工段上完全相等，且工序之间的流水节拍互成倍数，从而形成成倍节拍流水作业。显然，这种成倍节拍流水作业是分别流水作业的特例。图 2-2-8 所示为成倍节拍流水作业图。

4）无节拍流水

无节拍流水是指相同工序在各个施工段上的流水节拍不完全相等，各工序之间的流水节拍也不完全相等，也不成一定的比例关系的流水作业，即 $t_i \neq$ 常数，$K_{ij} \neq$ 常数，$t_i \neq K_{ij}$。图2-2-5

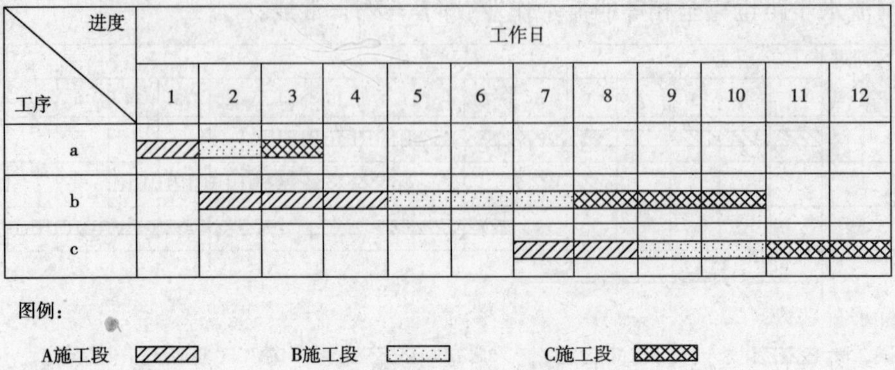

图 2-2-7　分别流水作业图

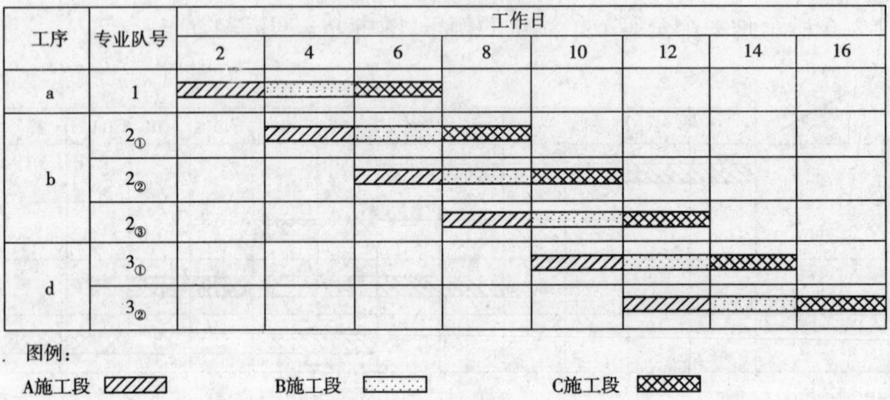

图 2-2-8　成倍节拍流水作业图

为无节拍流水施工进度图。

对于公路工程施工来说,沿线工程量的分布都是不均匀的,而大、中型桥梁或路基土石方的高填深挖,又为集中型工程,因此,各专业施工队在机具和劳动力固定的条件下,流水作业速度不可能保持一致,即各施工段上同一工序的流水节拍无法相等。也就是说,在大部分组织流水作业的施工过程中,只能按照无节拍流水组织施工。

4. 流水作业的作图

1)流水作业图的形式

按流水作业图中的图形和线条形态及其所表达的内容可分为下列几种流水作业图:

(1)横线工段式,如图 2-2-9。

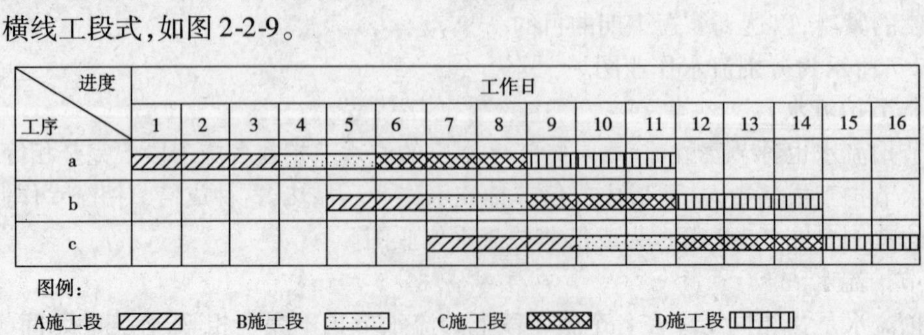

图 2-2-9　施工进度图(横线工段式)

(2)横线工序式,如图 2-2-10。

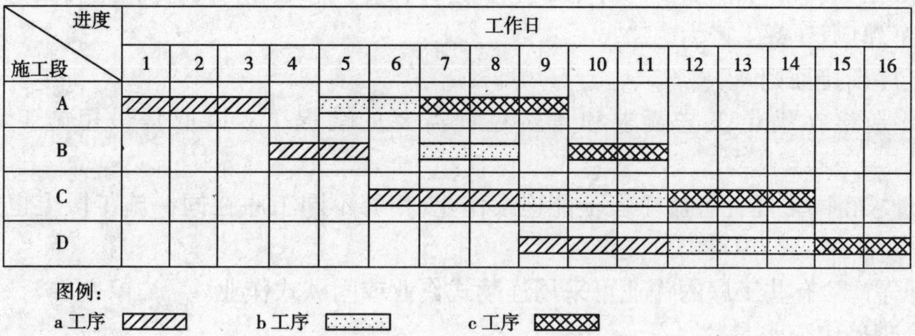

图 2-2-10　施工进度图(横线工序式)

(3)斜线工段式,如图 2-2-11。

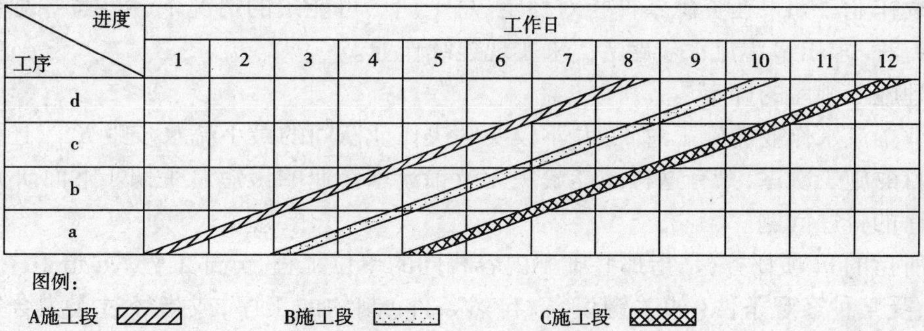

图 2-2-11　施工进度图(斜线工段式)

(4)斜线工序式,如图 2-2-12。

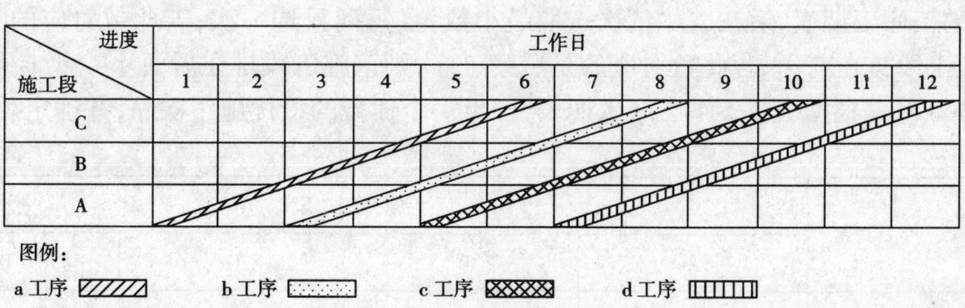

图 2-2-12　施工进度图(斜线工序式)

(5)网络图式。

(2)流水作业的作图

流水作业的作图。是一个施工组织设计的过程,需要综合考虑各种因素,才能做出比较好的流水作业图。作图要点如下:

(1)开工要素。任何一个工序开工时,必须具备工作面和生产力(工人、机械等)两个开工要素,二者缺一不可。如图2-2-10中,B工段的b工序不能在第7天之前开工,因为在这之间虽有工作面,但不具备生产力。

(2)工序衔接原则

①工序衔接在满足工艺要求和自然过程需要的前提下,以取得最短施工总工期为目的。

②尽量求得同工序在各施工段上能连续作业;相邻不同工序在同一施工段上也能连续作业。

③根据需要,有些工序的作业可采用连续式作业或间歇式作业。

(3)合理确定流水参数

3)流水作业在各施工段间的连续作业的组织

用流水法组织同一工序在各施工段上连续作业,可以取得特定的经济效益,防止"停工待面"和"干干停停"。需要说明的是,连续作业实现了,不等于总工期短;但总工期短不等于不能实现连续作业。如果在资源条件相对稳定、总工期尽可能短的情况下,可用"累加数列错位相减取大差法"求出最小流水步距K_{min}来实现连续作业。

5.合理施工顺序的确定

对无节拍流水作业的施工总工期,不仅要解决作业队间的最小流水步距K_{min},还要合理确定工程项目的施工次序,只有这样才能解决无节拍流水作业的最短总工期。下面研究m项任务n道工序的排序问题。

这里所指的m项任务,是指那些施工内容相同的单位工程、分部工程。n道工序是指在m项任务中,受某种客观条件(如关键设备、自然条件)制约的工序,或指经过人为合并的工序(如桥梁施工中上部构造操作过程、下部构造操作过程等)。

1)m项任务2道工序时的施工次序排序问题

此类排序问题,可用约翰逊—贝尔曼法则解决。这个法则的基本思想是:先行工序施工工期短的施工段要排在前面施工;而后续工序施工工期短的施工段要排在后面施工。即先列出m项任务的工序工期表,后在表中依次选取最小数,且每列只选一次,若此数对应的是先行工序,则该施工段排在前面,若此数对应的是后续工序,则该施工段排在后面。

【例2-2-2】 根据表2-2-4工序工期表,排出4个任务的最优施工次序,并确定总工期。

工序工期表　　表2-2-4

工　序	施工段			
	A	B	C	D
a	3	2	4	3
b	2	4	3	3

解:①绘制施工次序排列表,如表2-2-5所示。

②按约翰逊—贝尔曼法则填出表2-2-5,从而可将各项任务的施工次序排列出来。

③用"累加数列错位相减取大差法"求出$K_{ab}=2$(计算过程略)。

④绘制施工进度作业图如图2-2-13,总工期$T=14$天。

施工次序排列表

表 2-2-5

填表次序	1	2	3	4
①	B			
②				A
③		D		
④			C	
列中最小数	2	3	3	2
任务号	B	D	C	A

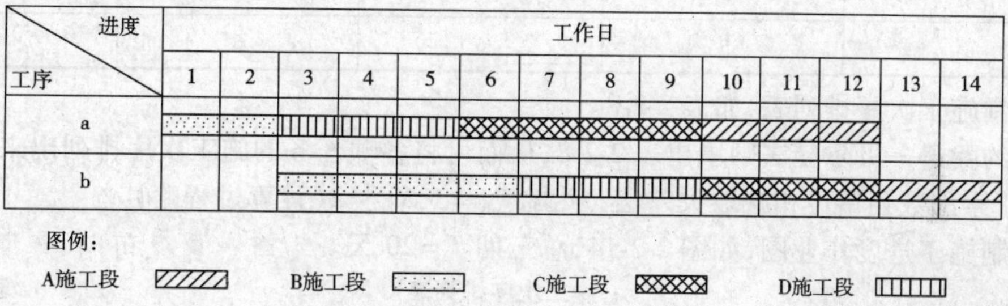

图 2-2-13　施工进度图

若不按约翰逊—贝尔曼法则来确定施工顺序，一般不能取得最短施工总工期。如本例按表 2-2-4中的 A、B、C、D 次序施工，其总工期为 15 天，比用约翰逊—贝尔曼法则所确定的工期多 1 天。

2）m 项任务 3 道工序时的施工次序排序问题

对于这类问题，如果符合下面两种情形中的一种，则可按下述方法来求最优施工次序。

（1）第 1 道工序中最小施工工期 a_{min} 大于或等于第 2 道工序的最大施工工期 b_{max}，即：$a_{min} \geqslant b_{max}$。

（2）第 3 道工序中最小施工工期 c_{min} 大于或等于第 2 道工序的最大施工工期 b_{max}，即：$c_{min} \geqslant b_{max}$。

第一步，将各项任务中第 1 道工序和第 2 道工序的施工工期依次加在一起；

第二步，将各项任务中第 2 道工序和第 3 道工序的施工工期依次加在一起；

第三步，将上两步中得到的工期序列，看做 2 道虚拟工序（$a+b$，$b+c$）的施工工期；

第四步，按约翰逊—贝尔曼法则，求出最优施工次序；

第五步，按确定的施工次序，以原 3 道工序绘制施工进度图，确定总工期。

【例 2-2-3】　根据表 2-2-6 工序工期表排出四个任务的最优施工次序，并确定总工期。

工 序 工 期 表

表 2-2-6

工　序	施　工　段			
	A	B	C	D
a	3	2	3	3
b	2	2	3	3
c	3	4	3	5

解:①符合两种情况中的(2),即 $c_{min} \geqslant b_{max}$,完成表 2-2-7。

合并工序工期表 表 2-2-7

工　序	施　工　段			
	A	B	C	D
a	3	2	3	3
b	2	2	3	3
c	3	4	3	5
$a+b$	5	4	6	6
$b+c$	5	6	6	8

②绘制施工次序排列表,如表 2-2-8。

③按约翰逊—贝尔曼法则填出表 2-2-8,从而可将各项任务的施工次序排列出来。

④用"累加数列错位相减取大差法"求出 $K_{ab}=3$,$K_{bc}=2$(计算过程略)。

⑤绘制施工进度作业图,如图 2-2-14,总工期 $T=20$ 天。

施工次序排列表 表 2-2-8

填表次序	1	2	3	4
①	B			
②				A
③		C		
④			D	
列中最小数	4	6	8	5
任务号	B	C	D	A

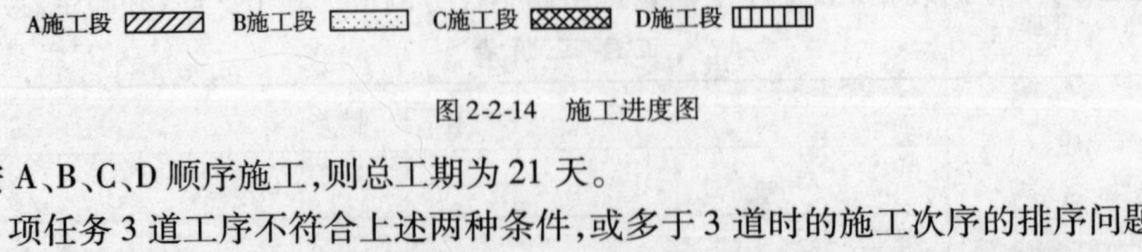

图 2-2-14　施工进度图

若按 A、B、C、D 顺序施工,则总工期为 21 天。

3)m 项任务 3 道工序不符合上述两种条件,或多于 3 道时的施工次序的排序问题

对于这类问题,确定最优次序比较复杂,但原则上仍可采用工序合并法变为 2 道工序,再用约翰逊—贝尔曼法则,求出相应的总工期,从中选取总工期的最小值,即可确定最优施工次序。求解最优次序的过程比较繁琐,通常工序更多时,要借助于计算机计算来确定。

课题三　网络计划技术

网络计划技术是20世纪50年代国外陆续出现的一些计划管理的新方法。由于这些方法将计划的工作关系均建立在网络模型上，把计划的编制、协调、优化和控制有机地结合起来，所以称之为网络计划技术。其基本原理是：首先根据工作间的相互关系及其工作先后顺序流程绘制工程项目施工进度计划网络图；其次通过计算找出计划中的关键工作及关键线路；最后通过不断调整、改善网络计划，选择最优的方案付诸实施。在网络计划实施过程中进行有效地监督与控制，确保工程项目按合同条件顺利完成。

我国在工程管理上应用网络技术已取得显著效果，如保证或缩短工期、降低成本、提高效率、节约资源等。针对公路工程施工生产实际情况，本节主要介绍双代号网络图的绘制。

一、网络图的概念

网络图是表示一项工程（或任务）进行顺序的工作流程图，它精确地表达生产过程中各工序之间内在的逻辑关系，是一种网状图形。它不但是彼此间综合关系的反映，而且也是进行计划管理和计算的基础。

按箭线和节点表达的含义不同，网络图可分为双代号网络图（图2-3-1）和单代号网络图(2-3-2)。前者每项工作均由一根箭线和两个节点表示，其中箭线代表工作，节点表示工作间的逻辑关系；后者每项工作由一个节点组成，以节点代表工作，箭线表示工作间的逻辑关系。双代号表示法及单代号表示法见图2-3-3。

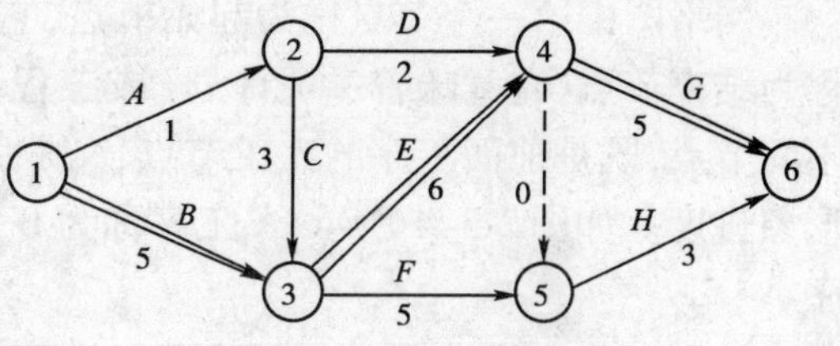

图2-3-1　双代号网络图

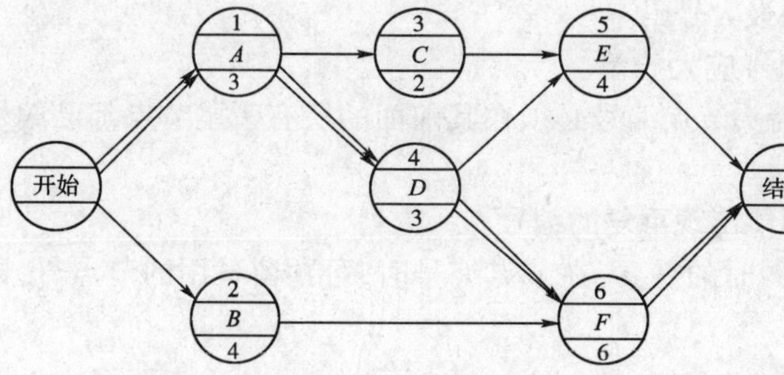

图2-3-2　单代号网络图

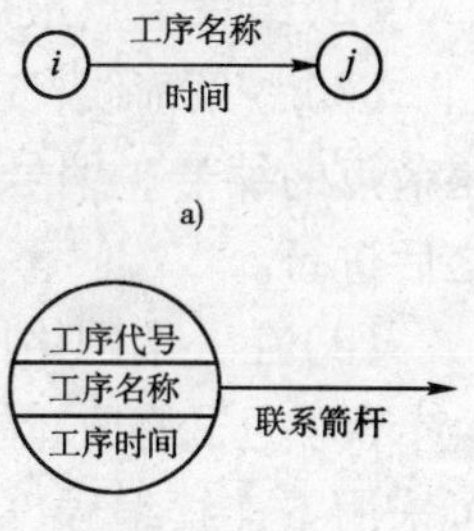

图2-3-3　双代号网络图

a）双代号表示法；b）单代号表示法

二、双代号网络图的绘制

1. 双代号网络图的构成

双代号网络图由工序、节点、线路三个基本要素组成。

1)箭线

在双代号网络图中一个箭线表示一项工作,可以是一道工序,也可以是分项和分部工程、单位工程等。在双代号网络图中,箭线用“→”表示。

箭线方向表示工作进行方向,箭尾表示工作开始,箭头代表工作结束,箭线表示工作的具体内容。

在网络图中的工序常分为实工序和虚工序两种。实工序是指需要消耗时间和资源的工序(如现浇混凝土工程)及只消耗时间而不消耗资源的工序(如混凝土的养护)。实工序是实际存在的工作。虚工序是指既不消耗时间,也不消耗资源的工序。虚工序是人为的虚设的工作,只表达相邻前后工序之间的逻辑关系,以虚箭线表示,如图2-16中的④→⑤工序。

在无时标网络图中,箭线的形状、长短和粗细与工作持续时间无关,但为了网络图整齐醒目,箭线应用水平直线或折线绘制。

2)节点

节点表示工作与工作之间的衔接关系,在双代号网络图中,节点仅表示结束到开始的一种衔接关系,即节点前的所有工作均结束后,节点后的工作才能开始。在网络图中,节点一般以“○”表示。

节点具有瞬时性,即节点既不占用时间,也不消耗资源。

网络图中第一个节点称为起始节点,它意味着一项计划(或工程)的开始;最后一个节点称为结束节点,它意味着一项计划(或工程)的结束;其余的节点都称为中间节点。任意一个中间节点,既是前面工序的完工节点,又是后面工序的开工节点,因此,中间节点可反映施工的形象进度。如图2-3-4所示,A工序称为B工序的紧前工序,而B工序则称为A工序的紧后工序。

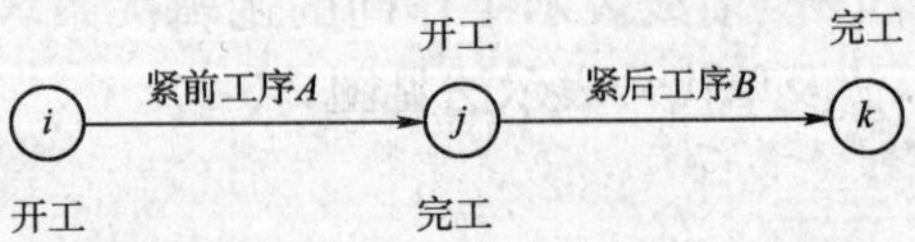

图 2-3-4

绘制双代号网络图时,应赋予每项工序两个代号。为便于识图和计算,一般采用规格化编码。

(1)开始节点先编号,所编号码用最小号码。

(2)结束节点最后编号,所编号码用最大号码。

(3)一条箭线(工序)的箭头节点编号应大于箭尾节点的编号。编号时号码由小到大,箭头节点编号必须在其前面的所有箭尾节点都已编号之后进行。

(4)在一个网络图中,所有的节点不能出现重复的编号。

(5)为了修改、调整、补充扩展网络图时的需要,在节点编号时,可预留备用的节点号,即可采用不连续编号。

3)线路

线路是指网络图中从起始节点到结束节点之间可连通的路线。

在网络图中,线路有若干条,且每条线路都有自己确定的完成时间,它等于该线路上各项工作持续时间的总和。在网络图所有线路中总持续时间最长的线路称为关键线路。在网络图中常用粗箭线或双箭线表示(如图2-3-1)。在网络图所有线路中总持续时间小于关键线路总持续时间的线路称为非关键线路。一张网络图至少有一条关键线路。

位于关键线路上的工序称为关键工序,它没有机动时间(即无时差)。关键工序的完成快慢直接影响整个计划工期的实现。

关键线路不是一成不变的，在一定条件下，关键线路和非关键线路可以互相转化。当采用了一定的技术措施，缩短了关键线路上各工作的持续时间，就有可能使关键线路发生转移，使原来的关键线路变成非关键线路，而原来的非关键线路却变成关键线路。

位于非关键线路的工作除关键工序外，其余称为非关键工序。非关键工序有若干机动时间，称为时差，它意味着工序的开工时间或完成日期可适当挪动而不影响整个计划(或工程)的按期结束。

2. 双代号网络图的绘制

1)工序逻辑关系的表示方法

逻辑关系是指在施工过程中工序之间客观上存在的一种先后顺序关系。在表示施工进度计划的网络图中，根据施工工艺和施工组织要求，应正确反映出各道工序之间的相互依赖和相互制约的关系，这也是网络图与横线图的最大不同之处。在网络图中，工作之间的逻辑关系是由施工组织、施工技术、工艺流程、资源供应、施工场地等决定的。各工序间的逻辑关系表达正确与否，是网络图能否反映工程实际情况的关键。如果逻辑关系表达错了，则网络图中各种时间参数的计算就会发生错误，关键线路和工期也将随之发生错误。

要绘制一张正确反映工程逻辑关系的网络图，必须首先要搞清楚各道工序之间的逻辑关系，工序之间的基本逻辑关系有四种：

(1)本工序必须在哪些工序之前进行；

(2)本工序必须在哪些工序之后进行；

(3)本工序可以与哪些工序平行进行；

(4)本工序的进行与哪些工序无关。

在网络图中，各个工序之间的逻辑关系是复杂多变的，表2-3-1列出了网络图中最常见的一些逻辑关系及表示方法，表中的工序名称均以字母表示。

各工序逻辑关系表示方法　　表2-3-1

1	A完成后进行B		B工序依赖A工序 A工序约束B工序的开始
2	A、B、C同时开始	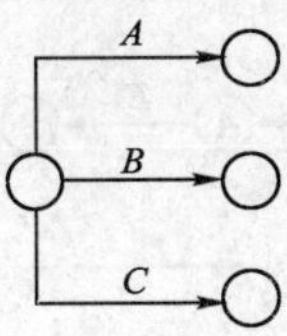	A、B、C三道工序称为平行工序
3	A、B、C同时结束	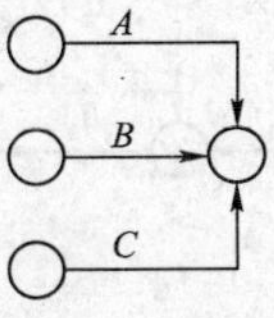	A、B、C三道工序称为平行工序

续上表

4	A 完成后进行 B、C	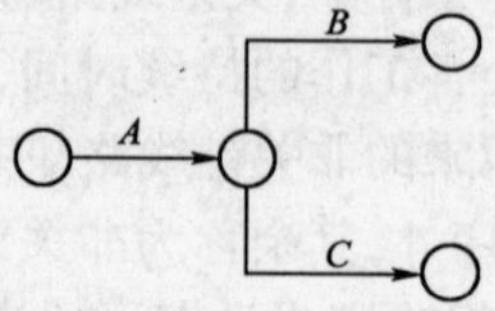	A 工序制约 B、C 工序的开始，B、C 工序为平行工序
5	A、B 均完成后同时进行 C、D	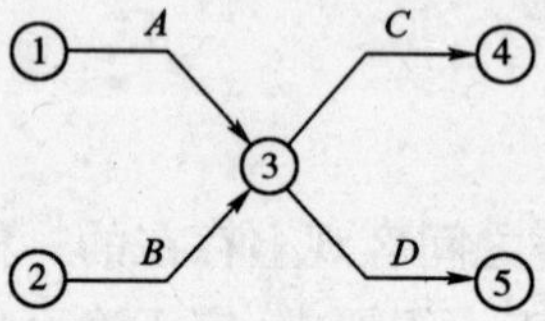	通过中间节点③正确地表达了 A、B 之间的关系
6	A 完成后进行 C A、B 完成后进行 D	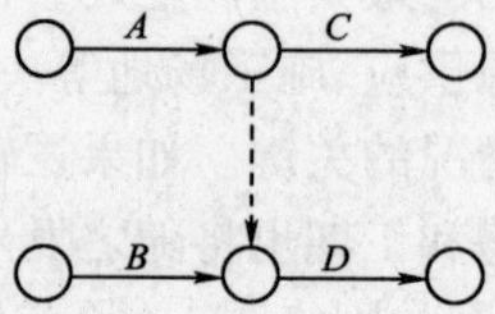	通过引入虚工序，才能正确表达 D 与 A 之间的逻辑关系
7	A、B、C 均完成后进行 D； B、C 均完成后进行 E	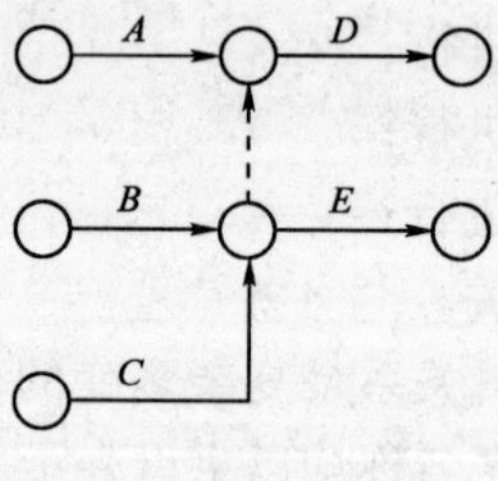	虚工序表示 D 工序受到 B、C 工序制约
8	A 完成后进行 C A、B 均完成后进行 D B 完成后进行 E	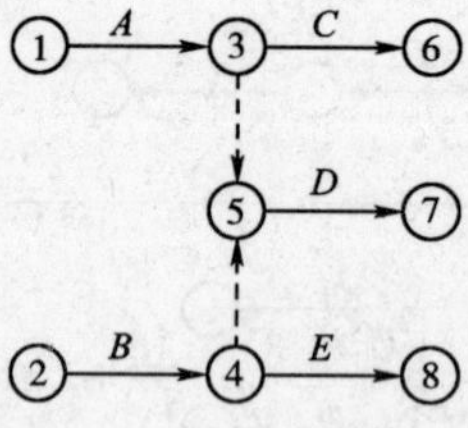	虚工序 35 反映出 C 工序只受 A 工序制约，虚工序 45 反映出 E 工序只受 B 工序制约。同时 D 工序受 A、B 工序制约
9	A、B 两道工序分成三个施工段，分别流水施工； A_1 完成后进行 A_2、B_1； A_2 完成后进行 A_3、B_2； B_1 完成后进行 B_2； B_2 完成后进行 B_3	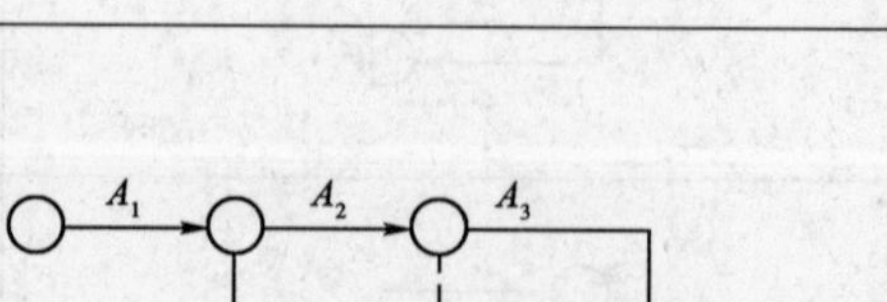	每道工序建立一个专业施工队伍，在每个施工段上进行流水作业，不同工序之间用逻辑搭接关系表示

2）虚工序在网络图中的应用

从上面介绍的各种工序逻辑关系的表示方法，可以清楚地看出，虚工序不是一道实际发生的工序，而是在绘制网络图时根据逻辑关系的需要增设的。引入虚工序的目的是为了正确表达各工序之间的逻辑关系，也用来防止发生代号混乱的现象。

（1）虚工序在逻辑关系连接方面的应用

绘制网络图时，经常遇到表2-3-1序号6中的情况，工序A的紧后工序为C，工序B的紧后工序为D，但工序D又是工序A的紧后工序，为了把A、D两道工序的紧前紧后关系连接起来，这时就需要引入虚工序。因虚工序的持续时间是零，虽然A、D之间有一道虚工序，又有两个节点，但二者的关系仍然是A工序完成后，D工序才能开始。

（2）虚工序在逻辑"断路"方面的应用

绘制双代号网络图时，最容易产生的错误是把本来不该发生逻辑关系的工序联系起来，使网络图发生与实际不相符的逻辑错误，这时就必须用虚工序隔断不应有的工序联系。用虚工序隔断网络图中无逻辑关系的各道工序的方法称为"断路法"。

例如绘制某基础工程的网络图，该基础有四道工序，为挖槽、垫层、基础、回填土，分两段施工，如绘制成图2-3-5的形式就是错的。因为第一施工段的基础（基础1）与第二施工段的挖槽（挖槽2）没有逻辑上的关系（图中用虚箭线表示），同样第一施工段的回填土（回填土1）与第二施工段的垫层（垫层2）也不存逻辑上的关系（图中用虚箭线表示），但是，在图2-3-5中却相互连接起来了，这是网络图中原则性的错误，它将导致一系列的计算错误。此时应用"断路法"加以分隔。正确的网络图如图2-3-6所示。此法在流水作业施工进度计划双代号网络图中广泛应用。

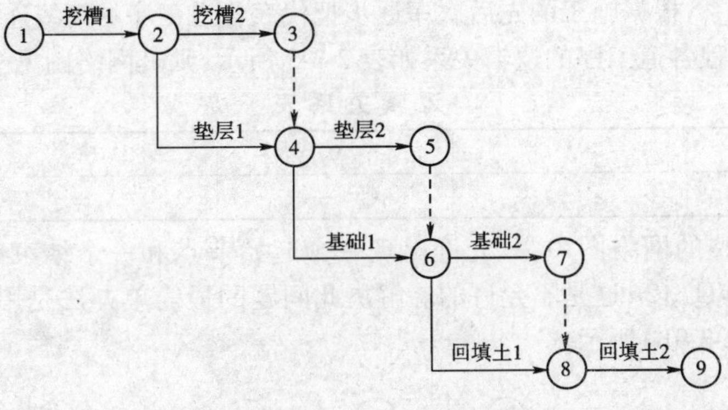

图2-3-5　逻辑关系表示错误的网络图

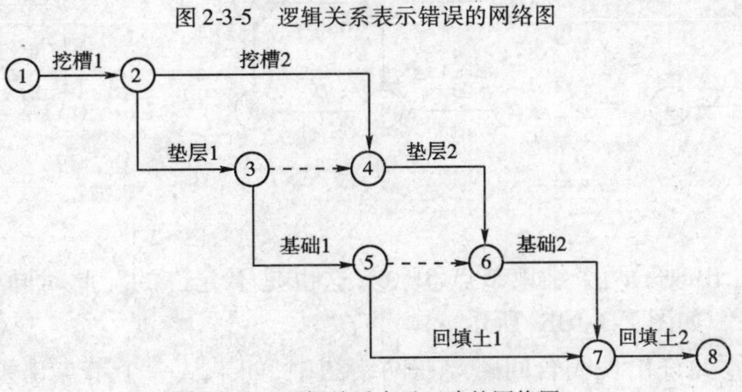

图2-3-6　逻辑关系表示正确的网络图

(3)两道或两道以上工序平行作业时的应用

当两道或两道以上工序同时开始和同时结束时,必须引入虚工序,以免造成混乱。

图 2-3-7a)中,A、B 两道工序的箭线共用①、②两个节点,1—2 代号既表示 A 工序又可表示 B 工序,混淆了工序内容的区别。如果引入虚工序,则符合双代号网络图每道工序均由一根箭线和两个节点代号组成的基本含义,如图 2-3-7b)所示。

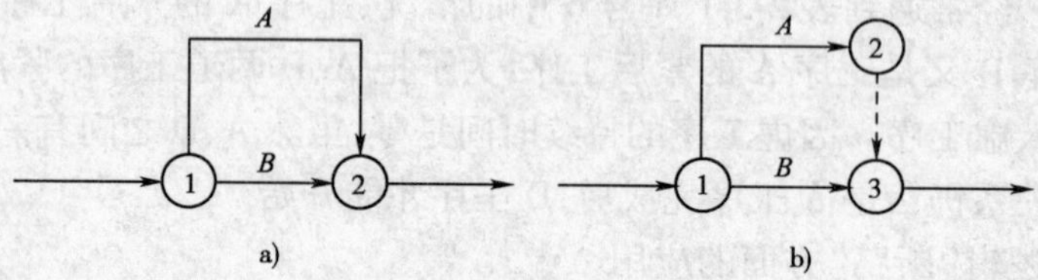

图 2-3-7 虚箭线的应用

综上所述,在绘制双代号网络图时,虚工序的应用是很重要的。但是在什么地方、在什么情况下引入虚工序是较难判断的。一般是先增设虚工序,待网络图构成后,再删去不必要的虚工序。

3)绘制双代号网络图的基本规则

绘制双代号网络图时,应正确地表示工序之间的逻辑关系和遵循有关绘图的基本规则,否则,绘制的网络图就不能正确反映工程的施工流程和进行时间参数的计算。下面是必须遵循的一些基本原则:

(1)按工程(任务)本身的工艺顺序连接箭线。绘制网络图之前,要正确确定施工顺序及工序之间的衔接关系,根据施工的先后次序逐步把代表各道工序的箭线连接起来,绘制成网络图。例如已知某工程各道工序的逻辑关系如表 2-3-2 所示,则其网络图见图 2-3-8。

逻 辑 关 系 表

表 2-3-2

工　序	A	B	C	D
紧前工序	—	—	A、B	B

(2)在一个完整的网络图中,只允许出现一个起始节点和一个结束节点。如图 2-3-9a)中,有两个起始节点①、②,这是不允许的。解决此问题的最简单办法是用虚箭线把节点①与②连接起来,如图 2-3-9b)所示。

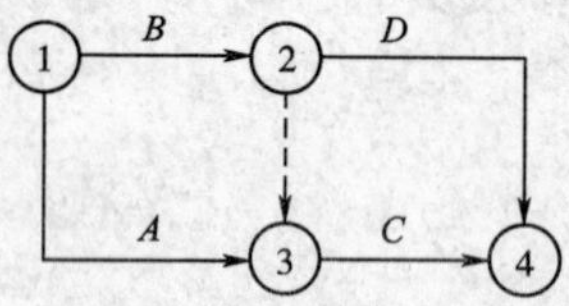

图 2-3-8

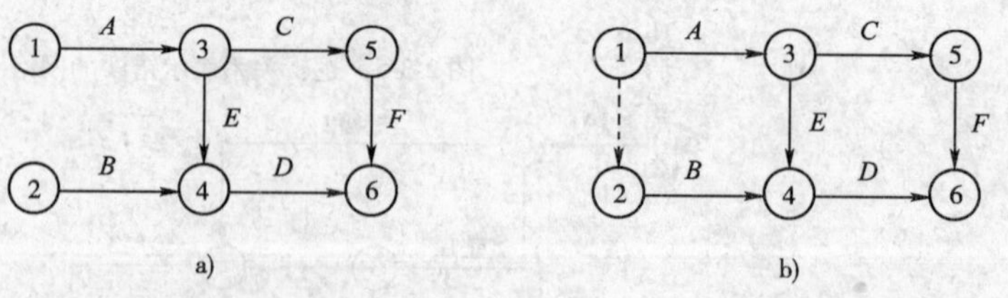

图 2-3-9

如图 2-3-10a),出现了两个结束节点⑤、⑥,这也是不允许的。此时同样增设虚箭线把节点⑤与⑥连接起来。如图 2-3-10b)所示。

(3)网络图中不允许出现闭合回路。在网络图中,如果从一个节点出发,顺着某一线路又能回到原出发的节点,称此线路为闭合回路。如图 2-3-11 中的 2→3→4→2 就是一条闭合回路。它表示的逻辑关系是错误的,在工艺流程上也是相互矛盾的。

图　2-3-10

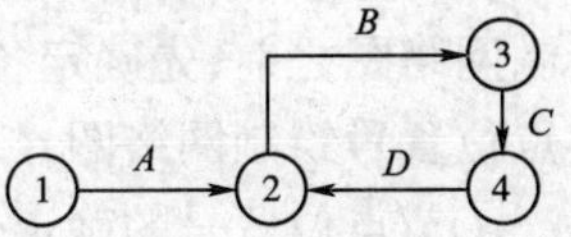

图　2-3-11

(4)一对节点之间只允许一条箭线。在双代号网络图中,两个代号表示一道唯一的工序。如果一对节点之间有两条甚至更多条箭线同时存在,则无法分清这两个代号究竟代表哪一道工序。这种情况下正确的表达方法是引入虚工序,见图 2-3-7b)。

(5)网络图中不允许出现线段、双向箭头,并应避免使用反向箭线。表示工程进度计划的网络图是一种施工进程方向的网状流程图,有向线段中箭头方向为施工前进方向,所以不允许出现无箭头的线段和双向箭头的箭线。箭线所表达的工作需要占用时间,而时间是不可逆的,应避免使用反向箭线,否则容易造成闭合回路。在时标网络计划图中,更不允许出现反向箭线。

(6)网络图的布局应合理,尽量避免箭线交叉。网络图的布局调整的目的,除避免箭线交叉外,还应尽量使图面整齐美观。当箭线的交叉不可避免时,应采用"暗桥"、"断线"或"指向"等方法加以处理。如图 2-3-12 所示。

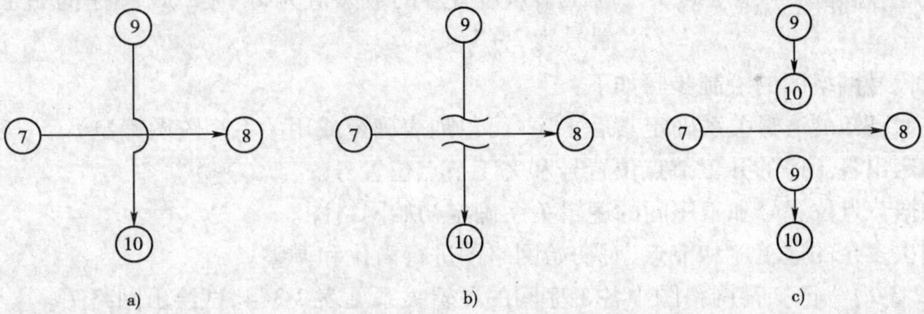

图 2-3-12　箭线交叉的处理方法

a)暗桥法;b)断线法;c)指向法

4)双代号网络图的绘制

(1)简单网络图的绘制

在绘制双代号网络图时,对于那些工序数目少,工序之间关系不复杂的网络图的绘制,可以根据逻辑关系,直接绘出网络图。

【例 2-3-1】　已知某网络图中各工序之间的逻辑关系见表 2-3-3,试绘出网络图。

解:见图 2-3-13。

工序逻辑关系表　　　表 2-3-3

工　序	A	B	C	D	E	F
紧前工序	—	A	B	A	B、D	C、E

(2)较复杂网络图的绘制

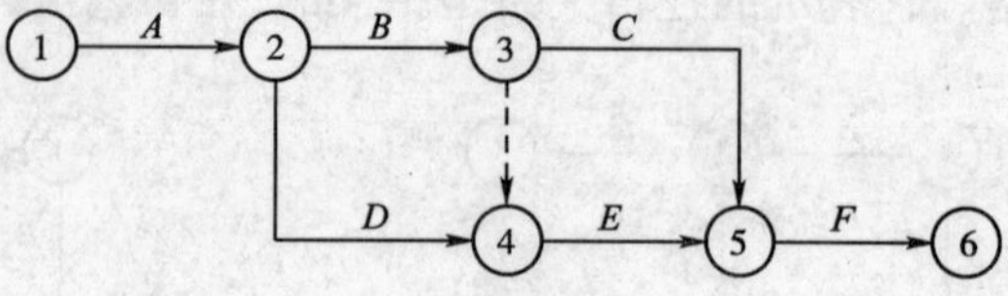

图 2-3-13

当工序数目很多,工序之间关系复杂时,可在绘制网络图之前,先确定各个节点的位置号,再按节点位置号绘制网络图。

①节点位置号的确定,参见图 2-3-14。

a. 无紧前工序的工序,其开工节点位置号为零。如 A、B 工序的开工节点位置号为零。

b. 有紧前工序的工序,其开工节点位置号等于其紧前工序的开工节点位置号的最大值加 1。如 E 工序的紧前工序 B、C 的开工节点位置号分别为 0 和 1,则 E 工序开工节点位置号为 1 + 1 = 2。

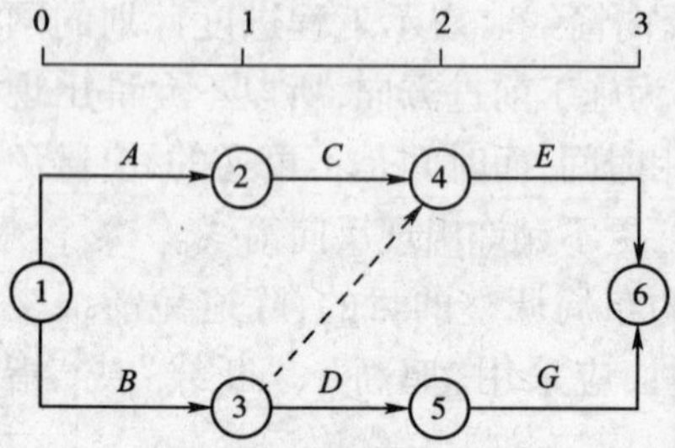

图 2-3-14 网络图与节点位置坐标

c. 有紧后工序的工序,其完工节点的位置号等于其紧后工序的开工节点位置号的最小值。如 B 工序的紧后工序 D、E 的开工节点位置号分别为 1、2,则 B 工序的完工节点的位置号为 1。

d. 无紧后工序的工序,其完工节点的位置号等于网络图中各个工序的完工节点位置号的最大值加 1。如 E、G 工序无紧后工序,在整个网络图中除 E、G 工序外的各工序的完工节点位置号的最大值为 2,则 E、G 工序的完工节点位置号为 2 + 1 = 3。

②双代号网络图的绘制步骤如下:

a. 根据已知的逻辑关系确定紧后工序(可以列表确定或用关系矩阵图确定)。

b. 确定出各工序的开工节点位置号和完工节点位置号。

c. 根据节点位置号和工序间的逻辑关系确定初始网络图。

d. 删去多余的虚工序和节点,对初始网络图进行简化和调整。

【例 2-3-2】 已知某网络图中各工序间的逻辑关系见表 2-3-4,试绘出网络图。

工序逻辑关系表 表 2-3-4

工 序	A	B	C	D	E	F
紧前工序	—	—	—	B	B	C、D

解:(1)采用矩阵法确定紧后工序,如表 2-3-5 所示。

表 2-3-5

	A	B	C	D	E	F
A						
B						
C						
D		1				
E		1				
F			1	1		

①首先在横向的表格用符号“1”标出各工序的紧前工序(如D工序的紧前工序为B工序，则在表中第一列找出“D”，在表中第一行找出“B”在“D”行与“B”例的交叉处标出“1”)；

②然后查看某工序的竖向表格，在竖向表格标注符号“1”所对应的工序即为该工序的紧后工序(如在表中的“B”列有两个符号“1”，分别对应了D工序及E工序，则D工序及E工序即为B工序的紧后工序)。

(2)列出关系表，确定各工序的节点位置号，如表2-3-6所示。

确定关系和计算表　　表2-3-6

工　　序	A	B	C	D	E	F
紧前工序	—	—	—	B	B	C、D
紧后工序	—	D、E	F	F	—	—
开工节点位置号	0	0	0	1	1	2
完工节点位置号	3	1	2	2	3	3

(3)根据逻辑关系和各工序节点位置号绘制网络图，如图2-3-15所示。

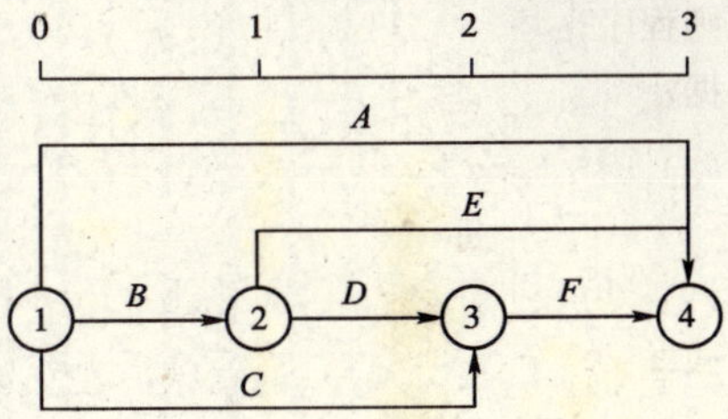

图　2-3-15

单元三　施工组织设计

【知识目标】

1. 掌握施工组织设计的阶段划分及文件组成；
2. 了解施工组织设计的调查资料内容；
3. 掌握施工组织设计编制的原则程序；
4. 了解施工方案确定的原则依据；
5. 掌握施工进度计划的编制方法。

【能力目标】

1. 能进行施工组织设计的资料调查；
2. 能够正确选择简单工程项目的施工方案和施工方法；
3. 具备编制施工进度计划的能力；
4. 具备编制简单工程项目施工组织设计文件的能力。

课题一　施工组织的任务和文件

施工组织设计是在施工前编制的,是用来指导拟建工程施工准备和组织施工的全面性的技术、经济文件。施工组织设计是公路设计文件、公路施工承包投标文件和施工单位进行施工项目管理文件的重要组成部分,也是项目管理规定的必需内容之一。

由于建筑产品的多样性及生产的单件性等特点,每项工程都必须单独编制施工组织设计,施工组织设计经批准后才允许正式施工。

施工组织设计是在充分研究工程的实际情况和施工特点的基础上编制的,用以规划、部署施工活动的各个方面,按最适宜的施工方案和技术组织措施组织施工,使其实现最好的经济效益。

施工组织设计的基本任务是根据业主对建设项目的各项要求,选择经济、合理、有效的施工方案;确定合理、可行的施工进度;拟定有效的技术组织措施;采用最佳的劳动组织,确定施工中劳动力、材料、机械设备等需要量;合理布置施工现场的空间,以确保全面高效地完成最终建筑产品。

一、施工组织设计的内容

公路工程设计和施工的各个阶段,都必须编制相应的施工组织设计文件。一般来说,包括设计阶段的施工组织设计文件(由设计部门在初步设计阶段编制)和施工阶段的施工组织设计文件(根据批准的初步设计和施工组织规划设计,由施工单位编制),如果一项工程的建设工期很长,还可以编制年度施工组织设计。具体地讲,就是在初步设计阶段拟定施工方案,在技术设计阶段提出修正的施工方案,在施工图设计阶段编制施工组织计划,在施工阶段编制实施性施工组织设计。

1. 施工方案

两阶段初步设计和三阶段初步设计中的施工组织文件称为施工方案,一般由下列内容组成:

(1)施工方案说明。就施工方案编制的主要问题进行说明,该说明列入初步设计的总说明书中,其主要内容是:

①概况。

②贯彻国家有关方针政策的说明。

③施工力量、施工组织、施工方法和施工期限的安排。

④主要工程和控制工期及特殊工程的施工方案与措施。

⑤主要材料的供应,机具、设备的配备及临时工程的安排。

⑥下一阶段应解决的问题及注意事项。

(2)主要图表。

①工程概略进度图。根据劳动力、施工期限、施工条件以及施工方案按年和季进行概略安排,列出工程项目单位、数量,按年和季度表示出工程施工起止时间、机动时间、衔接时间等。

②人工、主要材料及机具、设备安排表。列出名称、单位、数量、需要量等(可分上半年、下半年编制)。

③临时工程一览表。列出工程名称(便桥、便道、预制场、钢梁、电力及电讯线等)、地点或桩号、工程项目及数量等。

④公路临时用地表。列出位置或桩号、工程名称、隶属(县、乡、个人)、长度、宽度、土地类别及数量等。

2. 修正施工方案

采用3阶段设计的工程,在技术设计阶段应提出修正的施工方案。修正施工方案是根据初步设计的审批意见和需要进一步解决的问题而进行编制。它是技术设计的组成部分,并为编制修正概算提供依据。

3. 施工组织计划

不论采用几阶段设计,在施工图设计阶段都应编制施工组织计划,并列入施工图设计文件。施工组织计划的组成内容是:

(1)说明。施工组织计划在施工图设计中,是作为一篇单独编列,说明应在这一篇的开头。其主要内容包括:

①初步设计(或技术设计)批复意见执行情况。

②贯彻国家方针政策及采用先进技术情况。

③施工组织、施工期限、主要工程的施工方法、工期、进度及措施。

④劳动力计划及主要施工机具的使用安排。

⑤主要材料供应、运输方案及临时工程的安排。

⑥对缺水、风沙、高原、严寒等地区以及冬季、雨季施工所采取的措施。

⑦对高速公路和一级公路的交通工程及沿线设施施工协调和分期实施有关问题的说明。

⑧施工准备工作(如拆迁、用地、修便道、便桥、临时房屋、架设临时电力、电讯设施等)的意见。

⑨有关文件、协议的抄件或复印件。

(2)施工组织计划图表。

①工程进度图(包括劳动力计划安排)。

②主要材料计划表(包括型号、规格、数量)。

③主要施工机具、设备计划表。

④临时工程数量表(包括便道、便桥、预制场、施工场地、电力及电讯线等)。

⑤技术组织措施计划表。

⑥施工平面图设计。

⑦重点工程施工进度图。

4. 实施性施工组织设计

在施工阶段,由施工单位编制的施工组织设计称为实施性施工组织设计。这时,施工图设计已获批准,所有施工原则和方案已确定,施工条件明确。因此,这一阶段的施工组织设计十分具体,对各分项工程、各工序和各施工队都要进行施工进度的日程安排和具体操作的设计。

实施性施工组织设计文件可进一步分为施工组织总设计及分部(或分项)工程施工组织设计。实施性施工组织设计的组成内容是:

(1)施工组织设计的文字说明,包括:

①设备、人员动员周期和设备、人员、材料运到施工现场的方法。

②主要工程项目的施工方案、施工方法。

③各分项工程的施工顺序。

④确保工程质量和工期的措施。

⑤重点(关键)和难点工程的施工方案、方法及其措施。

⑥冬季和雨季的施工安排。

⑦质量、安全保证体系。

⑧其他应说明的事项。

(2)分项工程进度率计划(斜率图)。

(3)工程管理曲线。

(4)施工总平面布置。

(5)主要分项工程施工工艺框图。需绘制施工工艺框图的分项工程包括:

①路基填筑施工(包括各类特殊路基处理)。

②路面底基层、基层施工。

③路面面层施工(图 3-1-1 为滑模摊铺水泥混凝土路面施工工艺框图)。

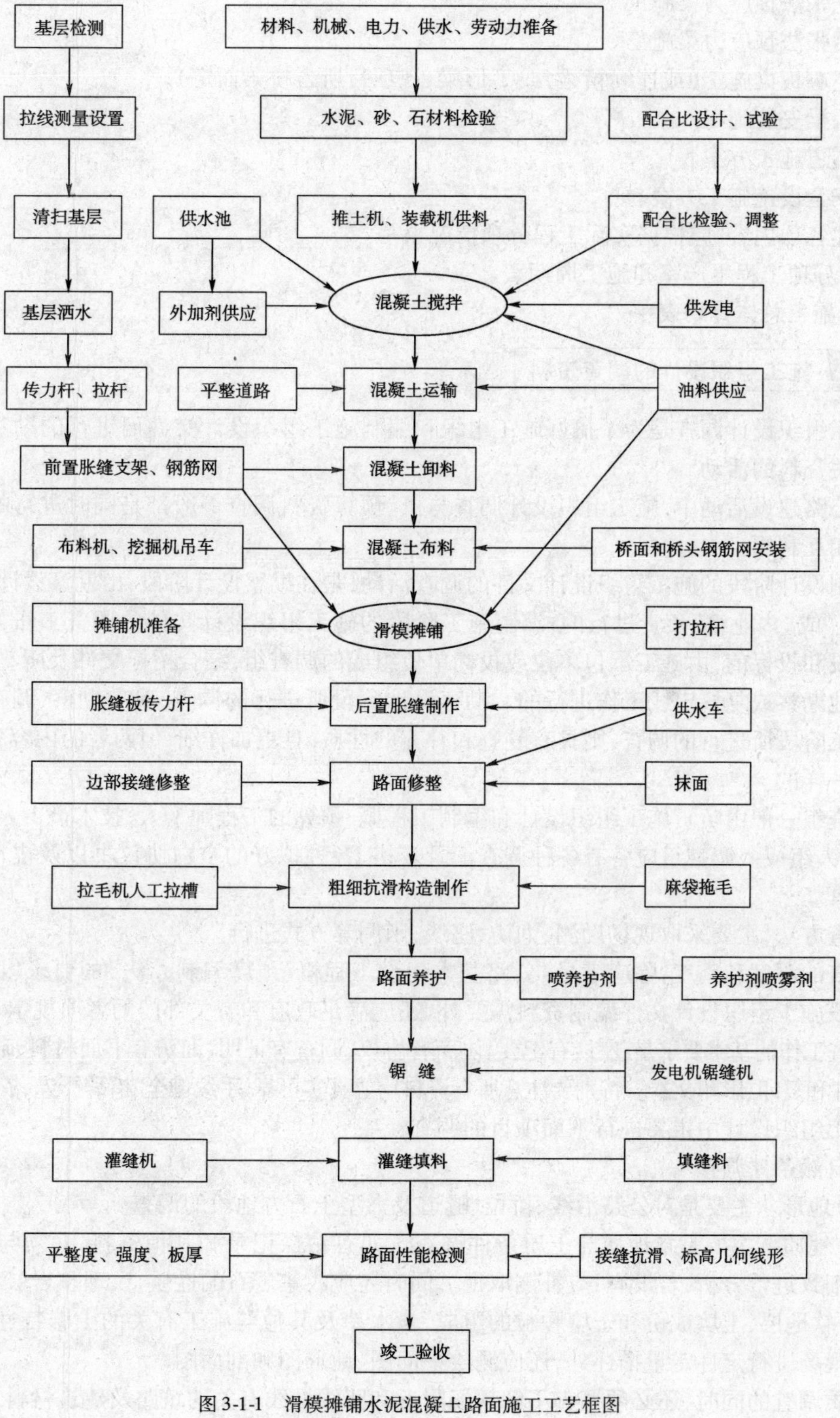

图 3-1-1　滑模摊铺水泥混凝土路面施工工艺框图

④桥梁钻孔桩施工。

⑤先张法预应力梁施工。

⑥后张法预应力梁施工。

⑦空心板梁施工(或连续箱梁,或T形梁,视项目所含桥梁而定)。

⑧桥梁安装施工。

⑨隧道施工方案。

⑩安全设施施工方案。

上述各项内容,应根据实际工程分项情况填写。

(6)分项工程生产率和施工周期表。

(7)施工总体计划表。

二、施工组织设计的调查资料

施工组织设计调查是为了搞好施工组织和编制施工组织设计文件而进行的勘察、收集和研究有关资料的活动。

在公路建设活动中,施工组织设计调查与概、预算资料调查一般都是同时进行的,且其调查资料相互利用。

编制设计阶段的施工组织设计文件的调查活动,是在勘察设计阶段,由勘察设计单位组织"调查组"或"内业组"负责进行的;编制施工阶段的施工组织设计文件的调查工作,是在施工准备阶段和投标前,由施工承包单位或投标单位组成的调查组,结合招标文件及所签合同进行现场实地勘察或复核定线工作进行的。勘察设计阶段所进行的调查,具有勘察、调查的性质;而在施工阶段所进行的调查,则具有复查和补充的性质,且更加详细,但两者的内容和方法,基本上是一样的。

调查组一般由负责施工组织设计和编制工程概、预算的工程师1人,技术员1人以及测量工2~3人组成。调查组应备有各种调查记录表格、各种拟好的空白协议书以及皮尺、测杆等测量工具。

调查方法,主要采取现场勘测、询访、座谈、函调等方式进行。

调查的深度和广度,除应满足《公路基本建设工程概、预算编制办法》的要求以及各不同设计阶段施工组织设计文件编制资料需要外,还应满足政府和有关部门的各项规定。

调查工作的基本要求是:座谈有纪要、协商有协议、调查有证明、询访有书面材料、政策规定应索取原件和复印、影印文本。特别要注意所有资料均要真实可靠、手续健全、措辞严谨、依法生效。

施工组织设计中主要进行下面项目的调查:

1.自然条件调查

(1)地形。主要是对公路沿线、桥位、隧道及大型土石方地段的调查。

(2)地质。主要是指地质与土质条件调查。如有钻探记录和其他资料,必须与其相对照复核并细致进行分析,若没有,应补测取得。同时还应收集岩石的性质、纹理和岩层状态,有无断层、松软地层,土壤成份和土壤颗粒的组成,含水率及其他与施工有关的土壤特性数据。除对这些现场进行定性定量描述外,还应测绘平面图、地形图和剖面图。

地质调查的同时,还必须调查了解现场附近和路线沿线有关的筑路及建筑材料情况,并初步分析这些材料的质量、储量、采掘条件和运输条件等。了解现场地上障碍物、地下埋设物，以及可利用的地形地物情况。

（3）气象水文。主要调查内容是降雨量、降雨天数、降雨日的分布、降雪、冰冻深度、气温、湿度、风速风向、台风、地下水（水位、水量、水质）、河流流量（正常、枯水、洪水等流量）、河流水位（正常、枯水、洪水等水位），海潮的潮位以及其他灾害性气象水文情况等。

2. 施工条件调查

（1）运输状况调查。它是指到达施工现场的交通运输线路状况调查。内容包括到现场有无铁路、公路和水运线路，运输所需的时间、运费及其运杂费。

（2）动力、燃料、水资源及生活物资供应调查。主要是调查施工动力和照明用电供应情况；施工生活用水、煤、油料、气、热的供应情况；施工用生活物资供应及价格情况；同时还应调查现场附近机修厂及机械备件、消耗材料等供应情况。

（3）劳动力及建筑材料市场调查。主要是指现场当地可能招聘应用的工人及其他人员的人数以及当地工资标准和劳务费用；调查了解施工现场建筑材料供应（质量、数量、规格、品种等）和价格情况。

（4）建筑设施及社会环境服务条件调查。主要调查工程沿线附近居民住宅，城镇的学校、医院、旅馆、消防队、公安、当地行政机关、市场、车站、港口码头等各种设施施工中可能充分利用的情况，以及当地社会环境和服务水准状况的调查。

（5）拆迁建筑物调查。凡需要拆迁的建筑物（如房屋、水井、坟墓等），均应对其名称、位置、数量、现状、所属权单位（或个人）、补偿金额等进行调查。

（6）征用占用土地调查。经实地测量，对修建公路征用占用的土地范围、位置、数量、所属单位（或个人）、状况、土地上种植作物以及产量、补偿金额等情况进行调查。

（7）拆迁电力、电讯及管线调查。经实地测量，对必须拆迁的电力、电讯及地上地下管线设施，对于其名称、位置、拆迁数量、类型、所属单位、补偿金额等进行调查。

（8）路线交叉调查。当所建公路与铁路、水利设施、现有公路（如专线公路等）交叉发生干扰时，对其名称、位置、工程量、交叉情况、处理方法及金额等进行调查。

最后，施工阶段调查时，还应了解当地民风民俗、村规民约等情况，以利于组织施工管理和职工教育，从而确保与地方关系和睦协调和文明施工。

三、施工组织设计编制的原则和程序

1. 编制原则

（1）严格履行合同签订（或上级下达）的施工期限，保质保量按期或提前完成施工任务。对工期较长的大型项目，可根据施工情况，分期进行安排。

（2）全面规划，保证重点，统筹安排，优先安排控制工期的关键工程。

（3）采用先进的施工方法和施工技术，不断提高施工机械化、预制装配化程度，减轻劳动强度，提高劳动生产率。

（4）应用科学的计划方法进行最合理的施工组织。根据工程特点和工期要求，因地制宜地采用流水作业法、平行作业法等。对于复杂的工程应通过网络计划技术进行优化选取最佳施工组织方案。

(5)落实季节性施工以及重点和关键工程施工的措施,确保全年连续施工,在保证重点和关键工程的情况下,应全面平衡人工、材料的需用量,力求实现均衡施工。

(6)精打细算、开源节流,充分利用已有设施、设备和当地资源,尽量减少临时工程、设备添购以及资源远运,从而降低工程成本,提高经济效益。

(7)科学地妥善安排施工现场,确保施工安全和保护环境,实现文明施工。

2. 编制程序

编制施工组织设计要遵守一定的程序,要根据工程的实际情况,按照公路工程施工生产的客观规律,协调和处理好各相关因素的关系,用科学的方法进行编制。一般编制程序见图3-1-2。

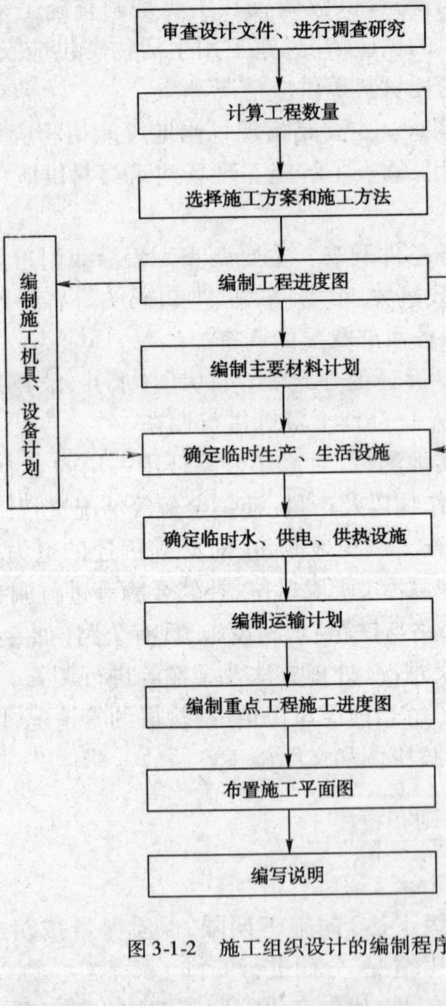

图 3-1-2 施工组织设计的编制程序

课题二 施工方案与施工进度计划

一、施工方案的选择

施工方案是指对工程施工所做的总体设想和安排。选择施工方案是各类施工组织设计中最首要的问题，是决定整个工程全局的关键。一般在初步设计阶段施工方案就确定下来了，但在施工图设计中还要在初步设计施工方案的基础上，根据批准机关的审查意见，重新提出一个更具有可行性的施工方案，作为编制施工组织计划的先决条件。

选择和制订施工方案，首先要考虑其是否可行，同时还要做到技术先进、经济合理、施工安全。所谓可行是指施工方案能从实际出发，符合当前实际情况，有实现的可能性；技术先进是指能有效地采用新技术、新方法、新工艺、新材料，从而提高工效，缩短工期，保证施工质量；经济合理是指尽可能地采用降低施工费用的一切正当和有效的措施，挖掘施工潜力，使施工费用降至最低限度；施工安全则是指施工方案符合安全规程，有保证安全施工的技术措施。以上几点在选择和制定施工方案时应全面考虑，互相权衡。

施工方案所包括的内容很多，概括起来主要有 4 个方面：

(1)施工方法的确定。

(2)施工机械的选配。

(3)施工作业顺序的安排。

(4)施工作业的组织方法。

前两项属于施工方案的技术内容，后两项属于施工方案的组织内容。施工作业的组织方法在单元二已讲述，现仅将前 3 个方面的内容介绍如下。

1. 施工方法的确定

施工方法是施工方案中的核心内容，它对工程的实施具有决定性的作用。由于在施工过程中，可采用的施工方法多种多样，而每种方法都有其各自的优点和缺点，为此，选择适合于本工程的最先进、最合理、最经济的施工方法，达到降低工程成本，提高作业生产效率，就成为一个首要的任务。

选择施工方法的依据主要是：

(1)工程特点。主要指工程项目的规模、构造、工艺、技术要求等方面的特点。

(2)工期要求。在明确本工程的总工期或分部工程的工期是属于紧迫、正常、充裕三种情况中的哪一种。

(3)施工组织条件。主要指气候等自然条件，施工单位的技术水平和管理水平，所需设备、材料、资金等供应的可能性。

2. 施工机械的选配

在确定施工方法的同时，必然要考虑到对施工机械进行选配。随着现代化施工程度的提高，机械化施工将逐步代替繁重的体力作业。这样，从众多的机械设备中选择适合于本工程的施工机械种类、型号、数量，是制订施工方案时需要解决的又一个重要问题。

施工机械选择的原则：

(1)只能在现有的或可能获得的机械中进行选择。尽管某种机械在各方面都是适合的，或对工期的缩短、人力的节省很有利，但如不能得到，就不能作为一个供选择的方案。

(2)从施工条件考虑选择的机械类型应与之相符合。施工条件指施工场地的地质、地形、工程量大小和施工进度等，特别是工程量和施工进度，是合理选择机械的重要依据。

(3)固定资产损耗费与运行费是否经济。固定资产损耗费与施工机械的投资成正比。而机械的运行费可视为与完成的施工量成正比的费用，它是选择施工机械必须考虑的一项内容。

通常,大型工程选用大型机械是经济的。施工机械的经济选择基础是施工单价,故必须权衡机械费与工程量的关系。通常施工机械的容量越大,其施工单价越低。如果只使用大型施工机械的部分容量,倒不如最大限度地发挥中小型机械的容量,这在许多情况下是经济的。

(4)施工机械的合理组合。合理组合一是指主机与辅助机械在台数和生产能力上的互相适应;二是指作业线上的各种机械互相配套的组合。

(5)从全局出发统筹考虑选择施工机械。全局出发就是不仅考虑本项工程,而且要考虑所承担的同一现场上的其他工程的施工机械使用。

3. 施工顺序的确定

根据施工规律来确定施工顺序。应遵循和考虑以下几点要求:

(1)必须符合工艺要求。公路工程项目各施工过程之间存在一定的工艺顺序关系,例如,钻孔后必须尽快地灌注水下混凝土,两道工序必须紧密衔接,否则就会产生塌孔现象。

(2)必须使施工顺序与施工方法、施工机具协调一致。例如,现浇钢筋混凝土上部构造的施工顺序与采用架桥机进行施工的顺序显然不相同,因此,施工方法不同,所采用的机具设备也不同,其施工顺序就不会相同。

(3)必须考虑施工质量的要求。在安排施工顺序时,要以确保施工质量为前提条件,如影响工程质量时,则要重新确定施工顺序或采取必要的技术措施。

(4)必须考虑水文、地质、气候的影响。在确定施工顺序的同时,应充分考虑到洪水、雨季、冬季、不良地质区域等因素的影响。有的因素对施工顺序的安排起着决定作用,如桥梁下部工程一般应安排在汛前或汛后完成。

(5)必须考虑影响全局关键工程的合理施工顺序。如路线工程中某大桥、某隧道、某深路堑,若不在前期完工,将导致其他工程不能如期施工(如无法运输材料、机具或工期太长等),此时应集中力量攻克关键工程。

(6)必须遵循合理组织施工过程的基本原则,即符合施工过程的连续性、协调性、均衡性和经济性。尽量安排流水或部分流水作业,以便充分发挥劳动力和机具的效果;尽量减少工人和机械的停歇时间,以便加快进度;尽量减少或避免各作业之间的相互干扰,以保证施工作业的顺利进行。

(7)必须考虑安全生产作业的要求。

二、施工进度计划的编制

1. 施工进度图的分类

1)按施工进度图的形式分

(1)横线式施工进度图(或称横道图、甘特图)。横线式施工进度图(如图 3-2-1)是以时间为横坐标,以各分项工程或施工工序为纵坐标,按一定的先后施工顺序和工艺流程,用带时间比例的水平横道线表示对应项目或工序持续时间的施工进度计划图。

(2)斜线式施工进度图(或称垂直坐标图)。斜线式施工进度图以纵坐标表示施工日期,横坐标表示里程或工程位置,而各分项工程或施工工序的施工进度则相应地以不同形式的斜条线表示。

(3)网络式施工进度图。网络图是以加注工作持续时间的箭线和节点组成的网状流程图

序号	工程项目	单位	数量	定额	劳动量(工日)	工期开始	工期结束	每班平均人数	工作日(工日)
1	施工准备				178	4.10	4.10	23	8
2	采砂石料	m^3	3963	2.56	10133	5.10	8.31	106	96
3	运输材料	t	5950	0.42	2490	5.20	9.30	24	104
4	洞外石方	m^3	1638	0.49	803	4.11	4.30	50	16
5	下部导坑	m^3	2640	1.61	4259	5.10	9.15	40	108
6	上部导坑	m^3	1553	1.59	2474	5.10	9.22	24	106
7	扩大	m^3	3530	1.62	5729	5.20	10.2	54	106
8	挖底	m^3	3840	1.61	6138	5.30	10.12	58	106
9	浇边墙	m^3	947	3.17	2861	6.50	10.17	25	106
10	浇拱圈	m^3	1168	3.17	3704	6.15	10.27	35	106
11	烘背填片石	m^3	338	1.31	442	7.10	10.31	5	96
12	压浆	m^3	439	2.77	1214	7.10	11.10	13	24
13	浇筑盖板	m^3	294	6.94	204	10.10	10.31	9	16
14	整修路拱	m^2	1486	0.26	393	10.27	11.15	25	16
15	浇路面	m^2	1486	0.28	414	11.10	11.20	25	26
16	砌水沟	m^3	185	0.21	388	10.10	10.31	15	
	总 计				41644	4.10	11.20		

说明

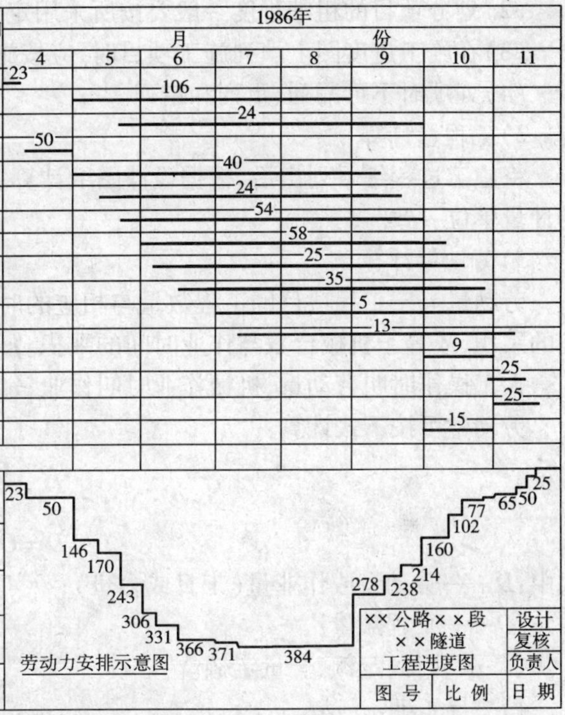

图 3-2-1　横线式施工进度图

来表示施工进度计划。

2）按设计阶段划分

（1）工程概略施工进度图，用于初步设计，作为施工方案的组成文件。

（2）施工进度（计划）图，用于施工图设计，是施工组织计划的组成文件。

（3）实施性施工进度图。这种图是由施工单位在施工阶段编制的，是指导施工生产活动的依据，它比施工图设计中的施工进度图更加具体、现实、可行。

2. 施工进度图编制的依据

（1）工程设计图纸。

（2）各种有关水文、地质、气象和技术经济资料。

（3）上级规定或合同规定的开工、竣工日期。

（4）主导工程的施工方案（施工顺序、施工方法、作业方式）。

（5）各类定额。

（6）劳动力、材料、机械供应情况。

3. 作图参数的确定

编制施工进度图时，首先要对作图的有关参数加以计算或予以确定。

1）列项

在编制施工进度图时，要划分施工生产过程的细目，即划分工序，并填入施工进度图相应的栏目中。列项时应注意符合如下要求：

（1）所列项目要依选用的施工方法而定。

(2)划分项目的粗细程度一般要按所采用定额的子目来填列。

(3)在施工进度图上填列施工项目时,应按施工顺序填列。

(4)列项时不可漏列、重列和错列。

2)工程量计算

将施工过程细目列出后,根据设计图纸计算工程量。工程数量的计量单位应与相应定额的计量单位一致。

3)劳动量计算

劳动量等于工程项目的工程数量与相应的时间定额的乘积,或等于劳动力人数与作业时间的乘积,或等于机械台数与作业时间的乘积。

人工操作时叫劳动量,机械作业时叫作业量。

劳动量可按下式计算:

$$D = \frac{Q}{C} \tag{3-2-1}$$

$$D = QS \tag{3-2-2}$$

式中:D——劳动量或作业量(工日或台班);

Q——工程数量;

S、C——时间定额、产量定额。

4)主导工期

某生产过程的人工及各种机械的劳动量确定后,可根据所投入的人工、机械数量分别算得人工以及各种机械作业的工期,其中工期最长的作业叫主导作业,主导作业的工期叫主导工期。生产过程的工期主要取决于主导工期。

生产过程中各种作业的人工、机械数量是可以调节的,因此主导作业的主导工期也是可变的。在编制施工进度图时,应尽量调节各种作业所需的人工、机械投入数量,使各种作业的工期一致。

在编制施工进度图时应以主导工期为控制工期。

5)作业工期和所需人工、机械数量计算

(1)以施工单位现有人力、机械的实际生产能力以及工作面的大小,来确定完成该劳动量所需的持续时间(作业工期)。其计算公式为:

$$t = \frac{D}{Rn} \tag{3-2-3}$$

式中:t——生产工期,即作业持续时间(日);

D——劳动量(工日或台班);

R——人数或机械台数;

n——生产作业班制数。

(2)根据规定的工期确定投入施工的人数和机械台数。

公式(3-2-3)经变换后可得下式:

$$R = \frac{D}{tn} \tag{3-2-4}$$

4. 施工进度图的编制

编制施工进度图时，一般要制定几个方案，绘制几个施工进度草图，经反复平衡、比较、评价，最后才能确定所采用的方案。其比较和评价要点是：

(1)工期能否满足建设单位或合同规定的需要。

(2)施工顺序是否合理。

(3)劳动力、机械、材料等资源的供应能否保证，消耗是否均衡。

(4)是否符合施工过程组织的原则。

(5)对主、客观因素是否进行了充分的估计，其影响程度如何。

(6)各项工作安排是否先进合理，有无调整余地。

下面重点介绍横线图(如图3-2-1所示)的编制步骤。

(1)作图的准备工作：

①透彻理解本工程的施工方案，掌握工程的施工方法。

②充分研究各种作图的依据和资料，对拟编的施工进度图在总体上有个初步的设想。

(2)编制作业工期计算表：

①准备好作业工期计算表，如表3-2-1。

②根据设计图纸和拟好的施工方案、施工方法，确定作业方法并进行作业项目排序。

③列项。根据设计图纸、施工方法、作业方法，参照所用定额的子目，按前面介绍的列项要求，按施工顺序将作业项目列入表3-2-1中。

作业工期计算表　　表3-2-1

序号	项目名称	施工单位	工程数量		定额编号	主导工期(日)	人工劳动量(工日)		实用人数		人工作业工期
			单位	数量			定额	数量	作业班制	每班人数	
1	2	3	4	5	6	7	8	9	10	11	12

序号	机械作业量(台班)						实用机械台数与作业工期								
	机		机		机		机			机			机		
	定额	数量	定额	数量	定额	数量	班制	台数	工期	班制	台数	工期	班制	台数	工期

④在表3-2-1中逐项计算工程数量、劳动量，有些工程数量可从图纸或概算中直接获得。

⑤在表3-2-1中逐项确定施工作业班制、实用人数和机械台数、作业工期；或确定主导工期，反求人工和机械数量及作业班制。

⑥在表3-2-1中逐项确定主导工期。

(3)绘制施工进度线。

①参照图3-2-1绘制进度图的图框和表格。

②将“作业工期计算表”中的有关数据抄录于图3-2-1中。

③按施工方案确定的开竣工日期,在图3-2-1中填列日历。

④按"作业工期计算表"计算的主导工期,根据项目之间的逻辑关系,并考虑各方面的因素,在进度图上合理设计各作业项目的施工起止日期,即用直线或不同符号、不同颜色的线条在施工进度图上绘制作业进度。进度图的习惯表示方法是:以线的位置表示项目,以线的长短表示工期,线上的注字说明人工、机械数量和作业班制,线的形状及符号表征不同工种、机种、作业、班组等。

⑤在作业项目进度安排上,进行反复比较,反复修改,同时修改作业工期计算表,直至合理为止。

⑥绘制劳动力、材料等资源的数量—时间曲线(见图3-2-1)。

⑦编写施工进度图的说明,并抄录于进度图的适当位置。

⑧在进度图的适当位置,列出图例。

(4)多方案反复平衡、比较,择优定案。

课题三　施工平面图设计

根据施工过程空间组织的原则,对施工过程所需工艺流程、施工设备、原材料堆放、动力供应、场内运输、半成品生产、仓库料场、生活设施等项进行空间的,特别是平面的规划与设计,并以平面图的形式加以表达,这项工作就叫施工平面图设计。它是施工组织设计最主要内容之一。

一、施工平面图类型

1.按施工平面图的作用分

1)施工总平面图

施工总平面图是以整个工程为对象的空间组织的平面设计方案,如图3-3-1所示为某道路施工总平面图。

2)单位工程、分部工程、分项工程施工平面图

它是以单位工程或分部、分项工程为对象的空间组织的平面设计方案。如某工程项目中的大桥施工平面图、集中性大型工程施工平面图、附属加工厂施工平面图,基础工程施工平面图、主梁吊装施工平面图等。

2.按主体工程形态分

1)线型工程施工平面图

公路工程施工平面图是沿路线全长绘制的一个狭长的带状式平面图。线型工程施工平面图一方面要反映地形、地物,如河流、道路、房屋、田地、悬崖、湿地等等;另一方面要反映施工组织设计成果,如料场、加工厂、仓库、施工管理机构、临时工程、便道、便桥等。

2)集中型工程施工平面图

集中型工程施工平面图,既可以是施工总平面图,又可以是单项工程或分部、分项工程施工平面图。其总的特点是工程范围比较集中(包括局部线形工程),反映的内容比较深入和具体。如:砂石料场施工平面图、加工厂或预制厂平面布置图、桥遂工程施工平面图等。

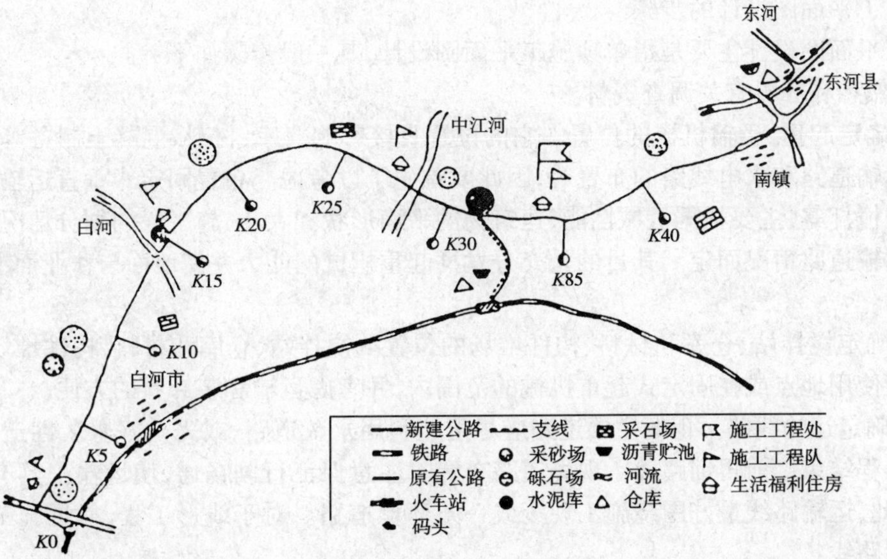

图 3-3-1　道路施工总平面图

二、施工平面图设计的依据、原则和步骤

1. 施工平面图设计的依据

(1)工程平面地形图。

(2)主要施工方案和施工进度计划。

(3)各种材料、半成品的供应计划和运输方式。

(4)各类临时设施的性质、形式、面积和尺寸。

(5)水源、电源资料。

(6)其他有关的设计资料。

2. 施工平面图设计的原则

施工平面图设计是一项综合性的规划设计,在很大程度上取决于施工现场的具体条件。施工平面图设计一般根据其工程量的大小、工程规模、施工方案和施工工艺等资料,先编绘出工程施工平面总图,然后根据施工的需要再分别编制出分部、分项施工平面图。一般先进行平面规划分区,然后确定生产主体工程和附属工程的位置。

一般地说,平面图设计的具体原则是:

(1)在保证施工顺利的情况下,充分利用原有地形、地物,少占农田,以利降低工程成本。

(2)充分考虑各种自然条件的影响。

(3)场区规划必须按工艺顺序,科学合理。

(4)场内运输应尽量减少物资的运输量和起重量,减少二次搬运和运送距离。

(5)一切设施与布局,要适合施工进度、工艺流程等生产组织的需要。

(6)必须符合安全生产、保安、防火和文明生产的规定和要求。

3. 施工平面图设计的步骤

施工平面图设计主要是指单项施工平面图设计，其一般步骤如下：

(1)熟悉和分析有关调查资料。

(2)确定起重、运输机械的位置。它的位置直接影响仓库、材料、混凝土制备等的位置，以及场内运输道路和水电线路的布置等，因此要首先予以考虑。布置固定式垂直运输设备，如井架、门架、桅杆等，主要根据机械性能、建筑物的平面形状和大小、施工段的划分情况、材料来向和已有运输道路情况而定。其目的是充分发挥起重机械的能力并使地面与作业面上的水平运距最小。

(3)确定搅拌站、仓库和材料、构件堆场的位置。搅拌站、仓库和材料、构件堆场的位置应尽量靠近使用地点或在固定式起重机械的范围内，并考虑运输和装卸料的方便。

(4)确定运输线路。现场主要道路应尽可能利用永久道路，或先建好永久性道路的路基，在土建工程结束之前再铺路面。现场道路布置时注意保证行驶畅通，使运输工具有回转的可能性，因此，运输路线最好围绕施工现场或一条环形道路。对于线形工程，靠近施工现场布设线状临时路线。

(5)布置水电线路。工地使用的临时给水管、供电线应力求布设长度最短。管径的大小和阀门龙头数量设置需视工程规模大小通过计算确定。给水管道可埋置于地下，也可铺设在地面上。

(6)考虑各种材料、半成品的合理堆放。施工材料、结构构件等放置场地的布置与堆放，由于各专业工程的特点不同，其位置的选择、面积的确定、运输线路的设置也各有所异。材料堆放场地的选择与面积确定应与经济效果联系起来考虑，场地布置过大，增加征地费用，场地过小，给施工带来困难，影响工程进度或造成二次搬运，也会相应增加工程费用。处于施工现场中心位置或主体建筑周围的场地往往是施工中最希望占有的放置场，为了充分发挥这些地段的利用率，宜采取按计划、按步骤、按工艺流程、分期限周转使用进行平衡与布置。结构构件在场外的放置场地，应设在结构安装方向相反的一端，使运输方向与安装方向相反。各放置场地应与装卸作业的起重设备性能相配合，使之设在工作半径之内，以满足操作需要。

根据存放物资的种类、性质、使用条件和技术要求的不同，放置场地及仓库采取三种形式：露天放置场，主要用于砖、瓦、砂、石等大宗材料及混凝土、钢结构等构件的存放；遮棚式放置场，主要用于避免雨淋日晒的物质，如瓷砖、细木加工件、油毛毡、沥青等；封闭式仓库，主要用于存放防止在空气中锈蚀、受潮、变质的各种建筑材料和设备，如水泥、电器材料、焊条、工具等。

(7)布置行政管理及生活用临时设施。确定其位置时，主要应考虑其使用方便，不妨碍施工，并符合防火和保安的要求。

课题四　施工组织设计示例

为了进一步系统地掌握流水作业法施工组织设计的原理及其在公路工程中的运用，现以施工图设计阶段编制施工组织设计为例，说明道路施工组织设计编制过程中一般应考虑的问题。本例讨论的重点是在编制工程进度图时如何确定总体安排、工期、资源需要量的平衡等问题。

一、工程概况和工程特点

本工程是某国道公路的一段改建工程，采用山岭重丘区三级公路标准，按两阶段设计。根据施工图设计文件，该路段的工程概况如下：

(1)改建路段全长3.88km。

(2)路基宽度7.5m。路基土石方111 320m^3，其中石方40 780m^3，土方70 540m^3。浆砌块石挡土墙955.2m^3。

(3)路面宽度6m，两侧各设宽度为0.75m的土路肩。路面面层为3cm的三层式沥青表面处治，基层为厚20cm的泥灰结碎石。

(4)全线有中桥1座，为2孔净跨30m的石拱桥，桥长80.2m；小桥3座，均为钢筋混凝土板桥，总长60.51m；涵洞8座，长140.4m，为钢筋混凝土盖板涵。

(5)其他工程，如路基防护加固工程、附属工程、临时工程等，本例不考虑。

本工程桥涵等人工构造物多，路基土石方分布不均匀，在施工组织设计中应注意各施工点的相互干扰。沿线砂、石等建筑材料丰富；居民点较多，行政、生活用房屋可资利用；新路施工基本上不影响原有公路通车；交通方便。这些都是施工的有利条件。

二、施工组织设计的基础资料

本例假定：施工图设计与计算正确；通过现场施工调查，掌握了沿线具体情况；经复核，各分项工程的工程量(见表3-4-1)无误；其他技术文件、有关规范和新技术资料齐全。本工程的工期：1997年第三季度开工，1998年底建成通车，施工工期最长只有一年半。

施工方法、工程量及定额工日数量表　　表3-4-1

编号	工程名称	土石类别或结构物类型	施工方法	工程数量		时间定额		需用工日数	备注
				单位	数量	单位	定额值		
1	集中土方	普通土	机械	m^3	50 440	工日/1000m^3	5	252	80~100马力推土机
2	集中石方	坚石	机械	m^3	37 200	工日/100m^3	29.9	11123	机械打眼，推土机推运
3	沿线土方	普通土	机械	m^3	20 100	工日/1000m^3	5	100	推土机
4	沿线石方	次坚石	人工	m^3	3 580	工日/100m^3	57.3	2051	
5	挡土墙	浆砌块石	人工	m^3	955.2	工日/10m^3	14.9	1 423	
6	涵洞	钢筋混凝土盖板涵	人工	延米/座	140.4/8			3 950	
7	小桥	钢筋混凝土板桥	人工为主	延米/座	60.51/3			8 085	小型机具吊装
8	中桥	石拱桥	人工为主	延米/座	80.2/1			18 190	以人工施工为主，辅以简易吊运机具
9	路面基层	泥灰结碎石	人工	m^2	25 220	工日/1000m^2	64.2	1619	厚度20cm
10	路面面层	沥青表面处理	半机械化	m^2	23 280	工日/1000m^2	33	768	厚度3cm，汽车洒油
	合计							47 561	

三、选择施工方案和施工方法

1. 施工方案

(1)整个工程的施工采用平行流水作业法。

(2)建立以下 8 个专业施工队:

①土石方一队;

②土石方二队;

(以上两个队负责集中土石方工程的施工,采用平行顺序作业法)

③路基队:用顺序作业法施工沿线路基土石方,包括路基成型、压实、边坡清理等;

④小型构造物队:负责 8 座涵洞和 4 座挡土墙的施工,采用流水作业法;

⑤小桥队:负责 3 座小桥的施工,采用流水作业法;

⑥中桥队:负责 1 座中桥的施工,用网络分析法组织施工;

⑦路面基层队;采用流水作业法;

⑧路面面层队;采用流水作业法。

(3)施工作业方向从路线终点到起点。这是因为本例大部分工程都集中在路线的中部和后面;又无行车干扰。同时,这个施工作业方向使需要利用的旧路最后施工,对旧路通车的影响达到最小程度。

2. 施工方法

本工程规模小,地方劳动力多,为了尽可能减少临时工程和调动地方的积极性,因此,各项工程首先考虑人工施工。但对于劳动强度大、作业面小的工程,如集中土石方、桥梁工程等仍用机械施工或利用机械进行吊装的半机械化施工。各项工程的施工方法参见表 3-4-1。

四、编制工程进度图

为简化起见,只安排表 3-4-1 所列 10 个施工项目的具体施工进度,但在确定总工期时考虑施工准备工作和收尾工作的时间。

1. 划分施工项目

根据工程性质和施工方法的不同,划分为表 3-4-1 所示 10 个主要施工项目。

2. 计算劳动量

由工程量和相应的时间定额,计算得到各个施工项目的劳动量,即所需用的工日数(见表 3-4-1)。本工程上述 10 个施工项目的劳动量合计为 47 561 工日,假定与施工图预算一致。

3. 组织专业施工队,计算施工持续时间

将 10 个施工项目加以适当合并,由 8 个专业施工队施工(在施工方案中已提出)。各施工队的工人人数,根据机具配备和劳动优化组合的原则确定。各队人数见表 3-4-2,表中人数为实际出工的工人数,确定各队的编制人数时,还应除以计划的出工率。

各施工队的作业持续时间,采用进入正常流水后的进度平均计算(工程实践中要考虑流水展开期,见本例中桥的进度安排),即用各队人数除该队应完成的劳动量。如小桥队由 30 人组成,应完成的劳动量为 8 085 工日,则该队的作业持续时间为 8 085 ÷ 30 = 270 工作日。各施工队的作业持续时间见表3-4-2。

各施工队作业时间表　　表3-4-2

编号	施工队名称	人数	投入劳动量(工日)		作业持续时间(天)		起止时间		备注
			计算值	计划安排	计算值	计划安排	开工	结束	
1	土石方一队	35	8 225	8 225	235	235	11月下旬	8月底	跨年度
2	土石方二队	30	3 150	3 150	105	105	4月下旬	8月底	1998年
3	路基队	30	2 151	2 160	72	72	6月下旬	9月下旬	1998年
4	小型构造物队	20	5 373	5 400	269	270	9月初	7月下旬	跨年度
5	小桥队	30	8 085	8 100	270	270	9月初	7月下旬	跨年度
6	中桥队	80	18 190	19 200	227	240	9月初	6月下旬	跨年度
7	路面基层队	65	1 619	1 625	25	25	9月初	10月初	1998年
8	路面面层队	30	768	750	26	25	9月中旬	10月中旬	1998年

4. 确定施工总期限

1) 有效作业天数

根据当地气象站的多年观测资料,该地区平均年降雨天数为48d,最高年份达到59d,冬季多雾,5至8月的降雨天数占全年降雨天数的55%左右。因此,每月的有效作业天数平均为(365 − 48) ÷ 12 = 26.4d;最不利年份为(365 − 59) ÷ 12 = 25.5d。

综合考虑以上情况,每月有效作业天数取为25d。由于在施工的一年半期间只有一个雨季,因此,每月按25d安排是完全能确保施工任务完成的。

2) 施工准备与结束工作时间

假设本工程的施工准备工作与收尾结束工作的时间各需2个月,因此,正式施工时间为14个月,其有效作业天数为14 × 25 = 350d。

3) 施工实际需用的期限预计

根据各施工项目之间的合理搭接和逻辑关系,本工程有以下两条主要流水作业线:集中土石方—路基—路面基层—路面面层、桥涵—路基—路面基层—路面面层。从表3-4-2可知,施工持续时间最长的是小桥队,为270d,因此,小桥—路基—路面基层—路面面层可能是控制工期的关键线路。设各施工项目之间的间隔时间为15d,这条平行流水线路的作业持续时间最长为270 + 15 + 15 + 15 = 315d(因为后一施工项目的作业持续时间都比前一施工项目短或相等)。

另一方面,中桥两端有引道,为集中土石方,因此,中桥—引道填方—路面也有可能是控制工期的关键线路,该线路的作业持续时间之和为340d(见图3-4-1)。

综上所述,本工程的正式施工作业天数可控制在350d以内,可在规定的施工工期内完成任务。

5. 安排各项工程的施工进度

1) 正式开工时间

因本工程的准备工作为2个月,因此,正式开工时间为1997年9月1日。

2)重点工程的施工时间安排

根据前面的分析,影响本工程工期的重点工程是中桥和集中土石方。由于组织两个土石方施工队平行作业,因此,中桥工程就成为关键工程。为保证工程施工进度,首先安排中桥工程于1997年9月初开工。

由于本工程规模小,为尽可能减少临时生活设施,避免短时间内的人工过于集中,因此对小桥和小型构造物都只组织了一个施工队,这就使得这两个施工队的作业持续时间相对延长。为争取时间,不影响路基和路面工程的开工,决定小桥队和小型构造物队也在1997年9月初开工。

3)各项工程的施工时间安排

在具体确定施工时间时,主要考虑了以下几点:

(1)遵守客观的施工顺序。如在任一地点都应按照桥涵构造物、土石方、路基、路面这样的次序施工,桥台完工后才能填筑引道和锥坡施工等;

(2)同一地点需进行多项工程施工时应紧凑安排,以缩短工期。如中桥施工及引道填方、路面铺筑等在中桥施工段内都以满足各项工程之间的最小时间间隔进行安排,路面基层与面层之间的时间间隔由泥灰结碎石基层的养生期确定等;

(3)注意人力和各种资源需用量的均衡。本例只考虑了劳动力需用量的均衡,如中桥完工后才安排路基队开工,土石方队完工后路面基层队才开工等,避免了劳动力需用量出现峰值;

(4)在规定的施工期限内完成全部施工作业。本例的竣工时间为1998年10月中旬,全部施工时间14个月,有效工作日340d,符合要求;

(5)安排进度留有余地,便于执行时调整。本例共安排了48 700工日,比计算的定额工日数47 561工日多2.39%(详见表3-4-2)。因此,本例的施工进度安排有足够的调整余地。

图3-4-1为本工程主要施工项目的工程进度图。

五、重点工程施工进度图

在公路工程中的某些重点工程，其工期常影响到整个工程施工期限的长短，因此在施工组织中要单独编制施工进度图。现以本例的中桥工程为例说明重点工程施工进度图的编制。

1.施工方案

本中桥为2孔跨径30m的石拱桥,全长80.2m。经现场调查和现有施工条件,制定如下施工方案:下部构造分挖基坑、砌基础、砌墩台三道主要工序进行流水作业,每一墩台作业面即为一个施工段;桥台完工后依次砌锥坡;墩台全部完工后搭设拱架;两孔主拱圈和拱上建筑同时施工,使墩台受力平衡,保证质量;主拱圈合拢后30d拆除拱架;最后做栏杆和桥面。按上述方案绘制的施工网络计划如图3-4-2所示。

2.施工方法

以人工施工为主,辅以简易吊运机具。各工序的施工方法见图3-4-3。

3.施工进度安排

(1)由计算网络图(图3-4-2)中各工序的时间参数,得到总工期为240d。

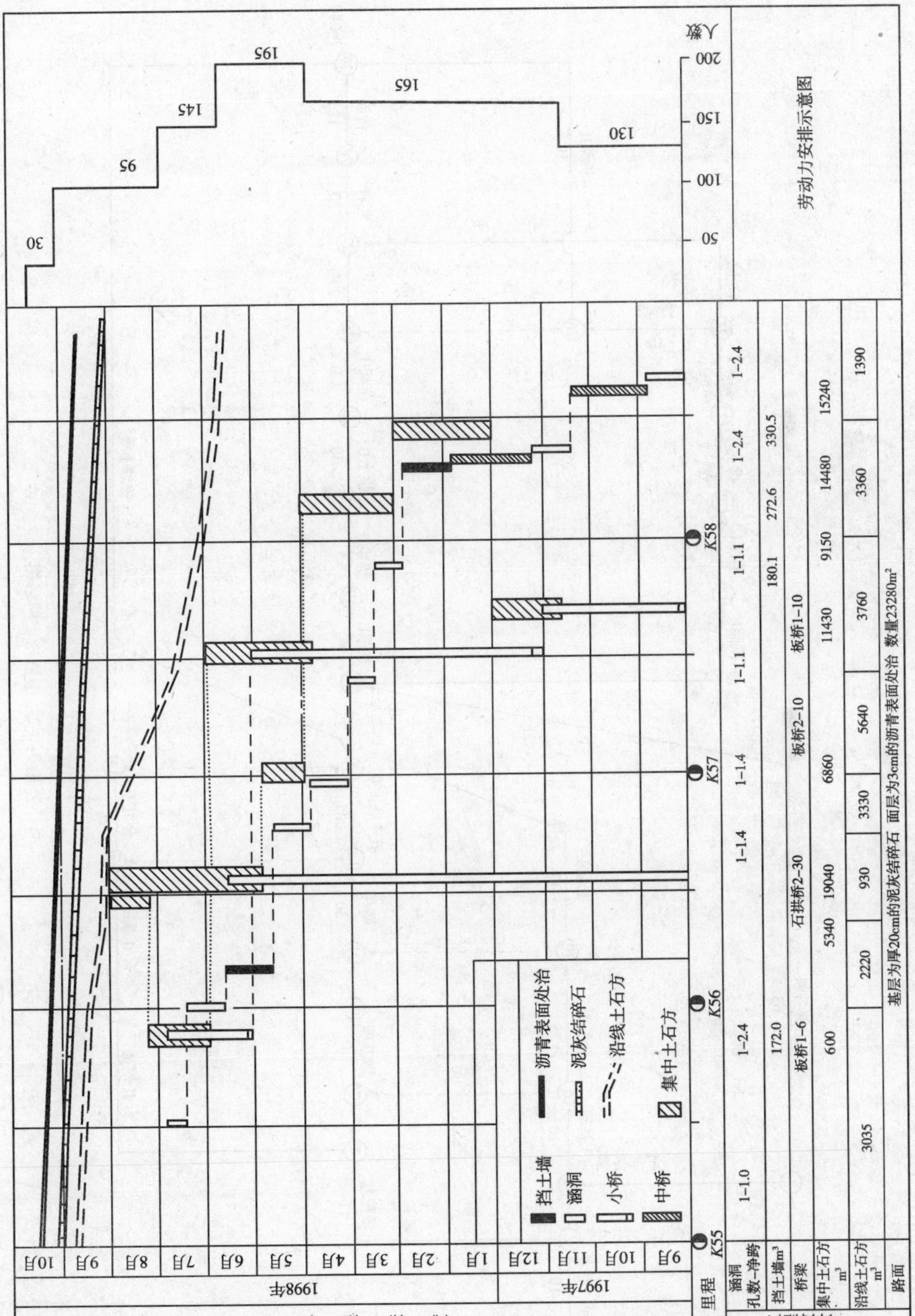
劳动力安排示意图
人数
50
100
150
200
30
95
145
195
165
130
工程进度
1997年
1998年
9月
10月
11月
12月
1月
2月
3月
4月
5月
6月
7月
8月
9月
10月
挡土墙
涵洞
小桥
中桥
沥青表面处治
泥灰结碎石
沿线土石方
集中土石方
里程
K55
K56
K57
K58
涵洞 孔数-净跨
1-1.0
1-2.4
1-1.4
1-1.4
1-1.1
1-1.1
1-2.4
1-2.4
挡土墙m³
172.0
180.1
272.6
330.5
桥梁
板桥1-6
石拱桥2-30
板桥2-10
板桥1-10
集中土石方 m³
600
5340
19040
6860
11430
9150
14480
15240
沿线土石方 m³
3035
2220
930
3330
5640
3760
3360
1390
路面
基层为厚20cm的泥灰结碎石 面层为3cm的沥青表面处治 数量23280m²
工程数量

图 3-4-1 工程进度图

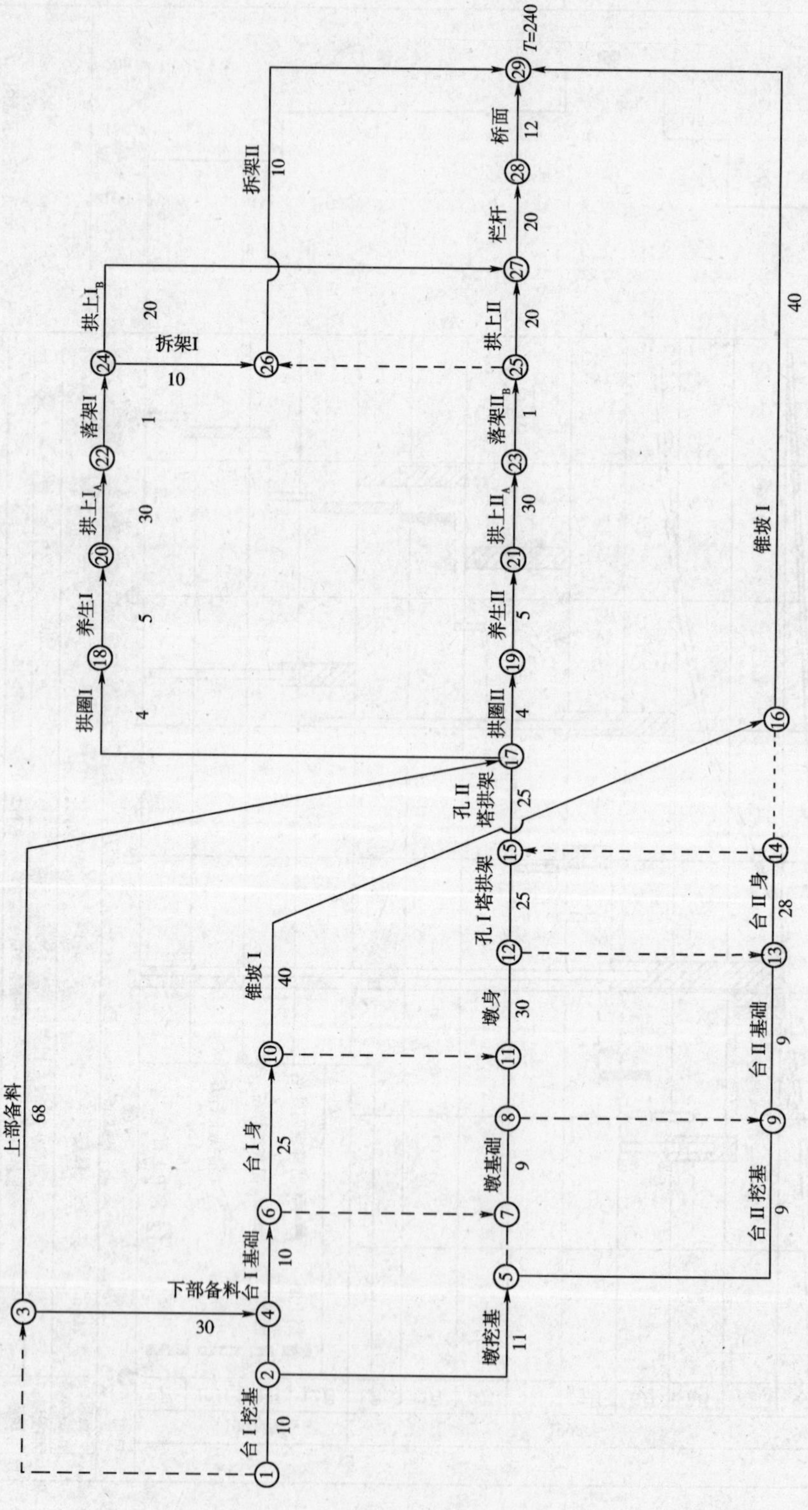

图 3-4-2 中桥施工网络图

(2)确定各工序的施工日期。

经过优化后的施工进度安排如图3-4-3所示。中桥于1997年9月初开工,至1998年6月下旬完工,历时9个半月,这就是工程总进度图中确定中桥施工进度的依据。

各工序的作业持续时间,是根据现场作业面、合理的劳动组合确定的。因此,在安排施工进度时,除锥坡施工、拱架拆除这两项作业面较宽的工序外,不考虑改变人工数目而变动作业持续时间的调整方法。

编号	工序名称	施工方法	工程量		1997年				1998年					
			单位	数量	9月	10月	11月	12月	1月	2月	3月	4月	5月	6月
1	备料		m^3	5500	50									
2	挖基	机械为主	m^3	560	15									
3	砌基础	人工	m^3	409										
4	砌墩台	人工	m^3	1575		40								
5	拱架	人工	m^3	610					50			25		
6	砌拱圈	人工	m^3	458							50			
7	拱上建筑	人工	m^3	548							50			
8	砌锥坡	人工	m^3	1320				15		25				
9	栏杆、桥面	半机械化	m m^2	160 560									25	

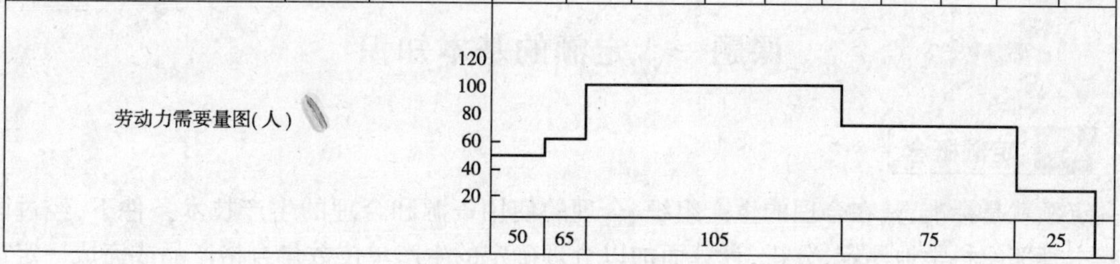

图3-4-3　中桥施工进度图

本例主要是通过安排工程进度来说明施工组织设计的基本步骤,不是一套完整的施工组织设计文件,因而还不能作为完整的设计示范,只能作为总体方案性的讨论和提示,具体设计时请参阅有关参考文件。

单元四 公路工程定额

【知识目标】

具备公路工程定额的基本知识。

【能力目标】

具备正确运用公路工程定额的能力。

课题一 定额的基本知识

一、定额概念

定额就是标准,是在合理的生产组织、合理的使用资源和合理的生产技术条件下,经过国家或主管部门科学地测定、分析、计算而加以合理确定的生产单位数量合格产品或完成一定量工作,所规定的人力、机械、材料、资金等消耗量的标准。

在我国,凡经国家或其授权机关颁发的定额,是具有法令性的一种指标,不得擅自修改和滥用;定额是在认真总结和研究生产规律的基础上采用科学的方法制定的,因此具有科学性的特点;定额反映了一定时间内生产力的水平,因此具有相对稳定性,但也要随技术条件、组织条件、管理条件的改善与提高,及时的进行修订、补充直到重新颁布新定额。

建国以来,随着公路建设的不断发展,公路工程定额经过几次修订,现行定额为 1992 年交通部以交工发〔1992〕65 通知发布《公路工程概算定额》和《公路工程预算定额》,于 1992 年 5 月 1 日起施行。在此之后的 4 年中,为适应市场经济发展的需要,交通部组织有关的专家和工程技术人员经过深入、广泛的调研和科学的测定,对现行的概预算定额、投资估算指标、机械台班费用定额、概预算编制办法做了较大幅度的调整,从 1996 年 7 月 1 日起,新修订了《公路基本建设工程概、预算编制办法》,《公路工程概算定额》、《公路工程预算定额》基价表,《公路工程机械台班费用定额》,《公路工程估算指标》和《公路基本建设工程投资估算指标编制办法》,同时在全国施行。1997 年发布了《公路工程施工定额》在部直属施工部门试行,2002 年发布了《公路养护工程预算编制导则》。这些是我国现行的公路专业统一定额。它们适用于公路基本建设新建、改建工程,以及公路养护的小修保养、大修、中修工程。

二、定额分类

公路工程定额一般分为两类，按生产因素分类和按定额用途分类。其中按生产因素分类是基本的；按用途分类的定额，实际上已包括了按生产因素分类的基本因素。现行公路工程定额的分类如图 4-1-1 所示。

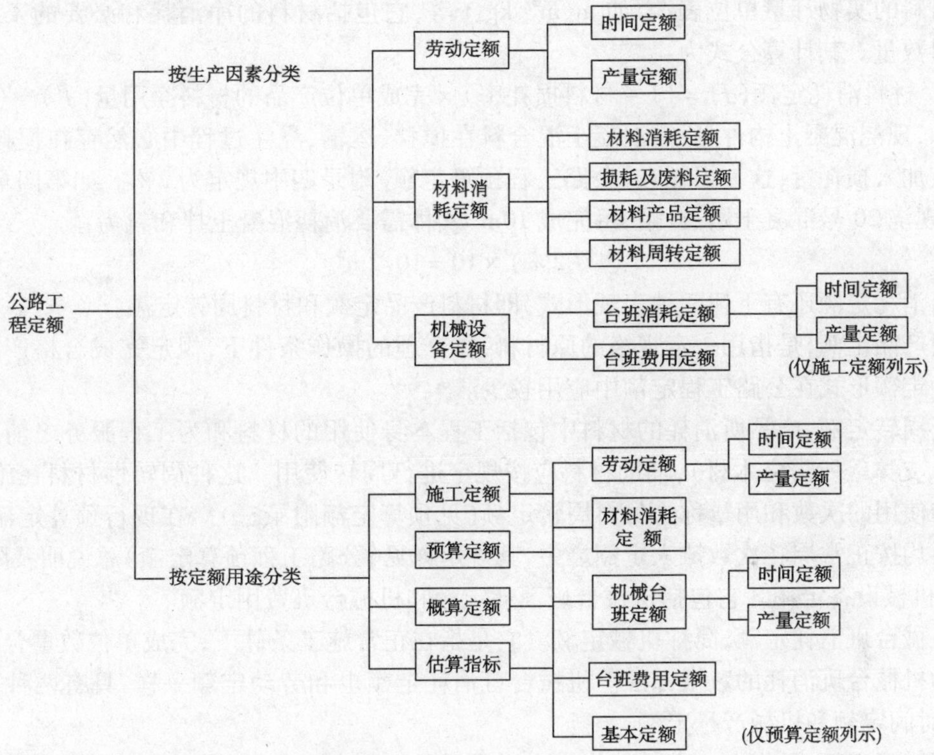

图 4-1-1 公路工程定额的分类

1. 按生产因素分类的定额

(1) 劳动定额。也叫人工定额，它是在一定的生产技术和组织条件下，为完成单位数量合格产品或工作所规定的劳动量消耗标准。

劳动定额有两种表现形式：时间定额和产量定额。

①时间定额：是指生产单位数量合格产品所消耗的劳动时间。其计量单位为：工日/产品实物量单位，如工日/m^3、工日/km^2、工日/座等。每一工日除潜水工作按 6 小时、隧道工作按 7 小时外，其余均按 8 小时计算。计算方法如式(4-1-1)：

$$\text{时间定额}(S)=\text{耗用劳动量数量}(D)/\text{完成合格产品的数量}(Q) \quad (4\text{-}1\text{-}1)$$

例如，人工挖运(人工运输 20m)普通土，查《公路工程预算定额》第一章第 7 表知，产品单位 $100m^3$，时间定额是 24.5 工日，它的工作内容包括挖松、装土、运送、卸除、空回全部操作过程。

②产量定额：是指劳动者在单位劳动量内完成合格产品的数量。其计量单位为：产品实物量单位/工日，如 m^3/工日、km^2/工日、座/工日等。

$$\text{产量定额}(C)=\text{完成合格产品的数量}(Q)/\text{耗用劳动量数量}(D) \quad (4\text{-}1\text{-}2)$$

由式(4-1-1)和(4-1-2)可知时间定额与产量定额具有互为倒数的关系。如上例完成 $100m^3$ 普通土方的时间定额为24.5工日,则每工日产量定额为:

$$100/24.5\text{工日}=4.08m^3/\text{工日}$$

(2)材料消耗定额。简称材料定额,它是指在节约和合理使用材料的条件下,生产单位数量合格产品所规定的消耗一定规格的建筑材料、半成品、配件、构件等的数量标准。其计量单位是以材料的实物计量单位表示,如 m、m^3、kg、t 等,它包括材料的净消耗和必要的工艺性损耗及废料数量。其计算公式为:

$$\text{材料消耗定额}(J)=(1+\text{材料损耗率})\times\text{完成单位产品的材料净用量}(J') \quad (4\text{-}1\text{-}3)$$

例如,现浇混凝土构件,所需混凝土混合料在搅拌、运输、浇注过程中必然存在损耗,材料定额中应加入损耗量,这一损耗在《公路工程预算定额》附录四中规定为2%。如第四章39表中规定,现浇20号混凝土墩、台帽,每完成 $10m^3$ 实体需要消耗混凝土拌和料为:

$$(1+2\%)\times10=10.2m^3$$

材料消耗定额还有下述两种表现形式,即材料产品定额和材料周转定额。

材料产品定额,是指用一定规格的原材料,在合理的操作条件下,规定完成合格产品的数量。这种定额形式在公路工程定额中应用较少。

材料周转定额,产品所消耗的材料中包括工程本身使用的材料和为工程服务之辅助材料(如模板、支撑等所需之木材),辅助材料应按规定进行周转使用。这种周转性材料在施工中,合理周转使用的次数和用量称为材料周转定额(见预算定额附录三)。在现行预算定额中,周转性材料均按正常周转次数摊入定额之中,其规定详见《公路工程预算定额》总说明及附录。

(3)机械设备定额。它包括机械台班消耗定额和机械台班费用定额。

①机械台班消耗定额,简称机械定额。它是指在正常施工条件下,完成单位数量合格产品所规定的机械台班消耗的数量标准。机械台班消耗定额也和劳动定额一样,具有两种表现形式:机械时间定额和机械产量定额。

机械时间定额:是指在一定的工作内容以及质量和安全要求的条件下,规定完成单位数量产品或任务所需要的作业时间,如台时、台班等。

机械产量定额:是指在一定的操作内容以及质量和安全要求的条件下,规定每单位作业时间(如台时、台班等)完成的产品或任务的数量标准。机械时间定额与机械产量定额互为倒数关系。

例如柴油打桩机打混凝土方桩,按《公路工程预算定额》第四章第15表中规定,其机械时间定额为1.96台班/$10m^3$,则机械产量定额为 $10m^3$/1.96台班=$5.1m^3$/台班。

按照机械台班消耗定额并根据工程数量可计算出工程所需各种机械台班数量。为了满足工程概、预算计算机械使用费的需要,还需要"机械台班费用定额"。

②机械台班费用定额。它是以机械的一个台班为单位,规定其所消耗的工时、燃料及费用等数量标准并可折算为货币形式表现的定额。工程概预算中所需反应的施工机械使用费、机上驾驶人员数、燃料数等,均可按照机械台班费用定额并根据工程数量进行计算。

如上例,在《公路工程机械台班费用定额》(代号769)中规定:振动打拔桩机(激振力300kN以内)每台班不变费用为258.49元,工时、燃料、动力消耗为人工2工日、柴油17kg、电131kW·h。

2.按用途分类的定额

1)施工定额

从性质上看,施工定额是属于施工企业内部使用的定额,体现一个企业在激烈的市场竞争中,对于完成同样产品的工程量,企业表现出来的竞争力。施工定额是在施工阶段及施工准备阶段使用的定额,一般只有施工企业内部人员使用。各个施工企业的施工定额不一定相同,为保持企业具有较强的竞争力,企业之间的施工定额在某种意义上说应该是保密的。所以施工企业内部要不断挖潜改造,提高自身定额水平,不断增强投标报价的竞争力。

施工定额是规定建筑安装工人或小组在正常施工条件下,完成单位合格产品的劳动力、材料和机械消耗的数量标准。它是施工企业组织生产、编制施工阶段施工组织设计和施工作业计划、签发工程任务单和限额领料单、考核工效、评奖、计算劳动报酬、加强企业成本管理和经济核算、编制施工预算的依据。而且是编制预算定额和补充定额的基础。它包括时间定额和产量定额,定额水平是先进的。采用的产品单位一般比较细,其中时间以工时计,产品以最小单位(m、m^2、m^3 等)计,则定额子目多、细目划分复杂。

2)预算定额

预算定额的性质是属于计价定额的性质。它体现一个工程细项目在正常条件下,用货币形式描述的一定时期的工程造价。那么,预算定额的水平就从国家的政策、法规等方面表现出一个时期生产力的发展水平,它具有广泛的社会性。对一个工程造价的确定,是施工单位、建设单位、银行、以及监理单位都十分关心的编制依据。

这种定额采用的产品单位比施工定额大,如时间以工日、台班计,产品单位以 10m、$10m^2$ 等计,它是按分项工程和结构构件的要求,以一定产品单位(如 10m、$10m^2$ 等)来规定劳动力、材料和机械的消耗数量,主要是为了满足编制施工图预算的要求。它是编制施工图预算的基本依据;是确定和控制基本建设投资额,对结构的设计方案进行技术经济比较,对新结构、新材料进行技术经济分析的依据;是编制施工组织计划、确定劳动力、材料和机械需要量的依据;是工程结算、施工企业贯彻经济核算和进行经济活动分析的依据;而且是编制概算定额和概算扩大定额的基础。定额水平是先进合理的,它比施工定额水平略低。

3)概算定额

概算定额在性质上与预算定额是相同的。在基本建设程序中,概算文件是国家对工程项目造价进行宏观控制,国民经济部门对资金流向进行控制的主要依据。所以概算定额同样与预算定额重要,只是侧重面及编制的阶段不同。

概算定额是在预算定额的基础上加以综合而成的,因而产品常使用更大的单位来表示,如:小桥涵以座(道)、桥梁上部构造以 10m 标准跨径、1 000m^2 黑色碎石路面、公路公里等。定额水平比预算定额为低,它是编制设计概算、修正概算的主要依据;是进行设计方案和施工方案的经济比较和选择的重要依据;是主要材料申请计划的计算基础,而且是编制估算指标的基础。

4)公路工程估算指标

估算指标既不同于施工定额,又不同于概、预算定额。它是在研究阶段编制估算文件的依据,而估算的总费用仅仅只作为社会效益、内部收益率、回收期计算的参考,所以它的作用和重要性是特别的。随着市场经济的发展,对工程项目的研究及可行性越来越受到重视,估算指标更加表现出它的重要性。

估算定额是根据国家计委统一安排,由交通部公路工程定额站主编,各省、自治区、直辖市交通厅(局)和部属公路设计单位共同编制的。估算指标是在有关单位总结近几年全国公路建设项目的设计资料和竣工文件的基础上，选用合理的工程量，各种标准施工图纸，以现行的公路工程技术标准、技术规范、《概算定额》，各项费用定额为依据制定的。

三、定额组成

现行公路工程概、预算定额的组成部分主要包括：颁发定额的文件、目录、总说明、各类工程的章说明、节说明、定额表和附录。

1. 颁发定额的文件

是指刊印在《概算定额》和《预算定额》前部的政府主管部门（交通部）关于发布定额、施行日期、阐明定额性质、适用范围、负责解释的部门等的法令性文件。

《概算定额》包括路基工程、路面工程、隧道工程、涵洞工程、桥梁工程、其他工程及沿线设施、临时工程等七章。

《预算定额》包括路基工程、路面工程、隧道工程、桥涵工程、防护工程、其他工程及沿线设施、临时工程、材料采集及加工、材料运输等九章及附录。附录包括：路面材料计算基础数据、基本定额、材料周转及摊销以及“人工、材料代号及人工、材料、半成品单位重、损耗、基价表”等四个内容。

2. 总说明及各章节说明的重要性

在现行的《公路工程预算定额》和《公路工程概算定额》中编有“总说明”、“章说明”、“节说明”，它们对于正确运用定额具有重要作用。

定额的总说明是涉及定额使用方面的全面性的规定和解释。《预算定额》的总说明有20条，《概算定额》的总说明有21条，《预算定额》共9章，则有9个章说明，《概算定额》共7章，有7个章说明，除此而外，每章所含若干节，每节前面都有节说明。为了正确运用定额，要求概、预算专业人员和技术人员必须耐心地、反复地、全面地理解和牢记各章说明和各节说明。当然，这需要一个较长的时间过程，特别是需要通过做习题的方式和工作实践来正确掌握。由于各章、节说明内容繁多，无法全部介绍，后面我们以示例或重点说明的方式进行扼要地讲解，以说明其重要性。

3. 定额表的组成

定额表是各种定额的最基本的组成部分，是定额指标数量的具体表示。概算定额和预算定额的定额表格式基本相同。现将定额表的构成和主要栏目说明如下：

（1）表号及定额表名称，如《预算定额》600页中“8-4 采、筛、洗砂”，见表4-1-1。

8-4 采、筛、洗砂 表4-1-1

工程内容：1）采挖；2）过筛；3）清渣洗砂；4）堆方。 单位：$100m^3$ 堆方

顺序号	项目	单位	代号	采堆	水中采堆	采筛堆 成品率（%） 30~50	采筛堆 成品率（%） 51~70	采筛堆 成品率（%） 70以上	洗堆
				1	2	3	4	5	6
1	人工	工日	1	14.6	33.1	59.6	36.9	24.5	52.0
2	砂	m^3	285	—	—	—	—	—	115.00
3	基价	元	999	121	273	492	305	202	868

注：①需要清除表土及备水时，其工日另计（每$1m^3$砂按$0.5m^3$用水量计）；

②如采、筛、洗、堆联合作业时，按“采、筛、堆”及“洗、堆”工日之和扣减一次堆方，每$100m^3$扣减3工日计；

③定额中砂系自然砂。

(2)工程内容,主要说明本定额表所包括的操作内容。查定额时,必须将实际发生的项目操作内容与表中的工程内容进行比较,若不一致时,应进行抽换或采取其他措施。

(3)工程项目计量单位,如 $10m^3$、$1000m^2$、1km、1 道涵长及每增减 1m 等。

(4)顺序号,表征人、料、机及费用的顺序号,起简化说明的作用。

(5)项目,即本定额表的工程所需人工、材料、机具、费用的名称、规格。

(6)代号,当采用电算方法来编制公路工程概、预算时,可引用表中代号代为对工、料、机名称的识别符号。

(7)工程细目,表征本定额表所包括的工程细目,如预算定额的"8-4"表中的"采堆"、"水中采堆"等。

(8)栏号,指工程细目编号,如表 4-1-1 所示定额中"采堆"栏号为 1,"水中采堆"栏号为 2。

(9)定额值,即定额表中各种资源的消耗量数值。其中括号内的数值,一般是指所需半成品的数量(定额值)。

注意,此值在编制概、预算文件时不可直接列入。

(10)基价,亦称定额基价。它是指该工程细目的工程价格。它的主要作用是计算"其他直接费"、"现场经费"和间接费的基数,从 1996 年 7 月 1 日起,使用交通部公布的概、预算定额基价表。基价表是以交工发[1992]65 号通知公布的《公路工程预算定额》、《公路工程概算定额》为基础计算的,即定额人工费、材料费、机械使用费的合计价值,其中人工费、材料费是按交通部 1996 年公布的《公路基本建设工程概、预算编制办法》附录十中取定的人工、材料预算价格计算的,机械使用费是按 1996 年交通部公布的《公路工程机械台班费用定额》(包括养路费和车船使用税)计算的。

(11)注,有些定额表列有"注",使用定额时,必须仔细阅读小注,以免发生错误。

4. 基本定额

1)基本定额及其分类

在《预算定额》附录二中编有"基本定额",它是公路工程预算定额的组成部分。基本定额,是指在合理的条件下,为生产单位数量半成品、中间产品所规定的各种资源(工、料、机、费用等)消耗量标准,如混凝土工作定额、模板工作定额等。

基本定额按其消耗资源对象的不同可分为劳动定额(人工、机械台班消耗定额)和材料消耗定额两大类。

基本定额的分类与组成如图 4-1-2 所示。

2)基本定额的用途

"基本定额"的主要用途是:

(1)进行定额抽换:所谓定额抽换,就是当设计中所规定的工作内容、子目或与表中某序号所列的规格(如混凝土标号)不符时,则应查用相应定额或基本定额予以替换。例如设计要求用 20 号混凝土,而定额中所列为 25 号混凝土,此时即应查基本定额进行计算并予以替换。在抽换前应仔细阅读定额的总说明和章节说明与注解,确定是否还需要抽换以及怎样抽换。关于定额抽换的示例,可参见后面的举例。

(2)分析分项工程(工作)或半成品所需人工、材料、机械等消耗量:当设计中出现定额表中查不到的个别分项工程、工作时,应根据其具体工程数量通过基本定额的有关表,分析计算

- 基本定额
  - (一) 桥涵混凝土及钢筋混凝土工作
    - 1. 桥涵模板工作
      - (1) 定型钢模板工作
      - (2) 预制混凝土模板工作
      - (3) 预制混凝土模板钉铁皮和地模工作
      - (4) 现浇混凝土模板工作
      - (5) 预制混凝土组合模板工作
      - (6) 现浇混凝土组合模板工作
    - 2. 桥涵混凝土工作
      - (1) 卷扬机或扒杆吊运混凝土
      - (2) 汽车式起重机吊运或泵送混凝土
      - (3) 预制场龙门架吊运混凝土
      - (4) 人工浇筑混凝土
  - (二) 砂浆及混凝土材料消耗
    - 1. 砂浆配合比（材料消耗）表
    - 2. 混凝土配合比表
  - (三) 砌筑工程石料及砂浆消耗
  - (四) 脚手架、踏步、井字架工料消耗
    - 1. 轻型上、下架材料用量
    - 2. 门式钢支架材料用量
    - 3. 按空间体积加权平均取值系数表
    - 4. 木脚手架；踏步工料消耗
    - 5. 钢管脚手架及钢管，木料井字架工料消耗
    - 6. 工作平台每平方米所需材料用量
    - 7. 钢脚手架 、轻型上下架的配备
    - 8. 基本定额材料规格与质量

图 4-1-2　基本定额的分类与组成

所需工、料、机等数量。例如新型结构桥梁中的某混凝土构件在定额中查不到，此时即可通过基本定额来计算其所需人工、机械材料数量；若需模板，尚应按“桥涵模板工作”来分析工、料。

5. 材料周转及摊销

在《预算定额》附录三中编有“材料的周转及摊销定额”。它的用途主要是：

（1）规定各种周转性材料的周转、摊销次数。

（2）对达不到规定周转次数的材料定额进行抽换。

《公路工程预算定额》的总说明第八条指出：定额中的周转性材料、模板等的数量，已考虑了正常周转次数，计算在定额内，其中就地浇注钢筋混凝土梁用的支架及拱圈用的拱盔、支架，如确因施工安排达不到规定周转次数时，可根据具体情况进行换算，并按规定计算回收，其余工程一般不予抽换。按此规定，对于达不到周转次数的周转性材料定额，可按下式进行换算：

$$E' = E \times K \tag{4-1-4}$$

式中：E'——实际周转次数的周转性材料定额；

E——定额规定的周转性材料定额；

K——换算系数，$K = n/n'$

n——定额规定的材料周转次数；

n'——实际的材料周转次数。

材料的周转及摊销均按式 4-1-5 计算：

$$定额用量 = 图纸一次使用量 \times (1 + 场内运输及操作损耗)/周转次数(或摊销次数) \tag{4-1-5}$$

6. 关于引用定额的编号

在编制概预算时，在计算表格中均要列出所用的定额表号。一般采用:〔页号—表号—栏号〕的编号方法。例如《概算定额》(以下均指1992年版本)中〔180-4-6-3〕就是指引用第180页的表4-6(即第四章第6表)中的第3栏，即标准跨径为2.5m(涵长8.5)，混凝土台、墙身的钢筋混凝土盖板涵(1道)的涵洞的概算定额。又如《预算定额》〔600-8-4-5+6〕，是指第600页表8-4中的第5栏和第6栏，即成品率70%以上的采筛洗堆砂联合作业的预算定额。这种编号的方法容易查找，检查方便，不易出错。但书写字码较多，在概预算表中占格较宽。

另一种编号方法是省去页号，按〔章—表—栏〕三符号法。例如《施工定额》中，浆砌片石基础的定额号为〔8-3-3〕，而《预算定额》中浆砌片石基础的定额号为〔4-31-1〕。

定额编号在概预算文件中十分重要。一方面是保证复核、审查人员利用编号快速查找，核对所有定额的准确性;另一方面，对如此繁多的工程细目的工作内容以编号形式建立一一对应的模式，便于计算机处理及修编定额人员的统计工作。第三，在概预算文件的08表中，“定额代号”一栏必须填上对应的定额细目代号。不论手工计算，还是计算机处理，都必须保证该栏目的准确性。

7. 公路工程机械台班费用定额

交通部1996年7月1日颁布的《公路工程机械台班费用定额》是目前编制公路基本建设工程概、预算，进行经济核算的依据。公路养护的大、中修工程可参考使用。

本定额内容包括土石方工程机械，路面工程机械，混凝土及灰浆机械，水平运输机械，起重及垂直运输机械，打桩、钻孔机械，泵类机械，金属、木、石料加工机械，动力机械，工程船舶，其他机械等，共计11类468个子目。

该定额的主要用途是:

(1)分析计算台班单价。即按预算定额总说明第十三条规定，编制预算需分析计算机械台班单价时，可按该定额分析计算确定。

(2)计算台班消耗人工、燃料等实物量。为了编制施工组织设计、需要统计人工、材料、机械的实物量以确保劳动力和材料等的供应。有关机械所消耗的各种物资的实物量，要根据本定额分析计算确定。

(3)用该定额中的基价作为台班单价。某些省、市或地方，可按当地交通厅的规定，直接引用定额中的基价作为台班单价来编制工程预算。

台班费用定额由以下7项费用组成:

(1)折旧费。指机械设备在规定的使用期限内陆续收回其原值的费用。

(2)大修理费。指机械设备按规定的大修间隔台班必须进行大修理，以恢复其正常功能所需的费用。

(3)经常修理费。指机械设备除大修理以外的各级保养(包括一、二、三级保养)及为排除临时故障所需的费用;为保障机械正常运转所需替换设备、随机使用工具、附具摊销和维护的费用;机械运转与日常保养所需的润滑油脂、擦拭材料(布及棉纱等)费用和机械在规定年工作台班以外的维护、保养费用等。

(4)安装拆卸及辅助设施费。指机械在施工现场进行安装、拆卸所需的人工费、材料费、机械费、试运转费以及安装所需的辅助设施费。辅助设施费包括安置机械的基础、底座及固定锚桩等项费用。打桩、钻孔机械在施工过程中的过墩、移位等所发生的安装及拆卸费包括在工程项目费之内,稳定土厂拌设备、沥青乳化设备、黑色粒料拌和机、沥青混合料拌和设备、混凝土搅拌站(楼)、塔式起重机的安装、拆卸以及拌和设备、混凝上搅拌站(楼)、大型发电机的混凝土基础、沉淀池、散热池等辅助设施和机械操作所需的轨道、工作台的设置费用,不在此项费用内,在工程项目中另行计算。

(5)人工费。指随机操作人员的工作日工资(包括基本工资、工资性津贴、地区生活补贴、辅助工资、工资附加费、流动施工津贴和劳动保护费)。

(6)动力燃料费。指机械在运转施工作业中所耗用的电力、固体燃料(煤、木柴)、液体燃料(汽油、柴油、重油)和水等。

(7)养路费及车船使用税。指机械按国家规定应缴纳的养路费和车船使用税等。

本定额中第1至4项费用为不变费用,编制机械台班单价时,除青海、新疆、西藏边远地区外,应直接采用;第5至7项费用为可变费用,编制机械台班单价时,随机操作人员数及动力物资消耗量应以本定额中的数值为准。工资标准按现行的《公路基本建设工程概算、预算编制办法》的规定执行。工程船舶和潜水设备的工日单价,按当地有关部门规定计算。动力燃料费按当地的动力物资的工地预算价格计算。养路费及车船使用税,如需缴纳时,应根据各省、自治区、直辖市及国务院有关部门的规定标准,按机械的年工作台班计入台班费中。

定额中的基价是不变费用和可变费用的合计值,仅供参考比较之用,不作为编制公路工程概预算的依据。

课题二　定额的运用

在公路建设生产活动中,正确的使用定额是非常重要的。为了正确使用定额,必须全面了解定额,深刻理解定额,熟练地掌握定额。最好通过编制概(预)算等的实践,来熟练掌握定额的运用,也可以通过做练习题的方法掌握。因公路工程定额项目繁多,现以公路工程常用的《公路工程预算定额》和《公路工程概算定额》(1992年5月1日)为主,举例介绍其运用方法。

一、定额单位与工程数量

工程量的正确与否直接影响概预算造价,怎样正确使用工程数量是造价人员注意的一个重要环节。由于设计图纸上的工程量或工程量清单上的工程量,它们的单位和内容与所用定额并不完全一致,往往需要造价人员根据定额的需要进行换算或调整,达到计算造价与实际造价相符的目的。计算者一般对概预算或定额并不了解,仅从设计、计算、列表等方面出发统计数量,与定额的计算单位有一定的出入,怎样统一单位,怎样正确计算,就此类问题介绍几个典型处理方法。

1. 体积与面积单位调整

计算中应该特别留神面积与体积的不一致,这一点很容易被紧张的节奏和粗心的编制人员疏忽。在预算定额中有很多这样的情况。

如人工挖土质台阶。定额代号为预〔9-1-5〕,定额单位 $1000m^2$,设计图纸或施工图工程量一般都以 m^3 为单位列出。要换算为统一的面积单位,先将设计图纸上的开挖深度、宽度分析、统计出来,计算平均开挖深度(或加权平均深度),然后用设计体积除以平均深度,从而求得平均面积。与此类似的还有填前夯实土的回填;清除场地的砍树挖根、回填等都存在换算问题。

2. 体积与个数的调整

在编制概预算文件时,如果遇到个数与体积的不一致,其换算不是简单的数学计算,必须在手头边上准备大量计算方面的基础资料。而这些基础资料的获得必须与厂商、政府管理部门取得联系,从任何教科书或参考书上都是难以获得的。

如支座与伸缩缝。设计者一般提供型号及对应的个数(包括固定支座、滑动式支座),而定额单位却是 t 或 dm^3,必须找到有关生产厂家及型号,通过标准图纸和基本数据等换算出定额单位所需的 t 或 dm^3。伸缩缝的单位多变,设计者一般提供桥梁宽度数据(及伸缩缝长度),但如毛勒伸缩缝及沥青麻絮伸缩缝定额单位则是 t 或 m^2。还有些伸缩缝的补充定额的单位是 m^3,如 NST 伸缩缝等。

像这一类定额的单位及工程量有很多,在桥梁工程部分,如锚具、钢护筒、金属设备等工程数量的计算就应该注意换算,并且注意收集有关的基础数据。

3. 工程数量的自定方法

一个工程项目所牵涉的定额不是都能在设计图上反映的,换句话说,一个完整项目的概预算造价除包括施工图纸上的工程数量外,还应考虑与施工方案及施工组织措施相关的其他工程内容涉及的定额。

(1)临时工程范围。临时电力、电讯线路、临时便道的里程,按实际需要确定(现场调查)。这一部分工程量原则上一般不超过总长度的 1/3,但也要充分考虑各种构造物运输不便、引用地方电网不便所造成的临时工程的增加。临时用电中构造物的动力用电如果没有临时工程项目,则应在自发电的电价中考虑。临时道路考虑仓库、加工厂、预制厂、弃土及借土的便道距离。另一方面,临时仓库、加工厂场地、临时建筑物等在筹建过程中的一系列的相关工程内容的工程量必须考虑进去。

(2)很容易遗忘但牵涉工程量较大的一部分内容通常在这几部分土石方工程上。清除场地后回填土石方体积,填前夯实后增加的土石方体积,自然沉降引起的增加土石方的体积,都是与地基有关且必须增补计算的工程量。而这部分工程量既无图纸,又无规范可查,只有造价人员根据地基及施工组织的详细资料具体问题具体分析,按现场实际情况作具体计算。

4. 工程量与定额单位相同但存在一定的换算关系

定额单位与工程量一致,但有时不能直接使用,必须提供一定的换算关系后才能正确使用。这种情况发生在如路基土石方体积单位的天然密实方与压实方之间的差值,及考虑混凝土、砂浆损耗的体积等情况时。

(1)土石方工程数量与定额单位。定额考虑在挖方及运输两种条件下均是按天然密实方施工考虑,填方按压实方辗压考虑。根据概算第一章说明 3,预算第一章说明 2,换算系数均已存在(如说明表列数据),但使用定额时,该系数能否正确运用将极大影响造价。一般来说,在单位工程内(或一标段内)主要考虑纵横向利用方是否能平衡。如果纵横向利用方能够绝对平衡,表列系数实际上是无用的;当挖方远大于填方即存在一定弃方时,该表系数也无用;只有在填方大于挖方时,即需借土填筑时,表列系数才有用。当挖方总体积利用完后,剩下的需继续填筑的体积(剩余填筑体积)即可计算出来,这部分工程量是压实方体积。当利用取土点借土填筑时，其挖土的工程量、运土的工程量就要考虑天然密实方与压实方之间的换算系数。即挖土体积按借土体积乘以挖方系数，运土体积按借土体积乘以运土系数。如松土系数1.23，运土的系数为1.19。值得注意的是：运输时仅考虑其本身的系数（如1.19），不能与挖方系数连乘，即不能同时两次乘以挖土及运土的系数。

（2）混凝土及砂浆在体积的意义方面，要特别注意成品的混凝土体积与搅拌混凝土体积含义不同；砌体中的砂浆与搅拌中的砂浆含义不同。因为搅拌中的混凝土、砂浆要包括正常的损耗数量，但配比调整时，应按搅拌时的混凝土、砂浆计算，而成品混凝土、砂浆则不能直接参与调整计算，这在抽换计算中应区分清楚。

限于篇幅，这些运用中十分容易忽视，但又能体现概预算编制水平的"小问题"，本节只能起到抛砖引玉的作用，望读者多加练习，细致考虑，提高定额的运用水平。

二、定额的直接套用

如果设计的要求、工作内容及确定的工程项目完全与相应定额的工程项目符合，则可直接套用定额。这一部分定额在编制概预算文件时的定额量占总定额量的50%以上，因此准确使用这些简单定额，可以节约大量的编制时间，应该保证这一部分定额100%的正确。但要特别注意定额的总说明、章节说明及定额表中小注的要求，应细心阅读，以免发生错误。

【例4-2-1】 试确定325号水泥，7.5号砂浆砌筑片石锥形护坡的《公路工程施工定额》。

解：（1）定额表号为〔181-8-3-6〕

（2）计算（每$10m^3$）时间定额为：0.892工日

（3）以上定额计算砌筑工程的劳动定额，但材料定额在这一个值中并未列出，查《施工定额》第344页附录二：

片石 $1.15m^3$；砂浆 $0.35m^3$.

继续查附录四.3：7.5号砂浆配比为

325号水泥：$292kg/m^3$（已包括损耗）

中（粗）砂：$1.09m^3/m^3$

$10m^3$砌体中$0.75m^3$的7.5号砂浆中含：

325号水泥：$292kg/m^3 \times 0.75 = 102kg$

中（粗）砂：$1.09m^3/m^3 \times 0.75 = 0.382m^3$

【例4-2-2】 试确定人工采筛洗堆砂联合作业的预算定额（成品率按60%计）

解：（1）由预算定额目录可知该定额在第600页，定额表号为8-4，看该表的注（2）；

（2）确定定额表号为〔600-8-4-4+6〕及注（2）

（3）计算（每$100m^3$堆方）：人工$=(36.9+52.0)-3.0=85.9$工日

自然砂 $115.0m^3$

基价 $(591+1615)-3\times16.02=2\ 157.94$元

【例4-2-3】 河北省境内某路基工程，人工挖运硬土，人力挑抬平均运距40m，试确定其预算定额。

解：（1）由预算定额目录可知，该定额在第11页，第一章的第7表。

（2）确定定额表号为〔11-1-7-3+4×2〕。

(3)计算(每 100m³ 天然密实土):人工 35.1+3.1×2=41.3 工日

基价 562+50×2=662 元

【例 4-2-4】 某路基工程在新疆境内,海拔 2800m,山岭重丘地形,次坚石,运距 80m,机械施工、机械清运,试确定其概算定额。

解:(1)海拔 2800m 为高原地区施工的工程,按总说明第 18 条规定办理。

(2)由概算定额目录并查得,定额号为〔27-1-13-6+8×4〕

(3)定额确定如下(每 1000m³天然密实岩石):

人工=240+4×4=256 工日

空心钢钎:20kg;硝铵炸药:230kg

合金钻头:30 个;其他材料费:232.6 元

机械使用费:4036+457×4=5864 元

135kW 以内履带式推土机:6.62+1.42×4=12.3 台班

9m³/min 机动空压机:13.44 台班

小型机具使用费:220.5 元

基价:16239+1173×4=20 931 元

【例 4-2-5】 试确定 180kW 以内稳定土拌和机的台班费用定额值和台班单价。已知当地规定人工单价为 25.00 元/工日,柴油单价为 2.80 元/kg。

解:(1)180kW 以内稳定土拌和机的代号为 502;

(2)在代号 502 子目查得定额值并计算台班单价。

不变费用:925.54 元

可变费用:人工 2 工日,柴油 107kg,则

人工 2×25.00=50.00 元

柴油 107×2.80=299.60 元

台班单价 925.54+(50.00+299.60)=1275.14 元/台班

基　　价 1 203.68 元/台班

三、定额的换算、调整与补充

1.定额的换算与调整

由于定额是按一般正常合理的施工组织和正常的施工条件编制的,定额中所采用的施工方法和工程质量标准,主要是根据国家现行公路工程施工技术及验收规范、质量评定标准及安全操作规程取定的。因此,使用时不得因具体工程的施工组织、操作方法和材料消耗与定额的规定不同而变更定额。只有在以下几种情况时,才允许对定额中某些项目进行抽换,使定额的使用更符合实际情况。

(1)就地浇注钢筋混凝土梁用的支架及拱圈用的拱盔、支架,如确因施工安排达不到规定的周转次数时,可根据具体情况进行换算并按规定计算回收。

(2)如设计中采用的混凝土、砂浆标号或水泥标号与定额所列标号不同时,可按预算定额附录二的基本定额中的混凝土、砂浆配合比表进行换算。

(3)如施工中必须使用特殊机械时,可按具体情况进行换算。

【例 4-2-6】 2 孔跨径 20m 石拱桥，制备 1 孔木拱盔（满堂式），试确定其实际周转次数为 2 次时的周转性材料预算定额。

解：由《预算定额》〔489-4-90-2〕可知，每 $10m^2$ 立面积周转性材料定额 E 值为：原木 $0.471m^3$、锯材 $1.625m^3$、铁件 41.8kg、铁钉 1.1kg。

由预算定额附录三"材料周转及摊销"〔695-(一)-1〕查得拱盔的周转次数 n 为：木料 5、铁件 5、铁钉 4。

按式 $E' = E \times n/n'$ 计算周转性材料实际周转次数的定额 E' 值：

原木：$0.471 \times 5/2 = 1.178m^3$

锯材：$1.625 \times 5/2 = 4.063m^3$

铁件：$41.8 \times 5/2 = 104.5kg$

铁钉：$1.1 \times 4/2 = 2.2kg$

【例 4-2-7】 某实体式桥台高 8m，采用浆砌片石，砂浆标号 7.5 号砌筑，10 号勾缝，确定《预算定额》。

解：桥梁工程属于第四章，查定额〔322-4-31-5〕

人工	22.8 工日
5 号砂浆	$(3.5)m^3$
7.5 号砂浆	–
10 砂浆	$(0.06)m^3$
……	
325 号水泥	0.847t
中(粗)砂	$3.95m^3$
……	

根据节说明 1 可知，5 号、7.5 号砂浆用于砌筑，10 号砂浆用于勾缝。砌筑砂浆必须抽换。根据基本定额第 679 页，以 322 页定额中使用的 325 号水泥为准，查〔679-(二)-1-3〕

单位 $1m^3$	7.5 号砂浆	10 号砂浆
325 号水泥	$292kg \times 3.5m^3 = 1022kg$	$342kg/m^3 \times 0.06m^3 = 20.5kg$
中粗砂	$1.09m^3/m^3 \times 3.5m^3 = 3.82m^3$	$1.07m^3/m^3 \times 0.06m^3 = 0.06m^3$

7.5 号 +10 号砂浆：

325 号水泥 $1022kg + 20.5kg = 1043kg$

中粗砂 $3.82m^3 + 0.06m^3 = 3.88m^3$

抽换计算的结果就是将水泥的定额用 1.043t 替换 0.847t；中粗砂的定额用 $3.88m^3$ 替换 $3.95m^3$，而其他实物量定额值并不改变。

最终结果，每 $10m^3$ 砌体定额为：

人工 22.8 工日，原木 $0.034m^3$，锯材 $0.017m^3$，铁钉 0.1kg，8 ~ 12 号铁丝 3.0kg，325 号水泥 1.043t，水 $8m^3$，中粗砂 $3.88m^3$，片石 $11.5m^3$，其他材料费 1.4 元。

抽换后的基价为：$1087 + (1.043 - 0.847) \times 300 + (3.88 - 3.95) \times 27 = 1144$ 元。

【例 4-2-8】 试确定预制 2 ~ 15m 双曲拱桥 20 号钢筋混凝土拱肋的预算定额。已知条件为：碎石最大粒径 40mm，425 号水泥，人拌人捣现浇混凝土，蒸汽养生（不计蒸汽养生室建筑)。

解:(1)混凝土工作:

①由预算定额目录可知该定额属于第四章第七节第437页。

②查得定额表号应为〔437-4-70-1〕。

③人工定额确定如下:

由第四章说明一可知:

a.人拌人捣不必抽换。

b.蒸汽养生应减人工1.5工日,其他材料费4元。

c.蒸汽养生按定额〔518-4-107-2〕计算。

人工定额计算如下(每$10m^3$实体):

人工数=56.8-1.5+8.1=63.4工日

④材料定额确定如下:

a.由〔437-4-70-1〕之序号4可知,定额所列混凝土标号(为25号钢筋混凝土)与采用混凝土标号(为20号)不同时,应按总说明第九条要求进行抽换。

b.由基本定额〔682-=(二)·2-18〕查得每$1m^3$混凝土需425号水泥273kg,中砂$0.52m^3$,粒径不大于40mm碎(砾)石$0.9m^3$。

c.由总说明第九条及〔685-=(二)·2〕表之注(2),设计采用混凝土标号与定额标号不同时,当为人工捣固时,每m^3混凝土应增加水泥用量25kg。

d.材料定额计算(每$10m^3$实体)

锯材$0.960m^3$;铁件12.3kg;铁钉6.4kg;425号水泥10.10×(273+25)=3010kg;中(粗)砂10.10×0.52=$5.25m^3$;粒径不大于40mm碎石10.10×0.9=$9.09m^3$;水$16m^3$;其他材料费48.8-4.0+28.2=73元。

⑤机械定额计算如下:

a.因人拌人捣,混凝土定额中250L搅拌机不列;

b.蒸汽养生定额〔518-4-107-2〕

c.机械定额计算。

30kN以内单筒慢速卷扬机0.96台班;

1t/h锅炉2.02台班;小型机具使用费35.4元。

⑥基价调整:

初始基价之和为 3737+1206=4943元

调整基价为:

a.人工费 -1.5×16.02=-24.03元

b.其他材料费 -4元

c.425号水泥 (3.010-3.212)×330元/t=-66.66元

中(粗)砂 (5.25-5.05)×27元/m^3=5.4元

4mm碎石 (9.09-8.79)×28.80元/m^3=8.64元

d.变化值为 -24.03-4-66.66+5.4+8.64=-80.65元

e.最终调整值为 4943-85.21=4857.79元

(2)预制拱肋钢筋工作

①查定额表号应为〔437-4-70-6〕及第四章说明二;

②计算(每1t)钢筋。

人工:14.7工日。

材料:I级钢筋0.180t;II级钢筋0.845t;电焊条10.6kg;20～22号铁丝1.5kg。

机械:30kVA交流电焊机3.67台班;小型机具使用费20.0元。

定额基价:3 408元。

2. 定额的补充

随着科学技术的发展,新结构、新工艺、新材料、新设备在公路工程上推广使用很快,但是定额的制定必须有一定的周期,在新定额未颁布以前,为了合理正确的反映工程造价和经济效益,在现行使用的概、预算定额基础上,又编制有部颁补充定额、地区补充定额和部分工程项目的一次性补充定额等。所以在查用现行定额时,应注意该定额表左上方“工程内容”所包含的项目与实际工程项目是否完全一致,结构形式、施工工艺是否相同,以便正确选用补充定额,防止重漏。

【例4-2-9】 试确定某河中桥墩挖基工程,施工地面水位深1m,人工挖基,摇头扒杆卷扬机调运普通土的预算定额。

解:(1)由预算定额目录可知该定额属第四章第一节。

(2)定额表号为〔198-4-2-2〕。

(3)该定额表左上角“工程内容”包括:

①人工挖土方;②装土、卷扬机调运土出坑外;③整平夯实土质基底;④挖排水沟或集水井;⑤移动摇头扒杆及整个便道;⑥取土回填、铺平、洒水、夯实。

(4)应补充抽水及扒杆制作、安装、拆除,定额表号为〔195-10-3〕及〔465-4-80-3〕。

(5)计算(10m^3实体)

人工,10工日;30kN单筒电动卷扬机0.22台班。

1个扒杆:

人工 30.4工日。材料定额 原木,1.316m^3;钢丝绳,0.020t;铁件,6.9kg;其他材料费,89.1元;设备摊销费,32.4元。机械定额 30kN以内单筒慢速卷扬机,3.13台班;小型机具使用费,11.3元;150mm水泵,0.6台班。

3. 定额运用要点

(1)正确选择子目,不多不漏。

(2)子目名称简练直观。

(3)核对工作内容,防止漏列、重列。

(4)看清计量单位。

(5)详细阅读说明和小注。

(6)图纸要求与定额子目或序号项目要一致,否则可能要抽换。

(7)施工方法要依施工组织设计而定。

(8)多实践,多练习,熟能生巧。

单元五　公路工程概(预)算

课题一　公路工程概（预）算概述

【知识目标】

1. 了解公路工程概(预)算费用组成及文件组成;
2. 掌握概(预)算各项费用的计算程序及计算方式;
3. 掌握编制概(预)算文件的程序及步骤。

【能力目标】

1. 能够进行概(预)算各项费用的计算;
2. 具备编制简单的公路工程(预)算文件的能力;
3. 具备应用概(预)算软件的能力。

一、概(预)算概念、分类、作用

1. 概(预)算概念

公路工程概(预)算,是根据公路工程各个阶段的设计内容,《公路基本建设工程概算、预算编制办法》(以下简称《编制办法》)及各省关于执行《编制办法》的补充规定等法令性的规定,具体计算其全部建设费用的文件。它是国家对公路基本建设实行科学管理和监督的一种重要手段。

现行的《编制办法》由交通部公布并于1996年7月1日起施行,基本上纳入了国家已出台的各项政策和有关规定,它体现了投资打足、不留缺口,按改革开放精神考虑动态因素,对施工企业经营管理的某些费用适当加以控制,对材料价格予以开放,费用内容明确,方便使用等指导思想。

2. 概(预)算分类

根据不同建设内容、不同建设阶段、不同建设项目,可对概(预)算进行具体分类。

1)按工程项目内容划分

(1)单位工程概(预)算。是单位工程的建设费用文件。

(2)单项工程概(预)算。是由该单项工程中各单位工程概(预)算综合而成的。

(3)建设项目总概(预)算。它是整个项目全部建设费用的文件。

2)按建设内容划分

(1)公路基本建设工程概(预)算。

(2)养护大、中修工程概(预)算。

(3)公路小修保养工程预算。

3)按建设阶段划分

(1)设计概算,它是公路工程初步设计阶段设计文件的组成部分,是根据工程项目初步设计,按国家颁布的《概算定额》、《编制办法》,控制在投资估算允许幅度范围之内,计算工程建设项目投资的文件。设计概算由设计单位负责编制。

(2)修正概算,它是技术设计文件的组成部分,是根据工程项目技术设计,按国家颁布的《概算定额》、《编制办法》,控制在概算金额允许幅度之内,计算工程项目修正控制投资的文件。修正概算由设计单位负责编制。

(3)施工图预算,它是施工图设计文件的组成部分,是根据已批准的施工图设计文件、施工组织设计文件,按照国家颁布的《预算定额》、《编制办法》控制在概算(或修正概算)范围之内的,计算工程项目全部建设费用的文件。施工图预算由设计单位负责编制。

(4)施工预算,它是施工单位在施工前,根据工程项目的准确工程量、单位工程施工组织设计,按照《施工定额》(或修正预算定额)、《编制办法》,并结合施工现场的实际情况,在施工图预算的控制下而编制的实施性的计算工程造价的文件。

3. 概、预算的作用

1)设计概算的作用

(1)设计概算经批准后是公路基本建设项目投资的最高限额。

(2)是编制建设项目计划、签订建设项目总包合同、实行建设项目包干、控制预算的依据。

(3)是考核设计经济合理性和建设成本的依据。

(4)以批准的初步设计进行施工招标的工程,设计概算价值是控制标底的依据和最高限额。

2)施工图预算的作用

(1)对于按预算承发包的工程,经审定的预算是确定工程造价、签订建筑安装合同、实行建设单位和施工单位投资包干及办理工程结算、实行经济核算和考核工程成本的依据。

(2)施工图预算是施工单位组织施工、统计完成的工程量,建设单位和施工单位进行工程拨款的依据。

(3)施工图预算是考核施工图设计经济合理性的依据。

(4)以施工图设计进行施工招标的工程,施工图预算经审定后,是编制工程标底的依据。

二、概(预)算费用组成与项目表

1. 概(预)算费用组成

公路工程项目全部建设费用以其基本造价表示。而公路(或桥梁)基本造价则由概(预)算总金额和回收金额所构成。其中,概(预)算总金额是由各种概(预)算费用所组成。根据《编制办法》的规定,公路基本建设工程概(预)算费用组成如图 5-1-1 所示。

根据《公路养护工程预算编制导则》(交通部颁发 2002 年 9 月 16 日执行,以下简称《编制导则》)的规定,公路养护工程(包括国道、省道、县道的小修保养、中修、大修工程)的预算费用

- 概、预算总金额
  - 建筑安装工程费
    - 直接工程费
      - 直接费
        - 人工费
        - 材料费
        - 施工机械使用费
      - 其它直接费
        - 冬季施工增加费
        - 雨季施工增加费
        - 夜间施工增加费
        - 高原地区施工增加费
        - 沿海地区施工增加费
        - 行车干扰工程施工增加费
        - 施工辅助费
      - 现场经费
        - 临时设施费
        - 现场管理费
          - 基本费用定额
          - 其他单项费用定额
            - 主副食运费补贴
            - 职工探亲路费
            - 职工取暖补贴
            - 工地转移费
    - 间接费
      - 企业管理费
      - 财务费用
    - 施工技术装备费
    - 计划利润
    - 税金
  - 设备、工具、器具及家具购置费
    - 办公及生活用家具购置费
    - 设备、工具、器具购置费
  - 工程建设其他费用
    - 土地、青苗等补偿费和安置补助费
    - 建设单位管理费
    - 研究试验费
    - 勘察设计费
    - 施工机构迁移费
    - 供电贴费
    - 大型专用机械设备购置费
    - 固定资产投资方向调节税
    - 建设期贷款利息
  - 预留费用
    - 工程造价增涨预留费
    - 预备费用

图 5-1-1　公路工程概(预)算费用组成

组成与公路基本建设工程概(预)算费用组成类似,详见《编制导则》。

2. 概(预)算项目表

为了使全国工程概(预)算编制规范化,在《编制办法》中对工程项目和费用项目的名称、层次和排列顺序做了统一的规定,从而可以防止列项时出现混乱、漏列、错列的现象。实现对公路基本建设工程项目进行科学地分析与分解，使之有利于公路工程概(预)算的编审。

"路线工程"和"独立大中桥"概(预)算项目表形式和详细内容见表5-1-1和表5-1-2或《编制办法》附录六。

熟悉项目表，对于初学概(预)算编制来讲是十分重要的。编制概(预)算时，原则上是应该按项目表规定的项目主序列编制；但当实际出现的工程和费用项目，与项目表的内容不完全一致时，应按下列办理：

(1)"一、二、三部分"和"项"的序号保留不变。例如，第二部分的"设备及工具、器具购置费"在该项工程中不发生时，第三部分的"工程建设其他费用"仍为第三部分。又如，路线工程第一部分第五项为"隧道工程"，第六项为"其他工程及沿线设施"，若路线工程中无隧道工程项目，则其序号"五"仍保留不变，而"其他工程及沿线设施"则仍为第六项。

(2)"目"和"节"可随需要增减，并按项目表的顺序，以实际出现的"目"、"节"依次排列，不保留缺少的"目"、"节"的序号。亦即依次递补，改变序号。例如，1目为土方，2目为石方，3目为纵向排水工程，若工程项目中没有石方，则纵向排水工程应为2目。

(3)路线建设项目中的互通式立体交叉、辅道、支线，如工程规模较大时，也可按概(预)算表单独编制建筑安装工程，然后将其概(预)算建筑安装工程总额列入路线总概(预)算表中相应的项目内。

(4)概(预)算应按一个建设项目(如一条路线或一座独立大、中桥)进行编制。当一个建设项目需要分段或分部编制时，应根据需要分别编制，但必须汇总编制"总概(预)算汇总表"。

路线工程概(预)算项目表 表5-1-1

项	目	节	工程或费用名称	单 位	备 注
			第一部分 建筑安装工程	公路公里	
一			路基	公路公里	
	1		土方	m^3	
		1	人工土方	m^3	
		2	机械土方	m^3	
	2		石方	m^3	
		1	人工石方	m^3	
		2	机械石方	m^3	
	3		纵向排水工程	m	
	4		防护工程	公路公里	预算也可按结构分节
		1	挡土墙	m^3/m	
		2	驳岸	m^3/m	
		3	护坡	m^3/m	
		4	导流坝	m^3/处	
		5	石笼	m^3/处	
		6	……		
	5		特殊路基处理	km	
		1	软土处理	km	

续上表

项	目	节	工程或费用名称	单　位	备　注
		2	……		
二			路面	公路公里	按面层类型及低级、中级、次高级、高级的顺序排列。
	1		泥结碎(砾)石路面	m^2	
	2		……		
	3		沥青混凝土路面	m^2	
		1	沥青混凝土面层	m^2	
		2	沥青混凝土基层	m^2	
三			桥涵工程	公路公里	
	1		漫水工程	m/处	
		1	过水路面	m/处	
		2	混合式过水路面	m/处	
	2		涵洞	m/道	按结构类型分节
		1	钢筋混凝土盖板涵	m/道	
		2	石盖板涵	m/道	
		3	……		
	3		小桥	m/座	按结构类型分节
		1	石拱桥	m/座	
		2	钢筋混凝土板桥	m/座	
		3	……		
	4		中桥	m/座	概算按结构类型或桥名分节，预算按桥名分节
		1	钢筋混凝土梁桥或××中桥	m/座	
		2	双曲拱桥或××中桥	m/座	
	5		大桥	m/座	按桥名分节
		1	××大桥	m	
		2	××大桥	m	
			……		
四			交叉工程	处	
	1		互通式立体交叉	处	按互通式立体交叉名分节
		1	××互通式立体交叉	处	
		2	××互通式立体交叉	处	
	2		分离式立体交叉	处	
		1	公路与公路分离式立体交叉	处	
		2	公路与铁路分离式立体交叉	处	按地名分节
		3	……		
	3		平面交叉道	处	
		1	公路与铁路平面交叉	处	
		2	公路与公路平面交叉	处	
		3	公路与大车道平面交叉	处	
	4		通道	处	按结构类型分节

续上表

项	目	节	工程或费用名称	单位	备注
		1	钢筋混凝土箱涵	处	
		2	钢筋混凝土板桥	处	
		3	……		
	5		人行天桥	处	
五			隧道	公路公里	
	1		土质隧道	m/座	按洞身、洞门、其他建筑分节
	2		石质隧道	m/座	
	3		明洞	m/座	
	4		半隧道	m/座	
六			其他工程及沿线设施	公路公里	
	1		清除场地	公路公里	
		1	伐树、挖根、除草	公路公里	
		2	平整场地	m^3	概算不列
		3	开挖盖山土、石	m^3	
	2		拆除建筑物、构筑物	公路公里	
		1	拆除旧构造物	m^3	拆旧木桥单位为 m
		2	改移水渠	m	
		3	……		
	3		管理养护设施安装	公路公里	设备、仪器及家具购置列入第二部分，房屋工程在第八项计算
		1	收费站设施	处	
		2	管理站设施	处	
		3	通讯系统设施	km	
		4	监控系统设施	km	
		5	供电系统设施	km	
		6	……		
	4		安全设施	公路公里	
		1	公路标线	km	
		2	轮廓标	根	
		3	金属防护栏	km	
		4	防护网	km	
		5	钢筋混凝土护栏	m	
		6	石砌护栏	m^3/m	
		7	钢筋混凝土护柱	根/m	
		8	里程碑、百米桩、公路界碑	块	

续上表

项	目	节	工程费用名称	单　位	备　注
		9	各类标志牌	块	
		10	……		
	5		服务设施	公路公里	
		1	汽车停靠站	处	
		2	加油站	处	
		3	停车场	处	
		4	……		
	6		环境保护工程	处	
		1	绿化工程	km	按附录二计算
		2	……		
	7		悬出路台	m/处	
	8		渡口码头	处	
	9		改河工程	m^3	
	10		辅道工程	km	
	11		支线工程	km	
	12		公路交工前养护费	km	按附录一计算
七			临时工程	公路公里	
	1		临时轨道铺设	km	
	2		便道	km	
	3		便桥	m/座	指汽车便桥
	4		临时电力线路	km	
	5		临时电讯线路	km	不包括广播线
八			管理、养护及服务房屋	m^2	
	1		管理房屋	m^2	
		1	收费站	m^2	
		2	管理站	m^2	
		3	……		
	2		养护房屋	m^2	按房屋名称分节
		1	……		
	3		服务房屋	m^2	按房屋名称分节
		1	……		
九			施工技术装备费	公路公里	
十			计划利润	公路公里	
十一			税金	公路公里	

续上表

项	目	节	工程或费用名称	单　位	备　注
			第二部分　设备及工具、器具购置费	公路公里	
一			设备购置	公路公里	
	1		需安装的设备	公路公里	
	2		不需安装的设备	公路公里	
二			工具、器具购置	公路公里	
三			办公及生活用家具购置	公路公里	
			第三部分　工程建设其他费用	公路公里	
一			土地、青苗等补偿费和安置补助费	公路公里	
二			建设单位管理费	公路公里	
	1		建设单位管理费	公路公里	
	2		工程质量监督费	公路公里	
	3		工程监理费	公路公里	
	4		定额编制管理费	公路公里	
	5		设计文件审查费	公路公里	
三			研究试验费	公路公里	
四			勘察设计费	公路公里	
五			施工机构迁移费	公路公里	
六			供电贴费	公路公里	
七			大型专用机械设备购置费	公路公里	
八			固定资产投资方向调节税	公路公里	
九			建设期贷款利息	公路公里	
			第一、二、三部分　费用合计	公路公里	
			预留费用	元	
			1. 工程造价增涨预留费	元	
			2. 预备费	元	预算实行包干时列系数包干费
			概(预)算总金额	元	
			其中:回收金额	元	
			公路基本造价	公路公里	

独立大(中)桥工程概(预)算项目表　　表 5-1-2

项	目	节	工程或费用名称	单　位	备　注
			第一部分　建筑安装工程费	桥长米	
一			引道工程	桥长米	
	1		路基土(石)方	m^3	按土、石方分节
	2		路面	m^2	
	3		桥梁涵洞	m/座(道)	涵洞为道
	4		……		

续上表

项	目	节	工程或费用名称	单 位	备 注
二			基础	桥长米	技术复杂大桥按主桥和引桥分节
	1		围堰	m	
	2		筑岛	m^3	
	3		天然基础	座	
	4		桩基础	座	
	5		沉井	座	
三			下部构造	桥长米	技术复杂大桥按主桥和引桥分节
	1		桥台	m^3/座	
	2		桥墩	m^3/座	按结构类型分节
	3		……		按结构类型分节
四			上部构造	桥长米	技术复杂大桥按主桥和引桥分节
	1		行车道系	m^3/m	
		1	梁式体系	m^3/m	按结构或跨度分列
		2	拱式体系	m^3/m	按结构和跨度分列
		3	悬挂体系	延米	
	2		桥面铺装	m^3/m	
	3		人行道系	m^3/m	
五			沿线设施	桥长米	
	1		安全设施	桥长米	
		1	石砌护栏	m^3/m	
		2	钢筋混凝土防撞护栏	m^3/m	
		3	波形钢板护栏	m	
		4	隔离栅	km	
		5	防护网	km	
		6	公路标线	km	
		7	轮廓标	根	
		8	各类标志牌	块	
		9	……		
	2		管理养护设施安装	桥长米	设备购置费在第二部分计算
		1	收费站设施	处	
		2	管理站设施	处	
		3	通讯系统设施	km	
		4	监控系统设施	km	
		5	供电系统设施	km	
		6	……		

续上表

项	目	节	工程或费用名称	单位	备注
	3		管理、养护、服务房屋	m^2	
		1	收费处	m^2/处	
		2	管理站	m^2	
		3	……	m^2	
六			调治及其他工程	桥长米	
	1		河床整治	m^3/m	
	2		导流坝	m^3	
	3		驳岸	m^3/处	
	4		护坡	m^3/m	
	5		看桥房及岗亭	m^2	
	6		环境保护工程	处	
	7		清除场地	桥长米	参照路线项目分节
	8		拆除旧建筑物、构筑屋	桥长米	参照路线项目分节
七			临时工程	桥长米	
	1		临时轨道铺设	km	
	2		便道	km	
	3		便桥	m/座	指汽车便桥
	4		临时电力线路	km	
	5		临时电讯线路	km	不包括广播线路
	6		临时码头	座	
八			施工技术装备费	桥长米	
九			计划利润	桥长米	
十			税金	桥长米	
			第二部分　设备及工具、器具购置费	桥长米	
一			设备购置费	桥长米	
	1		需要安装的设备	桥长米	
	2		不需要安装的设备	桥长米	
二			工具、器具购置费	桥长米	
三			办公及生活用家具购置费	桥长米	
			第三部分　工程建设其他费用	桥长米	
一			土地、青苗等补偿费和安置补助费	桥长米	
二			建设单位管理费	桥长米	
	1		建设单位管理费	桥长米	
	2		工程质量监督费	桥长米	
	3		工程监理费	桥长米	

续上表

项	目	节	工程或费用名称	单　位	备　注
	4		定额编制管理费	桥长米	
	5		设计文件审查费	桥长米	
三			研究试验费	桥长米	
四			勘察设计费	桥长米	
五			施工机构迁移费	桥长米	
六			供电贴费	桥长米	
七			大型专用机械设备购置费	桥长米	
八			固定资产投资方向调节税	桥长米	
九			建设期贷款利息	桥长米	
			第一、二、三部分 费用合计	桥长米	
			预留费用	桥长米	
			1. 工程造价增涨预留费	元	
			2. 预备费	元	预算实行包干时列系数包干费
			概(预)算总金额	元	
			其中:回收金额	元	
			桥梁基本造价	桥长米	

课题二　概(预)算费用计算

一、建筑安装工程费计算

建筑安装工程费,简称建安费,是指概(预)算中直接用于形成工程实体所发生的费用,它是由直接工程费、间接费、施工技术装备费、计划利润、税金所组成。直接工程费由直接费、其他直接费、现场经费组成。

《编制办法》规定,直接费中的人工费、材料费、施工机械使用费都要根据工程实体的数量,按工程所在地的实际价格计算出来。其他费用要以一定的数值为基数,乘以规定的费率计算而得。为了使以费率计算的各项费用不受各地价格波动的影响,除税金外,均以概、预算定额基价为计算基数。为了区别不同的计算基数,采用以下名称:

定额直接费——即定额基价,指按本办法附录十一规定的《公路工程概算定额》、《公路工程预算定额》基价表计算的费用。定额直接费是计算其他直接费和现场经费的基数。

直接费——即工、料、机费,指按《编制办法》规定计算的工程所在地的人工费、材料费、机械使用费之和。

定额直接工程费——指定额直接费与其他直接费、现场经费之和,是计算间接费的基数。

直接工程费——指直接费与其他直接费、现场经费之和。

凡费用名称前冠以“定额”二字的均表示是以定额基价为基数计算的。

其他直接费、现场经费、间接费取费标准的工程类别划分如下：

(1)人工土方。指人工施工的路基、改河等土方工程，以及人工施工的砍树、挖根、除草、平整场地、挖盖山土等工程项目，并适用于无路面的便道工程。

(2)机械土方。指机械施工的路基、改河等土方工程，以及机械施工的砍树、挖根、除草等工程项目。

(3)汽车运土。指汽车、火车、拖拉机、马车运送的路基、改河土(石)方。购买路基填料的费用不作为其他直接费、现场经费和间接费的计算基数。

(4)人工石方。指人工施工的路基、改河等石方工程，以及人工施工的挖盖山石项目。

(5)机械石方。指机械施工(如机械打眼)的路基、改河等石方工程。

(6)高级路面。指沥青混凝土路面、厂拌沥青碎石路面和水泥混凝土路面的面层。

(7)其他路面。指次高级、中级、低级路面的面层，各等级路面的基层、底基层、垫层，采用结合料稳定的路基和软土等特殊路基处理等工程，以及有路面的便道工程。

(8)构造物I。指无夜间施工的桥梁、涵洞、防护及其他工程，沿线设施中的构造物工程，互通式立体交叉工程(包括立交桥、匝道中的路基土石方、路面、防护等工程)，以及临时工程中的便桥、电力电讯线路、轨道铺设等工程项目。

(9)构造物II。指有夜间施工的桥梁工程。

(10)技术复杂大桥。指单孔跨径在120m以上(含120m)和基础水深在10m以上(含10m)的大桥主桥部分的基础、下部和上部工程。

(11)隧道。指隧道工程的洞门及洞内工程。

(12)钢桥上部。指钢桥及钢吊桥的上部构造，并适用于金属标志牌、防撞护栏及设备安装等工程项目。

其他直接费、现场经费、间接费取费标准的地区类别划分见表5-2-1。

现场经费和间接费费用定额适用于交通部直属公路施工企业和各省、自治区、直辖市直属公路施工企业。地区(州)、市、县所属公路施工企业的现场经费和间接费费用定额，由各省、自治区、直辖市交通厅(局)根据本地区具体情况自行制定，但费用内容应与本定额一致，且不得高于本定额的费率。

地区类别划分表 表5-2-1

地区类别	省、自治区、直辖市及特区
一类地区	江苏、安徽、浙江、江西、河南、湖南、湖北、广西、陕西、四川、贵州、云南、山东、河北、山西、辽宁、甘肃、宁夏
二类地区	上海、福建(不包括厦门)、广东(不包括深圳、珠海、汕头)、北京、天津、吉林
三类地区	黑龙江、内蒙古、青海、新疆、西藏、海南、深圳、珠海、汕头、厦门

1. 直接工程费

1)直接费

直接费是指施工过程中耗费的构成工程实体和有助于工程形成的各项费用，包括人工费、材料费、施工机械使用费。直接费的计算在08表内进行。

(1)人工费

人工费系指列入概(预)算定额的直接从事建筑安装工程施工的生产工人开支的各项费用,内容包括:

①基本工资。指发放生产工人的基本工资,流动施工津贴和生产工人劳动保护费。

生产工人劳动保护费指按国家有关部门规定标准发放的劳动保护用品的购置费及修理费,徒工服装补贴,防暑降温费,在有碍身体健康环境中施工的保健费用等。

②工资性补贴。指按规定标准发放的物价补贴,煤、燃气补贴,交通补贴,住房补贴,地区津贴等。

③生产工人辅助工资。指生产工人年有效施工天数以外非作业天数的工资,包括开会和执行必要的社会义务时间的工资,职工学习,培训期的工资,调动工作、探亲、休假期间的工资,因气候影响停工期的工资,女工哺乳时间的工资,病假在六个月以内的工资及产、婚、丧假期的工资。

④职工福利费。指按国家规定标准计提的职工福利费。

人工费金额在编制概(预)算时,是通过表格计算的,具体计算方法如下:

$$人工费 = 定额值 \times 工程数量 \times 工资单价 \tag{5-2-1}$$

式中:定额值——是指在《概算定额》、《预算定额》中查到的定额值;

工程数量——是实际工程的工程数量,以定额单位为计量单位,该工程数量是指定额单位的倍数;

工资单价——指生产工人每工日的人工费,按各省市规定取费。

人工费单价仅作为编制概(预)算的依据,不作为施工企业实发工资的依据。

(2)材料费

材料费指施工过程中耗用的构成工程实体的原材料、辅助材料、构(配)件、零件、半成品、成品的用量和周转材料的摊销量,按工程所在地的材料预算价格计算的费用。《编制办法》规定,无论编制概算还是编制预算,其材料单价均采用预算单价。

材料费按下式计算:

$$材料费 = 定额值 \times 工程数量 \times 材料预算单价 \tag{5-2-2}$$

材料预算单价由材料原价、运杂费、场外运输损耗费、采购及仓库保管费组成。系指材料由来源地或交货地到达工地仓库或施工地点堆放材料的地点的综合平均价格。

$$\begin{aligned}材料预算价格 = &(材料原价 + 运杂费) \times (1 + 场外运输损耗率)\\&\times (1 + 采购及仓库保管费率) - 包装品回收价值\end{aligned} \tag{5-2-3}$$

①材料原价

公路建设工程所耗用的各种建筑材料可分为外购材料、地方性材料、自采材料三种。各种材料原价按以下规定计算。

a. 外购材料:国家或地方的工业产品,按国营工业产品出厂价格计算,并根据情况加计供销部门手续费和包装费。如供应情况、交货条件不明确时,可采用当地规定的价格计算。

b. 地方性材料:地方性材料包括外购的砂、石材料等,按实际调查价格或当地主管部门规定的预算价格计算。

c. 自采材料:自采的砂、石、粘土等自采材料,按《预算定额》第八章"材料采集及加工"中的定额分析工、料、机的费用,并另加计辅助生产现场经费计算。按《编制办法》规定辅助生产

现场经费是按人工费的15%计算的。即自采材料原价(也称料场价格)按下式计算:

$$自采材料原价=人工费\times(1+15\%)+材料费+机械使用费 \quad (5\text{-}2\text{-}4)$$

【例5-2-1】 某料场机械轧碎石,碎石规格为4cm,未筛分。已知人工单价为18元/工日,片石21元/m^3,400×250电动碎石机120.67元/台班。试求碎石的料场价格。

解:由《预算定额》[607-8-9-5]得:每100m^3碎石(4cm)定额值为人工:85.5工日;片石114.90m^3;400×250电动机5.51台班,根据式(5-4)得:

$$碎石(4cm)的料场价格=85.5\times18\times(1+15\%)+21\times114.90+120.67\times5.51$$
$$=4847.64元/100m^3=48.47元/m^3$$

材料原价应按实计取。各省、自治区、直辖市公路(交通)工程定额(造价管理)站应通过调查,编制本地区的材料价格信息,供编制概(预)算使用。

目前大部分省、自治区、直辖市的公路工程定额站,都编印了本省当年的"材料价格信息",所以在编制概(预)算时,能按这种"价格信息"查得上列三类材料的价格(包括供料地点和有关说明)。

②运杂费

运杂费系指材料自供应地点至工地仓库(施工地点存放材料的地方)的运杂费用,包括装卸费、运费,有时还应计囤存费及其他杂费(如过磅、标签、支撑加固等费用)。

材料预算单价中的"运杂费"确切地说应是"材料单位运杂费"。材料单位运杂费是指每单位数量的材料(如每t、m^3、kg),从供应点到工地所需的全部运杂费。

$$材料单位运杂费=单位运费+单位装卸费+单位杂费 \quad (5\text{-}2\text{-}5)$$

a. 单位运费

通过铁路、水路和公路运输部门运输的材料,按铁路、航运和当地交通部门规定的运价计算运费。

施工单位自办的运输,30km以上的长途汽车运输按当地交通部门规定的统一运价计算运费;30km及以内运输,当工程所在地交通不便、社会运输力量缺乏时,如边远地区和某些山岭区,允许单程在10km至30km的汽车运输按当地交通部门规定的统一运价加50%计算运费;10km及以内的汽车运输以及人力场外运输,按预算定额计算运费,其中人力装卸和人力运输另按人工费加计辅助生产现场经费。

$$单位运费=(运价率\times运距+吨次费)\times单位毛重 \quad (5\text{-}2\text{-}6)$$

式中:运价率——指每吨货物每运输1km所需的运费(元/(t·km)),按当地运输部门的规定采用;

运距——材料供应点到工地仓库的距离,一种材料如有两个以上的供应点时,都应根据不同的运距、运量、运价采用加权平均的方法计算运费;

吨次费——指因短途运输而增加的费用。

单位毛重(毛重系数)按表5-2-2确定。

由于预算定额中汽车运输台班已考虑工地便道特点,以及定额中已计入了"工地小搬运"项目,因此平均运距中汽车运输便道里程不得乘调整系数,也不得在工地仓库或堆料场之外再加场内运距或二次倒运的运距。

有容器或包装的材料及长大轻浮材料,应按表5-2-2规定的毛重计算。桶装沥青、汽油、柴油按每吨摊销一个旧汽油桶计算包装费(不计回收)。

材料毛重系数及单位毛重表　　表 5-2-2

材料名称	单位	毛重系数	单位毛重
爆破材料	t	1.35	
水泥、块状沥青	t	1.01	
铁钉、铁件、焊条	t	1.10	
液体沥青、液体燃料、水	t	桶装 1.17,油罐车装 1.00	
木料	m^3		1.000t
草袋	个		0.004t

【例 5-2-2】 某工地运输钢材,运距 36km,运价率为 0.45 元/t·km,试求单位运费。

解:由式(5-2-6)得:单位运费 = 0.45×36×1×1 = 16.20 元。

b. 单位装卸费

单位装卸费按《预算定额》第九章"材料运输"的定额计算,或按当地运输部门规定计算;当人工装卸时,应另按人工费的 15% 加计辅助生产间接费。

c. 单位杂费

单位杂费是指单位材料(每 t、m^3、kg 等)所需的囤存费及过磅、标签、支撑加固等费用。

③场外运输损耗费

场外运输损耗费系指有些材料在正常的运输过程中发生的损耗费,这部分损耗应摊入材料单价内。

按《编制办法》规定场外运输损耗费按式(5-2-7)计算:

单位场外运输损耗费 =(材料原价 + 材料单位运杂费)×场外运输损耗率　(5-2-7)

式中:材料原价——材料的供应价格(元/m^3、元/m^2、元/t);

场外运输损耗率——材料场外运输损耗率见表 5-2-3。

材料场外运输操作损耗表(%)　　表 5-2-3

材料名称		场外运输(包括一次装卸)	每增加一次装卸
块状沥青		0.5	0.2
石屑、碎砾石、砂砾、煤渣、工业废渣、煤		1.0	0.4
砖、瓦、桶装沥青、石灰、粘土		3.0	1.0
草皮		7.0	3.0
水泥	袋装	1.0	0.4
	散装	1.0	0.4
砂	一般地区	2.5	1.0
	多风地区	5.0	2.0

注:汽车运水泥如运距超过 500km 时,增加损耗率:袋装 0.5%。

④采购及保管费

材料采购及保管费系指材料供应部门(包括工地仓库以及各级材料管理部门)在组织采

购、供应和保管材料过程中,所需的各项费用及工地仓库的材料储存损耗。

材料采购及保管费,以材料的原价加运杂费及场外运输损耗的合计数为基数,乘以采购保管费率计算。材料的采购及保管费费率为2.5%。即:

单位采购及保管费=(材料原价+单位运杂费+单位场外运输损耗费)×2.5% (5-2-8)

外购的构件、成品及半成品的预算价格,其计算方法与材料相同,但设备、构件(如外购的钢桁梁、钢筋混凝土构件及加工钢材等半成品中的采购保管费率为1%。

⑤包装品的回收价值

在材料原价中,外购材料的原价是由出厂价、供销手续费、包装费3部分组成。当包装品可以回收时,应在材料预算价格中扣除包装品的回收价值。

综上所述,材料的预算单价是由材料原价、运杂费、场外运输损耗费、采购及保管费、包装品的回收价值等五个方面的内容组成。其中,材料原价、运杂费的计算比较繁杂,需根据不同情况,按不同的方法进行计算。

(3)施工机械使用费

在概、预算中发生的施工机械使用费用。包括按台班数量计算的机械使用费和不按台班数量计算的(小型)机械使用费。亦即,施工机械使用费系指列入概、预算定额的施工机械台班数量,按相应的机械台班费用定额计算的施工机械使用费和小型机具使用费。工程细目的施工机械使用费按下式计算:

施工机械使用费=Σ(台班定额×台班单价+小型机具使用费)×工程数量 (5-2-9)

式中:台班定额——指《概算定额》、《预算定额》中机械的消耗标准。

台班单价——根据《公路工程机械台班费用定额》计算而得。

小型机具使用费——由《概算定额》、《预算定额》查得,以"元"为单位。

工程数量——实际工程量是定额单位的倍数。

施工机械台班预算价格应按交通部公布的《公路工程机械台班费用定额》计算,台班单价由不变费用和可变费用组成。不变费用包括折旧费、大修理费、经常修理费、安装拆卸及辅助设施费等;可变费用包括机上人员人工费、动力燃料费、养路费及车船使用税。可变费用中的人工工日数及动力燃料消耗量,应以机械台班费用定额中的数值为准。台班人工费工日单价同生产工人人工费单价。动力燃料费用则按材料费的计算规定计算。

当工程用电为自行发电时,电动机械每kW·h(度)电的单价可由下述近似公式计算:

$$A=0.34\frac{K}{N}$$

式中:A——每kW·h电单价(元);

K——发电机组的台班单价(元);

N——发电机组的总功率(kW)。

机械台班单价=不变费用+可变费用 (5-2-10)

【例5-2-3】 某人工摊铺天然砂砾路面工程,压实厚度12cm,预算工程数量56 000m^2。已知人工20元/工日,柴油2.30元/kg,计算其机械使用费。

解:由《预算定额》〔133-2-19-1～2〕得每1000m^{2}需:

机械：　6～8t 光轮压路机 0.27 台班

　　　　12～15t 光轮压路机 0.64 台班

由《机械台班费用定额》查得：

6～8t 光轮压路机不变费用 117.18 元;人工 1 工日;柴油 20kg

台班单价 = 117.18 + 1 × 20 + 2.3 × 20 = 183.18 元/台班

12～15t 光轮压路机不变费用 170.27 元;人工 1 工日;柴油 32kg

台班单价 = 170.27 + 1 × 20 + 2.3 × 32 = 263.87 元/台班

由式(5-2-9)得：

施工机械使用费 = (0.27 × 183.18 + 0.64 × 263.87) × 56 = 12 227 元

综上所述,直接费 = 人工费 + 材料费 + 施工机械使用费。其各项费用计算的共同点是计算公式一致,不同点是各有各的单价,各单价的计算方法也不一样。

2)其他直接费

其他直接费指直接费以外施工过程中发生的直接用于工程的费用,包括冬季施工增加费、雨季施工增加费、夜间施工增加费、高原地区施工增加费、沿海地区工程施工增加费、行车干扰工程施工增加费、施工辅助费等七项。其他直接费通过 04 表和 08 表联合计算出来。

(1)冬季施工增加费

①定义与气温区划分

冬季施工增加费是指按照施工及验收规范所规定的冬季施工要求,为保证工程质量和安全生产而增加的其他直接费。内容包括材料费、保温设施费、工效降低和机械作业率降低所增加的费用,以及工地临时取暖费等。

冬季施工增加费与工程所在地区有关。在《编制办法》中列有全国冬季施工气温区划分表,气温区分为冬一区(包括 I、II 副区)、冬二区(包括 I、II 副区)、冬三区、冬四区、冬五区、冬六区、准一区、准二区。全国各地的冬季区划分见《编制办法》附录八。若当地气温资料与附录八中划定的冬季气温区划分有较大出入时,可按当地气温资料及《编制办法》中的划分标准确定工程所在地的冬季气温区。

②费率与计算

冬季施工增加费的计算方法,是根据各类工程的特点及工程所在地的气温区,按表 5-2-4 确定冬季施工增加费的费率。为了简化计算手续,采用全年平均摊销的方法,即不论是否在冬季施工,均按规定的取费标准计取冬季施工增加费。一条路线穿过两个以上的气温区时,可分段计算或按各区的工程比例求得全线的平均增加率,计算冬季施工增加费。

冬季施工增加费,以各类工程的定额直接费之和为基数,按工程所在地的气温区选用表 5-2-4 的费率计算。

(2)雨季施工增加费

①定义、雨量区、雨季期

雨季施工增加费是指雨季期间施工为保证工程质量和安全生产而增加的其他直接费。其内容包括防雨、排水、防潮措施费、材料费、工效降低和机械作业率降低所需增加的费用。

在《编制办法》附录九中列有“全国雨季施工雨量区及雨季期划分表”。雨量区和雨季期

冬季施工增加费费率表(%)　　表 5-2-4

气温区 \ 工程类别	冬季期平均温度(℃) -1 以上 冬一区		-1 ~ -4 冬二区		-4 ~ -7 冬三区	-7 ~ -10 冬四区	-10 ~ -14 冬五区	-14 以下 冬六区	准一区	准二区
	I	II	I	II						
人工土方	0.94	1.46	1.99	2.55	4.83	6.87	10.30	15.45	—	—
机械土方	0.83	1.30	1.79	2.46	4.27	6.08	9.12	13.68	—	—
汽车运土	0.15	0.23	0.32	0.40	0.76	1.07	1.61	2.42	—	—
人工石方	0.20	0.32	0.42	0.51	1.00	1.46	2.18	3.27	—	—
机械石方	0.18	0.29	0.39	0.47	0.92	1.34	2.01	3.01	—	—
高级路面	0.70	0.98	1.34	1.52	2.76	3.74	5.61	8.41	0.12	0.30
其他路面	0.23	0.42	0.60	0.77	1.28	1.66	2.48	3.72	—	—
构造物 I	0.68	0.97	1.32	1.50	2.71	3.67	5.51	8.25	0.12	0.30
构造物 II	0.66	0.93	1.27	1.44	2.61	3.54	5.31	7.96	0.12	0.29
技术复杂大桥	0.69	0.97	1.32	1.50	2.72	3.68	5.52	8.28	0.12	0.30
隧道	0.20	0.38	0.54	0.69	1.15	1.48	2.22	3.33	—	—
钢桥上部	0.04	0.09	0.12	0.16	0.27	0.35	0.53	0.79	—	—

的划分,是根据气象部门提供的满 15 年以上的降雨资料确定的。雨量区划分为 I 级和 II 级。凡月平均降雨天数在 10 天以上,月平均日降雨量在 3.5 ~ 5mm 之间者为 I 区,月平均日降雨量在 5mm 以上者为 II 区。若当地气象资料与附录九所划定的雨量区及雨季期出入较大时,可按当气象资料及上述划分标准确定工程所在地的雨量区及雨季期。

②费率与计算

雨季增加费的计算方法是根据各类工程的特点,按照规定各雨量区和雨季期的取费标准,采用全年平均摊销的方法,即不论是否在雨季施工,均按规定的取费标准计取雨季施工增加费。

一条路线通过不同的雨量区和雨季期时,应分别计算雨季施工增加费或按工程量比例求得平均的增加率,计算全线雨季施工增加费。

雨季施工增加费,以各类工程的定额直接费之和为基数,按工程所在地的雨量区、雨季期选用表 5-2-5 的费率计算。

雨季施工增加费费率表(%)　　表 5-2-5

雨季月数 \ 雨量区 \ 工程类别	1	1.5	2		2.5		3		4		5		6	7
	I	I	I	II	I	II	I	II	I	II	I	II	II	II
人工土方	0.12	0.18	0.24	0.35	0.29	0.44	0.35	0.53	0.47	0.71	0.58	0.88	1.06	1.23
机械土方汽车运土	0.07	0.11	0.14	0.21	0.18	0.26	0.21	0.32	0.28	0.42	0.35	0.53	0.64	0.74
人工石方	0.08	0.13	0.17	0.25	0.21	0.31	0.25	0.38	0.34	0.51	0.42	0.63	0.76	0.88

续上表

工程类别 \ 雨量区 \ 雨季月数	1	1.5	2		2.5		3		4		5		6	7
	Ⅰ	Ⅰ	Ⅰ	Ⅱ	Ⅰ	Ⅱ	Ⅰ	Ⅱ	Ⅰ	Ⅱ	Ⅰ	Ⅱ	Ⅱ	Ⅱ
机械石方	0.07	0.12	0.15	0.23	0.19	0.29	0.23	0.35	0.31	0.46	0.38	0.58	0.69	0.81
高级路面 其他路面	0.06	0.09	0.11	0.17	0.14	0.22	0.17	0.26	0.23	0.34	0.29	0.43	0.51	0.60
构造物Ⅰ	0.05	0.07	0.10	0.15	0.12	0.18	0.15	0.22	0.19	0.29	0.24	0.37	0.44	0.51
构造物Ⅱ	0.05	0.07	0.09	0.14	0.12	0.17	0.14	0.21	0.19	0.28	0.24	0.35	0.42	0.49
技术复杂大桥	0.05	0.07	0.10	0.15	0.12	0.18	0.15	0.22	0.19	0.29	0.25	0.37	0.44	0.51

(3)夜间施工增加费

①定义

夜间施工增加费系指根据设计、施工的技术要求和合理的施工进度要求,必须在夜间连续施工而发生的工效降低、夜班津贴以及有关照明设施等增加的费用。

②费率及计算

夜间施工增加费,按夜间施工工程项目(如桥梁工程项目包括上、下部构造全部工程)的定额直接费之和的0.50%计算。

(4)高原地区施工增加费

①定义

高原地区施工增加费系指在海拔高度2000m以上地区施工,由于受气候、气压的影响,致使人工、机械效率降低而增加的费用。

②费率及计算

高原地区施工增加费,以各类工程定额直接费之和为基数,按表5-2-6的费率计算。

高原地区施工增加费费率表(%)　　表5-2-6

工程类别	海拔高度(m)				工程类别	海拔高度(m)			
	2001~3000	3001~4000	4001~5000	5000以上		2001~3000	3001~4000	4001~5000	5000以上
人工土方	11	33	55	110	构造物Ⅰ	4	12	19	39
机械土方 汽车运土	10	20	39	73	构造物Ⅱ	4	11	18	37
人工石方	10	31	52	104	技术复杂大桥	5	14	42	48
机械石方	10	29	49	97	隧道	5	13	21	42
高级路面	2	6	11	22	钢桥上部	3	5	8	17
其他路面	3	7	12	24					

(5)行车干扰工程施工增加费

①定义

行车干扰工程施工增加费系指由于边施工边维护通车，受行车干扰的影响，致使人工、机械效率降低而增加的费用。

②费率及计算

行车干扰工程施工增加费，以受行车影响部分的工程的定额直接费之和为基数，按表5-2-7的费率计算。

行车干扰工程施工增加费费率表（%）　　表5-2-7

工程类别	施工期平均每昼夜双向行车次数（汽车兽力车合计）				工程类别	施工期平均每昼夜双向行车次数（汽车兽力车合计）			
	51～100	101～500	501～1000	1000以上		51～100	101～500	501～1000	1000以上
人工土方	5.52	8.29	11.05	13.81	机械石方	2.45	4.81	7.49	9.63
机械土方	2.45	4.89	7.34	9.78	高级路面 其他路面	1.31	1.97	2.63	3.28
汽车运土	2.63	5.26	7.89	10.53	构造物Ⅰ	1.29	1.93	2.58	3.22
人工石方	5.24	7.57	10.50	12.80	构造物Ⅱ	1.24	1.87	2.49	3.11

由于该增加费用是以“受行车影响部分”工程的定额基价为计算基数，所以如何区分受行车影响部分的工程，是正确计算该费用的核心。特别是对于不设便道的半幅施工、半幅通车的工程，在原线路一侧加宽改建、扩建工程等，均应作具体分析，以确定是否可以按局部工程计列该增加费用。

(6)沿海地区工程施工增加费

①定义

沿海地区工程施工增加费系指工程项目在沿海地区施工受海风、海浪和潮汐的影响，致使人工、机械效率降低等所需增加的费用。本项费用由沿海各省、自治区、直辖市交通厅(局)制定具体和适用范围(地区)，并抄送部公路工程定额站备案。

②费率及计算

沿海地区工程施工增加费，以各类工程的定额直接费之和为基数，按表5-2-8的费率计算。

沿海地区工程施工增加费费率表(%)

表5-2-8

工程类别	费率
构造物 技术复杂大桥 钢桥上部	0.15

(7)施工辅助费

①定义

施工辅助费系指生产工具用具使用费、检验试验费和工程定位复测、工程点交、场地清理等费用。了解各项费用的内容对于施工中会计核算和编制竣工决算很有必要。

生产工具用具使用费系指施工所需不属于固定资产的生产工具、检验、试验用具等的购置、摊销和维修费，以及支付给工人自备工具的补贴费。

检验试验费系指对建筑材料、构件和建筑安装工程进行一般鉴定、检查所发生的费用，包括自设试验室进行试验所耗用的材料和化学药品的费用，以及技术革新和研究试验费。但不包括新结构、新材料的试验费和建设单位要求对具有出厂合格证明的材料进行检验、对构件破坏性试验及其他特殊要求检验的费用。

②费率及计算

施工辅助费以各类工程的定额直接费之和为基数,按表 5-2-9 的费率计算。

施工辅助费费率表(%)　　表 5-2-9

工程类别	费　率	工程类别	费　率	工程类别	费　率
人工土方	2.76	机械石方	0.91	技术复杂大桥	2.26
机械土方	0.83	高级路面 其他路面	1.31	隧　道	2.04
汽车运土	0.26	构造物 I	2.26	钢桥上部	0.70
人工石方	2.62	构造物 II	2.18		

以上介绍了直接费中的 7 种其他直接费的费用标准和计算方法。它们的最大特点是都以各类工程的定额基价为计算基数。

另外,与直接费中冬季、雨季、夜间施工增加费相应的增加工数,在概(预)算中也必须反映出来。

(8)冬季、雨季及夜间施工增工

在概(预)算的其他直接费计算出费用之后,还需计算冬季、雨季及夜间施工所增加的人工数(在辅助 2 表计算)。

①冬季施工增加工数:冬季施工增加的人工数量以概(预)算工数之和乘以表 5-2-10 的冬季施工增工百分率。

冬雨季施工增工百分率表(%)　　表 5-2-10

项　目	雨季施工(雨量区)		冬季施工							
			冬一区		冬二区		冬三区	冬四区	冬五区	冬六区
	I	II	I	II	I	II				
路线	0.30	0.45	0.70	1.00	1.40	1.80	2.40	3.00	4.50	6.75
独立大中桥	0.30	0.45	0.30	0.40	0.50	0.60	0.80	1.00	1.50	2.25

②雨季施工增加工数

雨季施工增加的人工数量,以概、预算工数之和乘以表 5-2-10 中雨季施工增工百分率,再乘以雨季期的月数。即:雨季施工增加工数 = 概(预)算工数之和 × 费率 × 雨季期月数。

③夜间施工增加工数

夜间施工增加的人工数,按概(预)算夜间施工的工程项目的工数乘以 4% 计算。

【例 5-2-4】　威海市某桥,用冲击钻冲孔,桩径 1.2m,孔深 20m,砾石,共 30 孔,夜间施工,无行车干扰,试预算其他直接费和增工数量。

解:①计算其他直接费:其他直接费 = 定额基价 × 其他直接费综合费率(其他直接费各单项费率之和)

由《预算定额基价表》〔228-4-24-28〕得:定额基价 = 7433 × 20 × 30/10 = 445980 元

由《编制办法》附录八、附录九查得该地区属于冬二(I)区,雨量 II 区,雨季期为 3 个月,工程类别为构造物 II,由此得各项费率为:

冬季施工增加费费率为 1.27%;

雨季施工增加费费率为 0.21%;

夜间施工增加费费率为0.5%；

高原地区施工增加费费率为0%(海拔高度小于2000m)；

沿海地区施工增加费费率为0.15%；

行车干扰工程施工增加费费率为0%(不受行车干扰)；

施工辅助费费率为2.18%,则

其他直接费=445980×(1.27+0.21+0.5+0.15+2.18)%=19222元

②计算增工数量

由《预算定额》〔254-4-24-28〕得:预算工日数为62.2×20×30/10=3732工日

冬季施工增工百分率为0.5%；

雨季施工增工百分率为0.45%×3=1.35%；

夜间施工增工百分率为4%,则

增工数量共计:3732×(0.5+1.35+4)%=218.3工日

3)现场经费

现场经费系指为施工准备、组织施工生产和管理所需的费用,内容包括临时设施费和现场经费两项。

(1)临时设施费

①概念

临时设施费系指施工企业为进行建筑安装工程施工所必需的生活和生产用的临时建筑物、构筑物和其他临时设施的费用等,但不包括概(预)算定额中临时工程在内。

临时设施包括:临时宿舍、文化福利及公用房屋与构筑物、仓库、办公室、加工厂,工地范围内的各种临时的工作便道、人行便道,工程临时用水、用电的水管支线和电线支线,以及其他小型临时设施。临时设施费用内容包括:临时设施的搭设、维修、拆除费或摊销费。

②费率及计算

临时设施费以各类工程的定额直接费之和为基数,按表5-2-11的费率计算。

临时设施费费率表(%)　　表5-2-11

工程类别	地区类别			工程类别	地区类别		
	一类地区	二类地区	三类地区		一类地区	二类地区	三类地区
人工土方	5.13	5.65	6.67	其他路面	3.33	3.66	4.33
机械土方	2.60	2.86	3.38	构造物Ⅰ	4.70	5.17	6.11
汽车运土	1.63	1.79	2.12	构造物Ⅱ	4.53	4.99	5.90
人工石方	5.13	5.65	6.67	技术复杂大桥	3.92	4.32	5.10
机械石方	4.40	4.84	5.72	隧　道	4.07	4.48	5.29
高级路面	3.35	3.68	4.35	钢桥上部	3.10	3.42	4.04

③临时设施用工数量

为进行建安工程的施工,必须具有临时设施。临时设施所需费用在"临时设施费"中计列。而临时设施的搭设、维修、拆除等所需的人工数量也反映在概、预算文件中。

临时设施用工指标见表5-2-12,其计算方法是:

临时设施用工指标表　　表 5-2-12

项　目	路线（1km）						独立大中桥（$100m^2$ 桥面）
	公路等级						
	高速公路	一级公路	汽车专用二级公路	二级公路	三级公路	四级公路	
工日	2340	1160	580	340	160	100	60

路线工程用工数量 = 路线长度(km) × 用工指标　　(5-2-11)

独立大中桥工程用工数量 = 桥面面积 × 用工指标　　(5-2-12)

式中:路线长度——设计路线总里程(km);

桥面面积——按每座桥全桥桥面面积(行车道加人行道或安全带)计。

根据上述计算办法求出的用工数不另计入预算单价,而是供统计人工工数等用。临时用工数量,可在 02 表中填入计算结果(不必在辅助表格中计算)。

(2)现场管理费

现场管理费是指企业在现场为组织和管理工程施工所需的费用,包括基本管理费用和其他单项费用。单项费用为主副食运费补贴、职工探亲路费、职工取暖补贴、工地转移费四项。

①现场管理费内容

现场管理费的内容如下:

a. 现场管理人员的基本工资、工资性补贴、职工福利费、劳动保护费等;b. 办公费;c. 差旅交通费;d. 固定资产使用费;e. 工具用具使用费;f. 保险费;g. 工程保修费;h. 工程排污费;i. 其他费用。

②现场管理费基本费用计算

现场管理费基本费用,以各类工程的定额直接费之和为基数,按表 5-2-13 的费率计算。

现场管理费基本费用费率表(%)　　表 5-2-13

工程类别	地区类别			工程类别	地区类别		
	一类地区	二类地区	三类地区		一类地区	二类地区	三类地区
人工土方	8.67	9.49	11.15	其他路面	3.54	3.87	4.51
机械土方	3.74	4.06	4.68	构造物 I	5.55	5.95	7.14
汽车运土	1.84	2.20	2.57	构造物 II	5.35	5.74	6.89
人工石方	8.67	9.49	11.15	技术复杂大桥	4.86	5.29	6.17
机械石方	4.70	5.03	6.05	隧　道	4.81	5.15	6.18
高级路面	1.57	1.88	2.20	钢桥上部	1.51	1.82	2.12

③现场管理费其他单项费用

现场管理费其他单项费用,是指现场管理费中需要单独计算的费用,包括主副食运费补贴、职工探亲路费、职工取暖补贴和工地转移费 4 项,以各类工程的定额直接费为基数,分别是按表 5-2-14、表 5-2-15、表 5-2-16、表 5-2-17 的费率计算。

主副食运费补贴费费率表(%) 表 5-2-14

工程类别	综合里程(km)											
	1	3	5	8	10	15	20	25	30	40	50	每增加 10
人工土方	0.64	0.92	1.14	1.44	1.66	2.06	2.48	2.82	3.29	3.91	4.51	0.60
机械土方汽车运土	0.27	0.39	0.48	0.61	0.70	0.86	1.05	1.18	1.38	1.64	1.91	0.27
人工石方	0.47	0.68	0.86	1.06	1.22	1.51	1.84	2.09	2.42	2.87	3.32	0.44
机械石方	0.30	0.44	0.55	0.70	0.80	1.00	1.20	1.36	1.59	1.88	2.19	0.30
高路路面其他路面	0.16	0.23	0.29	0.37	0.42	0.52	0.62	0.71	0.83	0.98	1.14	0.16
构造物 I	0.25	0.35	0.44	0.55	0.63	0.78	0.95	1.08	1.26	1.49	1.73	0.23
构造物 II	0.24	0.34	0.43	0.53	0.61	0.75	0.91	1.04	1.21	1.44	1.67	0.22
技术复杂大桥	0.19	0.27	0.33	0.42	0.49	0.61	0.73	0.83	0.96	1.14	1.33	0.19
隧　道	0.22	0.31	0.38	0.47	0.55	0.67	0.82	0.94	1.09	1.29	1.50	0.20
钢桥上部	0.17	0.25	0.31	0.40	0.46	0.57	0.68	0.78	0.91	1.07	1.25	0.17

注:①综合里程 = 粮食运距 ×0.06 + 燃料运距 ×0.09 + 蔬菜运距 ×0.15 + 水运距 ×0.70;粮食、燃料、蔬菜、水的运距均为全线平均运距;

②综合里程数在表列里程之间时,费率可内插。

职工探亲路费费率表(%) 表 5-2-15

工程类别	一般省、自治区、直辖市施工的工程	青海、云南、新疆、西藏、海南省(区)施工的工程	工程类别	一般省、自治区、直辖市施工的工程	青海、云南、新疆、西藏、海南省(区)施工的工程
人工土方	0.40	0.64	其他路面	0.35	0.55
机械土方	0.48	0.78	构造物 I	0.63	1.01
汽车运土	0.28	0.45	构造物 II	0.61	0.98
人工石方	0.40	0.62	技术复杂大桥	0.35	0.56
机械石方	058	0.93	隧道	0.55	0.87
高级路面	0.28	0.45	钢桥上部	0..26	0.42

职工取暖补贴费费率表(%) 表 5-2-16

工程类别	气温区						
	准二区	冬一区	冬二区	冬三区	冬四区	冬五区	冬六区
人工土方	0.11	0.21	0.34	0.50	0.55	0.84	1.01
机械土方	0.11	0.23	0.38	0.56	0.76	0.94	1.13
汽车运土	0.10	0.22	0.37	0.55	0.74	0.92	1.11
人工石方	0.11	0.21	0.34	0.50	0.55	0.84	1.01
机械石方	0.12	0.25	0.41	0.61	0.83	1.03	1.24
高级路面其他路面	0.07	0.13	0.22	0.34	0.44	0.55	0.66
构造物 I	0.10	0.21	0.34	0.50	0.66	0.84	1.01
构造物 II	0.10	0.20	0.32	0.48	0.64	0.81	0.97
技术复杂大桥	0.08	0.15	0.25	0.38	0.50	0.63	0.76
隧　道	0.09	0.17	0.29	0.44	0.58	0.73	0.87
钢桥上部	0.06	0.12	0.20	0.31	0.41	0.51	0.61

工地转移费系指施工企业根据建设任务的需要,由已竣工的工地或后方基地迁至新工地

工地转移费费率表(%)　　表5-2-17

工程类别	工地转移距离(km)					
	50	100	300	500	1000	每增加100
人工土方	0.59	0.81	1.23	1.66	2.15	
机械土方	0.98	1.32	2.05	2.69	3.57	0.10
汽车运土	0.58	0.74	1.16	1.53	2.00	0.16
人工石方	0.59	0.81	1.23	1.66	2.15	0.09
机械石方	0.80	0.96	1.66	2.19	2.89	0.13
高级路面其他路面	1.12	1.51	2.37	3.09	4.14	0.21
构造物Ⅰ构造物Ⅱ	1.10	1.48	2.32	3.03	4.06	0.21
技术复杂大桥	1.10	1.49	2.33	3.04	4.07	0.21
隧　道	0.99	1.34	2.09	2.73	3.66	0.18
钢桥上部	1.09	1.47	2.30	3.00	4.02	0.20

注:①转移距离以转移前后工程主管单位(如工程处、队等)驻地距离或两路线中点的距离为准;

②编制概、预算时,如施工单位不明确,省、自治区、直辖市属施工企业承包的建设项目,可按省城(自治区首府)至工地的里程计算地工转移费;

③工地转移里程数在表列里程之间时,费率可内插计算。

的搬迁费用,其内容包括:

a.施工单位全体职工及随职工迁移的家属向新工地转移的车费、家具行李运费、途中住宿费、行程补助费、杂费及工资与工资附加费等。

b.公物、工具、施工设备器材、施工机械的运杂费,以及外租机械的往返费及本工程内部各工地之间施工机械、设备、公物、工具的转移费等。

c.非固定工人进退场及一条路线中各工地转移的费用。

(3)辅助生产现场经费

辅助生产现场经费系指由施工单位自行开采加工的砂、石等自采材料及施工单位自办的人工装卸和运输的现场经费。

辅助生产现场经费按人工费的15%计。该项费用并入材料预算单价内构成材料费,不直接出现在概、预算中。

高原地区施工单位的辅助生产,可按其他直接费中高原地区施工增加费费率,以定额直接费为基数计算高原地区施工增加费(其中:人工采集、加工材料、人工装卸、运输材料按人工土方费率计算;机械采集、加工材料按机械石方费率计算;机械装、运输材料按机械土方费率计算)。辅助生产高原地区施工增加费不作为辅助生产现场经费的计算基数。

综上所述,得出如下结论:

$$定额直接工程费=定额基价+其他直接费+现场经费 \tag{5-2-13}$$

$$直接工程费=工、料、机费+其他直接费+现场经费 \tag{5-2-14}$$

2.间接费

间接费由企业管理费、财务费用两项组成。

1)企业管理费

企业管理费系指施工企业为组织施工生产经营活动所发生的管理费用。

企业管理费以各类工程的定额直接工程费之和为基数,按表5-2-18的费率计算:

企业管理费费率表(%) 表5-2-18

工程类别	地区类别			
	一类地区	二类地区	三类地区	其中:上级管理费
人工土方	3.74	4.09	4.81	0.56
机械土方	3.32	3.59	4.14	0.55
汽车运土	0.93	1.12	1.33	0.12
人工石方	3.74	4.09	4.81	0.56
机械石方	3.46	3.71	4.45	0.58
高级路面	2.12	2.55	2.97	0.25
其他路面	3.46	3.78	4.41	0.69
构造物Ⅰ	4.27	4.57	5.49	0.71
构造物Ⅱ	4.12	4.41	5.29	0.68
技术复杂大桥	3.03	3.30	3.86	0.73
隧道	3.88	4.15	4.98	0.65
钢桥上部	2.12	2.55	2.97	0.25

2)财务费用

财务费用系指企业为筹集资金而发生的各项费用,包括企业经营期间发生的短期贷款利息净支出、汇兑净损失、调济外汇手续费、金融机构手续费,以及企业筹集资金发生的其他财务费用。

财务费用以各类工程的定额直接工程费之和为基数,按表5-2-19的费率计算。

财务费用费率表(%) 表5-2-19

工程类别	地区类别		
	一类地区	二类地区	三类地区
人工土方	0.58	0.73	0.88
机械土方汽车运土	0.33	0.42	0.51
人工石方	0.56	0.70	0.93
机械石方	0.36	0.46	0.55
高级路面	0.42	0.54	0.63
其他路面	0.50	0.64	0.75
构造物Ⅰ 构造物Ⅱ 技术复杂大桥 隧道 隧道钢桥上部	0.60	0.75	0.90

间接费的计算:

间接费=企业管理费+财务费用

=定额直接工程费×(企业管理费费率+财务费用费率)%　(5-2-15)

3. 施工技术装备费

施工技术装备费系指为施工企业逐步扩大施工技术装备的费用。施工技术装备费按定额直接工程费与间接费之和的3%计算。该项费用直接列入企业资本公积金。

4. 计划利润

计划利润系指按照国家有关规定的施工企业应取得的计划利润。计划利润按定额直接工程费与间接费之和的4%计算。

5. 税金

税金系指按国家税法规定应计入建筑安装工程造价内的营业税,城市维护建设税及教育费附加。

计算公式:综合税金额=(直接工程费+间接费+计划利润)×综合税率

$$综合税率=\left[\frac{1}{1-营业税税率\times(1+城市维护建设税税率+教育费附加税率)}\right]-1 \qquad (5\text{-}2\text{-}16)$$

概算综合税率按3.41%计。

预算综合税率分别为:

纳税人在市区的,综合税率为3.41%;

纳税人在县城、乡镇的,综合税率为3.35%;

纳税人不在市区、县城、乡镇的,综合税率为3.22%。

在编制概、预算时,税金是通过上面的计算公式在03表中做统计的。关于纳税人所在地,是指工程的施工企业的登记注册地址。

综上所述,建筑安装工程费由五大项费用组成,即:

建筑安装工程费=直接工程费+间接费+施工技术装备费+计划利润+税金　(5-2-17)

建筑安装工程费在工程总造价中占有很大的比例,通常占概、预算总金额的90%左右。其费用计算正确与否,直接影响概、预算的编制质量。

【例5-2-5】　河北保定某人工沿路拌和石灰、粉煤灰稳定土基层,经计算该工程的定额直接费为599592元,其他直接费为12472元,现场经费为35076元,直接工程费为733493元,试预算该工程的建筑安装工程费。已知纳税人在县城。

解:由式(5-2-17)知:

建筑安装工程费=直接工程费+间接费+施工技术装备费+计划利润+税金

由已知条件得:

①直接工程费=733493元

②定额直接工程费=定额直接费+其他直接费+现场经费

=599592+12472+35076=647140元

③间接费=定额直接工程费×(企业管理费率+财务费用费率)%

=647140×(3.46+0.50)%=25627元

④施工技术装备费=(定额直接工程费+间接费)×3%

$=(647140+25627)\times3\%=20183$ 元

⑤计划利润 = (定额直接工程费 + 间接费) × 4%

$=(647140+25627)\times4\%=26911$ 元

⑥税金 = (直接工程费 + 间接费 + 计划利润) × 综合税率

$=(733493+25627+26911)\times3.35\%=26332$ 元

⑦建筑安装工程费 $=733493+25627+20183+26911+26332=832546$ 元

二、设备、工具、器具及家具购置费计算

设备、工具、器具及家具购置费在概、预算项目表中属于第二部分费用。这部分费用计算方法可分为按实计列和按费用标准计列两类。其内容由如下两项费用组成。

1. 设备、工具、器具购置费

1)费用内容

设备、工具、器具购置费系指为满足公路的营运、管理、养护需要而购置的设备、工具、器具的费用。包括渡口设备、隧道照明、通风的动力设备、高等级公路的监控设备,养护用的机械、设备和工具、器具等的购置费用。

2)计算办法

设备、工具、器具购置费应列出计划购置清单。并按以下公式计算:

$$购置费=\Sigma(设备、工具、器具购置数量\times单价+运杂费)\times(1+采购保管费率) \quad (5\text{-}2\text{-}18)$$

需要安装的设备,应在第一部分建安工程费的有关项目内另计安装工程费。

2. 办公和生活用家具购置费

1)费用内容

办公和生活用家具购置费系指为保证新建、改建项目初期正常生产、使用和管理所必须购置的办公和生活用家具、用具的费用。其具体范围包括:办公室、单身宿舍及生活福利设施等的家具、用具。

2)计算办法

办公和生活用家具购置费按路线的设计里程和有看桥房的独立大中桥的座数乘以表5-2-20中规定的购置费计算。在概、预算的05表填列。

办公和生活用家具购置费标准　　表5-2-20

工程所在地	路线(元/km)				有看桥房的独立大桥(元/座)	
	高速公路	一级公路	汽车专用二级公路	二、三、四级公路	一般大桥	技术复杂大桥
内蒙古、黑龙江、青海、新疆、西藏	16500	12000	6000	3000	12000	24000
其他省、自治区、直辖市	13500	11200	4500	2200	9800	19600

注:改建工程按表列数80%计。

三、工程建设其他费用计算

工程建设其他费用,在概(预)算项目表中属于第三部分费用。该部分费用包括土地、青苗等补偿费和安置补助费、建设单位管理费、研究试验费、勘察设计费、施工机构迁移费、供电贴费、大型专用机械设备购置费、固定资产投资方向调节税、建设期贷款利息共九项。

关于工程建设其他费用的计算,各省、自治区、直辖市交通厅(局)均有许多具体补充规定,计列时应予以注意。

1. 土地、青苗等补偿费和安置补助费

1)费用内容

土地、青苗等补偿费和安置补助费系指按照国家规定所应支付的土地补偿费、青苗补偿费,被征用土地上的房屋、水井、树木等附着物补偿费,迁坟费和安置补助费以及土地征收管理费和租用土地费、复耕费。

2)计算方法

根据有权单位批准的建设用地和临时用地面积,按各省、自治区、直辖市人民政府规定的各项补偿费、安置补助费标准和耕地占用税税率计算。

建设的公路、桥梁与原有的电力电讯设施、水利工程、铁路及铁路设施互相干扰时,应与有关部门联系,商定合理的解决方案和赔偿金额,也可由这些部门按规定编制费用以确定赔偿金。

由承担本项工程施工的单位代替建设单位拆迁、改移的各种建筑物、构筑物,其费用应属于建筑安装工程费,对于路线工程在第一部分第六项内计算,独立大中桥工程在第一部分第五项内计算。编制概(预)算时该项费用通过 06 表计算。

2. 建设单位管理费

建设单位管理费除本身费用外,工程质量监督费,工程监理费,定额编制、管理费,设计文件审查费也在本项单独计算。

1)建设单位管理费

(1)费用内容

建设单位管理费系指建设单位为建设项目的立项、筹建、建设、竣工验收、总结等工作所发生的管理费用。不包括应计入设备、材料预算价格的建设单位采购及保管设备、材料所需的费用。

费用内容包括:工作人员的基本工资、工资性补贴、劳动保险基金、职工福利费、工会经费、劳动保护费、办公费、差旅交通费、工具用具使用费、固定资产使用费、零星固定资产购置费、职工教育经费、工程招标费、合同契约公证费、咨询费、法律顾问费、业务招待费、完工清理费、建设单位的临时设施费、房产税、车船使用税、印花税和其他管理费用性质的开支。

由施工企业代建设单位办理“土地、青苗等补偿费”的工作人员所发生的费用,应在建设单位管理费项目中支付。

(2)计算办法

建设单位管理费以定额建筑安装工程费总额为基数,按表 5-2-21 的费率,以累进办法计算。

建设单位管理费费率表　　表 5-2-21

第一部分定额建安工程费总额(万元)	费率(%)		算例(万元)	
	国内招标	国际招标	建安工程费	建设单位管理费(国内招标)
500 以下	1.67	—	500	500×1.67% =8.35
501 ~1000	1.31	—	1 000	8.35 +500×1.31% =14.9
1001 ~5000	0.95	—	5 000	14.9 +4 000×0.95% =52.9
5001 ~10 000	0.80	—	10 000	52.9 +5 000×0.80% =92.9
10001 ~30 000	0.66	0.55	30 000	92.9 +20 000×0.66% =224.9
30 001 ~50 000	0.55	0.41	50 000	224.9 +20 000×0.55% =334.9
50 001 ~100 000	0.41	0.33	100 000	334.9 +50 000×0.41% =539.9
100 001 ~150 000	0.33	0.26	150 000	539.9 +50 000×0.33% =704.9
150 001 ~200 000	0.26	0.14	200 000	704.9 +50 000×0.26% =834.9
200 000 以上	0.14	0.06	210 000	834.9 +10 000×0.14% =848.9

国际招标的建设单位管理费计算方法同国内招标,即按累进办法计算。

2)工程质量监督费

工程质量监督费系指根据国家有关部门规定,支付给各省、自治区、直辖市公路工程质量监督站的管理费用。

工程质量监督费以定额建筑安装工程费总额为基数,按0.15%计算。

3)工程监理费

工程监理费系指建设单位委托具有公路工程监理资格证书的单位,按施工监理办法进行全面的监督与管理所发生的费用。实行国际招标的工程,包括工程监理费、国际招标费和人员培训费。

工程监理费以定额建筑安装工程费总额为基数,按下列费率计算:

国内招标工程费为1.6%;

国际招标工程费率为3.5%。

4)定额编制、管理费

定额编制、管理费系指各省、自治区、直辖市公路(交通)工程定额(造价管理)站为搜集定额资料、测定劳动定额、编制工程定额及定额管理所需要的工作经费。

定额编制、管理费以定额建筑安装工程费总额为基数,按0.17%计列,其中劳动定额测定费0.05%、额定编制费为0.08%、定额管理费为0.04%。

5)设计文件审查费

设计文件审查费系指上级主管部门对公路工程建设项目可行性研究报告和勘察设计文件进行审查时收取的费用。

设计文件审查费以定额建筑安装工程费总额为基数,按0.05%计列。

【例 5-2-6】 某水泥混凝土路面,已知其定额建筑安装工程费总额为846 645 680元。永久性占用旱地7.26亩,每亩补偿费2 800元/亩,占用菜地3.6亩,每亩补偿费为3 200元/亩,征地服务费按占地各项费用之和的4%,国内招标。求其土地、青苗补偿费及建设单位管理费。

解:①土地、青苗补偿费:

旱地补偿费=7.26×2800=20 328元

菜地补偿费=3.6×3200=11 520元

征地服务费=(20 328+11 520)×4%=1274元

土地、青苗补偿费=20 328+11 520+1274=33 122元

②建设单位管理费

建设单位管理费=334.9+34 664.568×0.41%=477万元

工程质量监督费=846 645 680×0.15%=1 269 969元

工程监理费=846 645 680×1.6%=13 546 331元

定额编制、管理费=846 645 680×0.17%=1 439 298元

设计文件审查费=846 645 680×0.05%=423 323元

建设单位管理费=4 770 000+1 269 969+13 546 331+1 439 298+423 323
=21 448 921元

3.研究试验费

研究试验费系指为本建设项目提供或验证设计数据、资料进行必要的研究试验和按照设计规定在施工过程中必须进行试验所需的费用,以及支付科技成果、先进技术的一次性技术转让费。不包括:

(1)应由科技三项费用(即新产品试制费、中间试验费和重要科学研究补助费)开支的项目。

(2)应由施工辅助费开支的施工企业对建筑材料、构件和建筑物进行一般鉴定、检查所发生的费用及技术革新研究试验费。

(3)应由设计费、勘察设计单位的事业费或基本建设投资中开支的项目。

计算方法:按照设计提出的研究试验内容和要求进行编制,不需验证设计基础资料的不计本项费用。

4.勘察设计费

勘察设计费系指委托勘察设计单位对建设项目进行可行性研究和对工程勘察设计时,按规定应支付的费用,包括:

(1)编制项目建议书、可行性研究报告、工程技术咨询、进行环境预评价、投资估算,以及为编制上述文件所进行的勘察、设计、测量试验等所需的费用。

(2)初步设计和施工图设计的勘察费(包括测量、水文地质勘探等),设计费,概(预)算编制费等。

计算方法:按国家颁发的工程勘察设计费取费标准和有关规定进行编制。

取费标准:

(1)勘察按国家计委和建设部批准的"公路工程勘察取费标准"执行。

(2)设计按国家计委和交通部批准的"公路工程设计收费标准"执行。

(3)交通工程设计费的取费标准,按交通部批准的规定标准即"按相应部分审定概算的19%计取"。

(4)公路可行性研究取费标准,按交通部的规定标准,即"按公路勘察设计费用的18%计取;独立大中桥、隧道工程的可行性研究费按相应勘察设计费用的18%计取。"

5. 施工机构迁移费

施工机构迁移费系指施工机构根据建设任务的需要，经有关部门决定，成建制地（指工程处等）由原驻地迁移到另一地区所发生的一次性搬迁费用。不包括：

(1)应由施工企业自行负担的，在规定距离范围内调动施工力量以及内部平衡施工力量所发生的迁移费用。

(2)由于违反基建程序，盲目调迁队伍所发生的迁移费。

(3)因中标而引起施工机构迁移所发生的迁移费。

费用内容包括：职工及随同家属的差旅费，调迁期间的工资，施工机械、设备、工具、用具和周转性材料的搬运费。

计算方法：施工机构迁移费应经建设项目的主管部门同意按实计算。但计算施工机构迁移费后，如迁移地点即新工地地点（如独立大桥），则现场经费内工地转移费应不再计算；如施工机构迁移地点至新工地地点尚有部分距离，则工地转移费的距离，应以施工机构新地点为计算起点。

注意事项：施工机构迁移费是一项计量出入比较大、甲乙双方易发生争议的费用，所以计算难度较大。计算该费用时，必须经建设单位主管部门同意，并签订协议或纪要后，设计单位方可根据有关规定和标准公正地按实计算施工机构迁移费。

6. 供电贴费

供电贴费系指按照国家规定，建设项目应交付的供电工程贴费、施工临时用电贴费。

计算方法：按国家计委批转水利电力部关于供电工程收取贴费的暂行规定执行。

编制概（预）算时，供电贴费在06表中计算。

7. 大型专用机械设备购置费

大型专用机械设备购置费指技术复杂的特大桥、隧道、高速公路等工程建设中必需购置的大型专用机械设备所发生费用。

该费用按交通部（88）交函基字230号转发的国家计委、财政部、中国人民建设银行计施[1988]474号文中规定的："对某些工程建设中必需的大型专用机械设备，一般应向大型机械施工企业（或其他企业）租赁；情况特殊的，经投资主管部门批准，由设计单位在项目概算列支购买，租给施工企业使用"办理。

编制概（预）算时的注意事项：

(1)对该项费用，必须坚持租赁为主，购置为辅，建设单位购买，租给施工企业的原则。

(2)在概算中可列该项购置费或租赁费，而在预算中只能列租赁费。

(3)该项费用不发生时不计列。若发生，在06表中按计划购置清单计算费用金额。

8. 固定资产投资方向调节税

固定资产投资方向调节税指依照《中华人民共和国固定资产投资方向调节税暂行条例》规定，应缴纳的固定资产投资方向调节税。

计算方法：按国家的有关规定计算。

9. 建设期贷款利息

建设期贷款利息指建设项目中分年度使用国内贷款或国外贷款部分，在建设期内应归还的贷款利息。费用内容包括各种金融机构贷款、企业集资、建设债券和外汇贷款等利息。

计算方法：根据不同的资金来源，分别按式5-2-18计算。

$$\text{建设期贷款利息} = \sum_{j=1}^{n} p_j \times (n - i + k) \times i \tag{5-2-18}$$

式中：p_j——建设期第 j 年贷款计划数；

i——年利率；

n——建设期计息年数

j——建设期第 j 年（$j = 1, 2, \cdots n$）；

k——当年计息的 $k = 1$，当年不计息的 $k = 0$。

【例 5-2-7】　某工程贷款总金额为 42 万元。各期贷款金额为：第一年 18 万元，第二年 14 万元，第三年 10 万元，当年计息，年利率为 12%。试求该工程项目的建设期贷款利息。

解：根据式(5-2-18)计算

$p_1 = 18$ 万元，$p_2 = 14$ 万元，$p_3 = 10$ 万元；$i = 12\%$；$n = 3$；$j = 1, 2, 3$，$k = 1$

建设期贷款利息 $= 18 \times (3 - 1 + 1) \times 14\% + 14 \times (3 - 2 + 1) \times 14\%$

$+ 10 \times (3 - 3 + 1) \times 14\%$

$= 12.88$ 万元

四、预留费用及回收金额计算

预留费用是概(预)算总金额中的最后一项费用，由工程造价增涨预留费和预备费两部分组成。在公路工程建设期限内，凡需动用预留费用时，属于公路交通部门投资的项目，需经建设单位提出，按建设项目隶属关系，报交通部或交通厅(局)基建主管部门核定批准。属于其他部门投资的建设项目，按其隶属关系报有关部门核定批准。

1. 工程造价增涨预留费

1）费用内容

设计文件编制年至工程竣工年期间，由于政策、价格变化等原因，第一部分费用的人工费、材料费、机械使用费、其他直接费、现场经费、间接费等以及第二、三部分费用、可能发生上浮为此，预留的费用及外资贷款汇率变动部分的费用，称为工程造价增涨预留费。

2）计算方法

工程造价增涨预留费以概算或修正概算第一部分建筑安装工程费总额为基数，按设计文件编制年始至建设项目工程竣工年终的年数和年工程造价增涨率计算。

计算公式如下：

$$\text{工程造价增涨预留费} = P \times [(1 + i)^{n-1} - 1] \tag{5-2-19}$$

式中：P——建筑安装工程费总额；

i——年造价增涨率(%)

n——设计文件编制年至建设项目开工年 + 建设项目建设期限。

3）注意问题

(1)年造价增涨率应由设计单位会同建设单位根据该工程人工费、材料费、施工机械使用费、现场经费、间接费以及第二、三部分费用可能发生的上浮等因素，以第一部分建安费为基数进行综合分析预测。一般可按 5% 估列。

(2)设计文件编制至工程完工在一年以内的工程，不列此项费用。

2. 预备费

1) 费用内容

预备费系指经初步设计和概算中难以预料的工程和费用，其中包括按施工图预算加系数包干费用，其用途如下：

(1) 在进行技术设计、施工图设计和施工过程中，在批准的初步设计和概算范围内所增加的工程和费用。

(2) 在设备订货时，由于规格、型号改变的价差；材料货源变更、运输距离或方式的改变以及因规格不同而代换使用等原因发生的价差。

(3) 由于一般自然灾害所造成的损失和预防自然灾害所采取的措施费用。

(4) 在上级主管部门组织竣工验收时，验收委员会（或小组）为鉴定工程质量必须开挖和修复隐蔽工程的费用。

2) 计算方法

以第一、二、三部分费用之和（扣除大型专用机械设备购置费、固定资产投资方向调节税和建设期贷款利息三项费用）为基数按下列费率计算：

设计概算按5%计列；

修正概算按4%计列；

施工图预算按3%计列；

采用施工图预算按3%计列。

采用施工图预算加系数包干承包的工程，包干系数为施工图预算中直接工程费与间接费之和的3%。施工图预算包干费由施工单位包干使用。

该包干费用的内容为：

(1) 在施工过程中，设计单位对分部分项工程修改设计而增加的费用，但不包括因水文地质条件变化造成的基础变更、结构变更、标准提高、工程规模改变而增加的费用。

(2) 预算审定后，施工单位负责采购的材料由于货源变更、运输距离或方式的改变以及规格不同而代换使用等原因发生的价差。

(3) 由于一般自然灾害所造成的损失和预防自然灾害所采取的措施费用（例如一般防台风、防洪的费用）等。

3. 回收金额

概（预）算定额所列材料一般不计回收，只对按全部材料计价的一些临时工程项目和由于工程规模或工期限制达不到规定周转次数的拱盔、支架及施工金属设备的材料计算回收金额。回收率见表5-2-22。

表5-2-22

回收项目	使用年数或周转次数				计算基数
	一年或一次	二年或二次	三年或三次	四年或四次	
临时电力电讯线路	50%	30%	10%	—	材料原价
拱盔、支架	60%	45%	30%	15%	
施工金属设备	80%	65%	50%	30%	

注：施工金属设备指钢壳沉井、钢护筒等。

五、公路交工前养护费及绿化工程费

公路交工前养护费及绿化工程费是建筑安装工程费中的工程项目,该项费用是按《编制办法》中的规定计算的。

1. 公路交工前养护费

公路交工前养护费,是指对路线工程陆续竣工的路段,在路段交工初验时止,以路面为主包括路基、构造物在内的养护费用。按全线里程及平均养护月数,以下列标准计算:

(1)三、四级公路每月养护费按每公里每月 60 个工日计算。

(2)二级及以上公路每月养护费按每公里每月 30 个工日计算。

另按路面工程类别计算其他直接费、现场经费和间接费。

本项费用应在 08 表立项计算,然后转入 03 表计算其建安费。

养护用工计算:

公路交工前养护用工,也要在概(预)算中反映,但不再计入单价(因已按指标形式计算)。

公路交工前养护用工数量按上述指标标准,以路线里程及平均养护月数之乘积计算,并在 02 表中单列分项计算。

2. 绿化工程费

绿化工程属于建安费的工程项目,凡新建、改建路线工程,应计绿化工程费。绿化工程应由施工单位负责,在适宜的气候条件下完成绿化施工。绿化工程费是按路线总里程,以下列绿化补助费指标计算:

新建公路的绿化补助费指标如下:

平原微丘区:5000 元/公里;

山岭重丘区:1000 元/公里。

改建公路按上列指标的 80% 计。

由于以上费用标准内已包括其他直接费、现场经费和间接费,故编制概、预算时,不再计列。绿化工程费先在 08 表中进行计算,再转入 03 表计算建安费。

本指标仅适用于一般二级以下等级公路建设项目。

六、公路工程建设各项费用的计算

在公路工程概(预)算各项费用中,每项费用都有其具体的费用内容和计算方法,并按照一定的规则和程序进行。现将各项费用的计算程序和方法归纳为表 5-2-23。认真学习和掌握该表,对于复习巩固前一部分内容和学习概(预)算编制方法,都是非常重要的,具有实际操作的指导意义。

公路工程建设各项费用的计算程序及计算方法　　表 5-2-23

代　号	项　　目	说明及计算式
(1)	定额直接费(即定额基价)	指概(预)算定额的基价
(2)	直接费(即工、料、机费)	按编制年工程所在地的预算价格计算
(3)	其他直接费	(1)×其他直接费综合费率
(4)	现场经费	(2)×现场经费综合费率

续上表

代号	项目	说明及计算式
(5)	定额直接工程费	(1)+(2)+(3)
(6)	直接工程费	(2)+(3)+(4)
(7)	间接费	(5)×间接费综合费率
(8)	施工技术装备费	[(5)+(7)]×施工技术装备费率
(9)	计划利润	[(5)+(7)]×计划利润率
(10)	税金	[(6)+(7)+(9)]×综合税率
(11)	定额建筑安装工程费	(5)+(7)+(8)+(9)+(10)
(12)	建筑安装工程费	(6)+(7)+(8)+(9)+(10)
(13)	设备、工具、器具购置费用(包括备品备件)	Σ(设备、工具、器具购置数量×单价+运杂费)×(1+采购保管费率)
	办公和生活用家具购置费	按有关规定计算
(14)	工程建设其他费用	
	土地补偿费和安置补助费	按有关规定计算
	建设单位管理费	(11)×费率
	工程质量监督费	(11)×费率
	工程监理费	(11)×费率
	定额编制管理费	(11)×费率
	设计文件审查费	(11)×费率
	研究试验费	按批准的计划编制
	勘察设计费	按有关规定计算
	施工机构迁移费	按实计算
	供电贴费	按有关规定计算
	大型专用机械购置费	按需购置的清单编制
	固定资产投资方向调节税	按有关规定计算
	建设期贷款利息	按实际贷款数及利息计算
(15)	预留费用	包括工程造价增涨预留费和预备费
	工程造价增涨预留费	按规定的公式计算
	预备费	[(12)+(13)+(14)-大型专用机械购置费-固定资产投资方向调节税-建设期贷款利息]×费率
	预备费中施工图预算包干系数	[(6)+(7)]×费率
(16)	建设项目总费用	(12)+(13)+(14)+(15)

课题三　概(预)算文件的编制

一、概(预)算文件的组成

1. 概(预)算文件组成

概(预)算文件由封面及目录,概(预)算编制说明及全部概(预)算计算表格组成。

1)封面及目录

概(预)算文件的封面和扉页应按《公路工程基本建设项目设计文件编制办法》中的规定制作,扉页应有建设项目名称,编制单位,编制、复核人员姓名并加盖资格印章,编制日期及第几册共几册等内容。目录应按概(预)算表的表号顺序编排。

2)概(预)算编制说明

概(预)算表格编制完成后,应写出编制说明,文字力求简明扼要。应叙述的内容一般有:

(1)建设项目设计资料的依据及有关文号,如建设项目可行性研究报告批准文件号、初步设计和概算批准文号(编修正概算及预算时),以及根据何时的测设资料及比选方案进行编制的等等。

(2)采用的定额、费用标准,人工、材料、机械台班单价的依据或来源,补充定额及编制依据的详细说明。

(3)与概(预)算有关的委托书、协议书、会议纪要的主要内容(或将抄件附后)。

(4)总概(预)算金额,人工、钢材、水泥、木料、沥青的总需要量情况,各设计方案的经济比较,以及编制中存在的问题。

(5)其他与概(预)算有关但不能在表格中反映的事项。

3)概(预)算表格

公路工程概(预)算应按统一的概(预)算表格计算(表格式样及填表说明见《编制办法》附录七),其中概(预)算相同的表式,在印制表格时,应将概算表与预算表分别印制。

2. 甲组文件与乙组文件

概(预)算文件是设计文件的组成部分,应按《公路工程基本建设项目设计文件编制办法》关于设计文件报送份数,随设计文件一并报送。

概(预)算文件按不同的需要分为两组,甲组文件为各项费用计算表;乙组文件为建筑安装工程费用各项基础数据计算表,只供审批使用。乙组文件表式征得省、自治区、直辖市交通厅(局)同意后,结合实际情况允许变动或增加某些计算过渡表式。

概(预)算应按一个建设项目(如一条路线或一座独立大、中桥)进行编制。当一个编制项目需要分段或分部编制时,应根据需要分别编制,但必须汇总编制"总概(预)算汇总表"。

甲、乙组文件包括的内容如下:

• 甲组文件

编制说明

(1)总概(预)算汇总表(01-1 表)

(2)总概(预)算人工、主要材料、机械台班数量汇总表(02-1 表)

(3)总概(预)算(01 表)

(4)人工、主要材料、机械台班数量汇总表(02 表)

(5)建筑安装工程费计算表(03 表)

(6)其他直接费、现场经费及间接综合费率计算表(04 表)

(7)设备、工具、器具购置费计算表(05 表)

(8)工程建设其他费用及回收金额计算表(06 表)

(9)人工、材料、机械台班单价汇总表(07 表)

• 乙组文件

(1)分项工程概(预)算表(08表)

(2)材料预算单价计算表(09表)

(3)自采材料料场价格计算表(10表)

(4)机械台班单价计算表(11表)

(5)辅助生产工、料、机械台班单位数量表(12表)

二、概(预)算文件的编制程序及步骤

公路工程概(预)算是反映建设项目设计内容全部费用的经济文件,它是设计文件的重要组成部分,它不仅为控制工程造价、办理工程价款的拨付和结算提供依据,而且更重要的是能促进设计部门提高设计水平,改进设计方案,促进施工企业搞好经济核算和企业管理。因此,概(预)算的编制是工程造价管理工作的重要环节。熟悉掌握概(预)算编制的原则和方法,以及国家有关规定,不断提高概(预)算的编制质量,对加强公路基本建设管理、核算和监督都具有十分重要的意义。

1. 概(预)算文件编制依据

1)建设项目立项依据及有关文号

在编制概(预)算时,首先要了解建设项目是否有可行性研究的批准文号,或初步设计概算的批准文号。因为只有立项的建设项目才有编制概(预)算的必要。

2)设计图纸和施工组织设计资料

设计图纸和施工组织设计资料是指导施工的指令性文件。图纸全面反映了工程项目的形式、内容、地质状况、结构尺寸和施工技术要求,是确定工程数量的主要依据。施工组织设计资料确定了工程项目的施工方案、施工期限和施工方法,是计算有关费用套用相应定额的依据。

3)《编制办法》与定额

《编制办法》是编制概(预)算的总则。各项费用的计算方法及取费标准都必须执行《编制办法》的规定。

《概算定额》、《预算定额》、《机械台班费用定额》都是计算工程直接费的依据。

4)与概(预)算有关的合同、协议委托书等有关文件

凡是与概(预)算有关的文件和规定,以及在外业调查中签订的各种协议和合同都是编制概(预)算的重要依据。

2. 概(预)算的编制程序

概(预)算中的各项费用计算都要按照一定的程序、方法进行。目前,概(预)算的编制一般都以计算机作为辅助手段,即具体计算、填表都由计算机完成。然而,编制概(预)算,是在手算的基础上进行的。因此只有通过手算才能深刻地理解概(预)算的编制过程,才能真正掌握各种数据和表格之间的相互关系。

概(预)算的编制程序(手算法)见图5-3-1。

3. 概(预)算文件的编制步骤和方法

下面我们按照手算的操作程序,介绍概(预)算的编制步骤和方法。

在编制概(预)算文件之前,应全面掌握设计文件、设计图纸、施工组织设计、概(预)算调查资料等编制依据,还要熟悉《编制办法》、《概算定额》、《预算定额》和《公路工程机械台班费

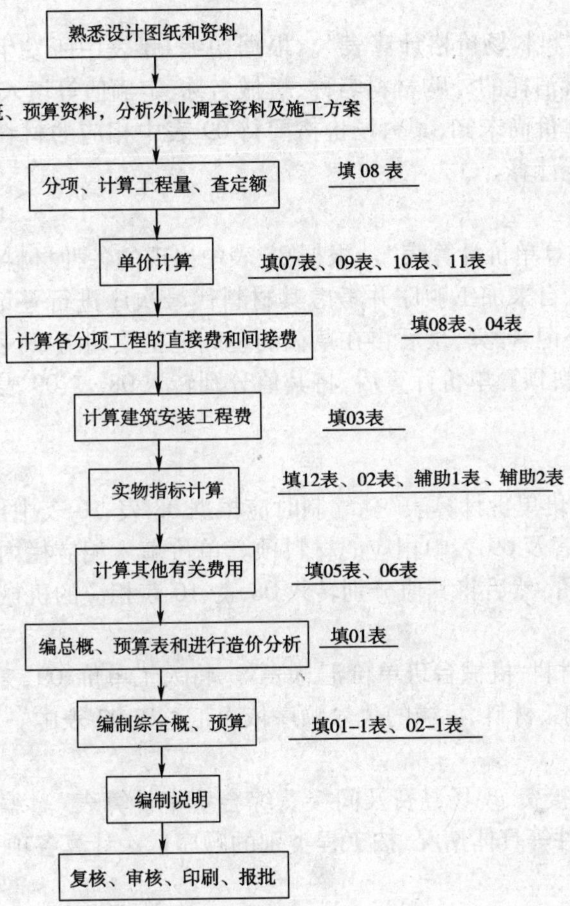

图 5-3-1　概(预)算的编制程序

用定额》的全部内容,掌握其应用方法和注意问题,然后按下述步骤进行。

1)列项

列项是根据工程设计的内容及“概(预)算项目表”的要求,将一个复杂的建设项目分解成若干个分项工程,并以项、目、节的顺序依次列出。然后按照定额项目表的要求,将分项后的每一项工程与相应的定额表号一一对应,并分别计算出工程量。

列项是一项非常重要的基础工作。编制人员不仅要精通工程项目的全部设计内容,而且还要有科学、严谨的工作态度,既不能漏列、重列,更不能巧立名目。在列项时,最好先列在草稿上,待复核无误后再正式填入项目表。

2)初编 08 表

08 表是“分项工程概(预)算表”。概预算的总金额是以分项工程概(预)算为基础,计算、汇总而来的。初编 08 表是指只能按照列项中项、目、节的逻辑关系,将各项费用的名称、定额编号、定额值等列入 08 表中。由于工、料、机的单价及各种费率尚未知,故 08 表只能初编,还不能计算。即编制 08 表时,根据已填好的项目表及所用的《定额》,逐“节”(无“节”时按“目”)分别在 08 表中填列编制范围、工程名称、工程细目、定额单位、工程数量、定额表号以及工、料、机名称、定额值、基价等栏。

3)编制10表

10表是“自采材料料场价格计算表”。根据初编08表中所发生的自采材料的规格名称、相应的定额表号及所消耗的外购材料名称、机械名称、定额值等填入相应栏内。由于外购材料的单价和机械台班单价尚未知,其料场价格要待09表中相应的材料预算单价和11表中机械台班单价转入后方能计算。

4)编制09表

09表是“材料预算单价计算表”。根据08表中出现的各种材料名称及其来源,先在09表草稿上按调拨、外购、自采加工顺序并考虑其材料代号次序进行登记、填表计算,然后随着08表编制的需要不断登记、计算,最后再在草稿的基础上正式编制09表。本表需要与08表交叉进行,相辅相成。材料预算单价计算后,将其值分别转入08表、09表、11表相应的材料预算单价栏中。

5)编制11表

11表是“机械台班单价计算表”。编制时应根据08表、10表中出现的机械名称,按《机械台班费用定额》的内容及09表中相应的材料预算单价填入相应栏内,并按代号的顺序依次登记、计算机械台班单价,然后将其值分别转入08表、10表相应的机械台班单价栏中。

6)编制07表

07表是“人工、材料、机械台班单价汇总表”。将人工单价、09表中材料预算单价、11表中机械台班单价,按人工、材料、机械的代号顺序依次汇总于07表中。

7)编制04表

04表是“其他直接费、现场经费及间接费综合费率计算表”。编制时,应根据工程所在地的自然环境、施工条件等具体情况,按工程类别的顺序依次计算各项费率,并将其值转入08表相应费率栏内。

8)编制05表

05表是“设备、工具、器具购置费计算表”。编制时,应根据工程实际购买的设备、工具、器具计算各项费用。

9)编制08表

完成07表、04表的计算后,初编08表中的工、料、机单价及各项费率均为已知,这样08表的计算即可完成。

10)编制03表

03表是“建筑安装工程费计算表”。编制时,将08表中各分项工程的直接费、其他直接费、现场经费及间接费等各项费用填入相应栏内,并在表中计算相应的施工技术装备费、计划利润和税金,最后核算各分项工程的建筑安装工程费。

11)编制06表

06表是“工程建设其他费用及回收金额计算表”。将建设项目中所发生的其他费用,按照《编制办法》中的费用内容和外业调查资料,包括协议书、委托书、合同等编制各项费用。此外,预备费及回收金额的计算也在该表进行。

12)编制01表及01-1表

01表是“总概(预)算表”。根据“概(预)算项目表”的格式,将工程项目中实际发生的费用,按项、目、节的顺序填入相应栏内。当实际出现的工程费用与项目表的内容不完全相符时,"部分"和"项"的序号保持不变,"目"和"节"的序号可以根据需要增减。然后根据工程数量和概预算金额,计算技术经济指标及各项费用比重。

01-1 表为"总概(预)算汇总表"。根据建设项目的要求,当分段或分部分编制 01 表时,应将各分段(或部分)从 01 表汇总到 01-1 表中。

根据 01 表或 01-1 表中提供的概(预)算总金额,各单位工程或分项工程的费用比值和各项技术经济指标,我们可以从经济角度对设计是否合理予以评价,并找出挖潜措施。

13)编制 12 表

12 表是"辅助生产工、料、机械台班单位数量表"。将 10 表中所列的各自采材料规格名称及其他辅助生产项目列入"规格名称"栏内。将每生产单位合格产品所消耗的各种资源及定额值列入表中。以供 02 表计算辅助生产工、料、机之用。

14)编制辅助 1 表和辅助 2 表

辅助 1 表"自办运输人工装卸用工计算表"。当工程发生自办运输(10km 以内)且采用人工装卸汽车时,编制该表。

辅助 2 表是"冬季、雨季及夜间施工增加工数计算表"。根据 08 表和冬、雨、夜增工百分率编制该表。

15)编制 02 表及 02-1 表

02 表是"人工、主要材料、机械台班数量汇总表"。将工程项目中所消耗的人工、主要材料、机械台班等规格名称按代号的顺序列入"规格名称"栏内。然后以"项"为单位,分别统计各实物的消耗量及总数量。

02-1 表为"总概(预)算人工、主要材料、机械台班数量汇总表"。当分段编制概(预)算时,应将各段的 02 表汇总到 02-1 表中。

至此,概(预)算的所有表格全部编制完毕。

16)撰写编制说明

在编完概(预)算全部计算表格后,应根据编制的过程,阐述概(预)算的编制内容、编制依据和编制成果(工程总造价)、各实物量消耗指标等。对编制中存在的问题以及与概、预算有关,但又不能在表格中反映的事项,均应在"编制说明"中以文字的形式表达清楚。

17)复核、印刷、装订、报批

当概(预)算各表格和编制说明全部完成后,应再进行一次全面的复核,当确认无误并签字后,即可按规定对甲组文件印刷规定份数,并对甲、乙组文件分别装订成册,上报待批。

上述步骤并非一成不变。不仅有些表格可以按规定不编,而且各表的编制次序也是可以变换的。为了正确地编制概(预)算,仅仅了解编制步骤是不够的。最根本的还是要掌握《编制办法》的各项规定,明确各表格的作用和相互关系,精通表格中各栏的填写方法。

编制概(预)算时各表格的格式和填写方法,参见本教材附录概预算示例的表格。

三、概(预)算文件编制注意事项

为了提高概(预)算的编制质量,除了掌握上述编制原则、方法步骤以外,还必须注意以下问题:

1. 正确引用定额值

在引用定额值时，必须瞻前顾后，注意章、节说明和表下小注，特别是在每次编制之前，都要查询是否有新的定额或文件下达，切不可墨守陈规。

2. 正确计算工程量

正确计算工程量是编好概（预）算至关重要的一环。对各项、目、节的工程量计算一定要严格按照定额的口径、要求以及工程量计算规则，既不要多算也不要少算。工程量出错，一动百摇，修改工作费时费力。在计算和分列工程量时要与设计人员紧密配合，理顺和计算适于概（预）算的工程量，使其与定额分项口径“对号入座”。

3. 准确统计实物量

在编制02表时不要忘记汇总那些按费率或指标计算的增工、增料数量。如自办运输、人工装卸用工、公路交工前养护用工、冬雨夜增工、临时设施用工及辅助生产所需工、料、机数量等。为了统计这些工、料、机数量，最主要的是不要忘记在02表的“分项”中列出，特别是12表单位数量的应用更要注意。

4. 正确填表

在编制概（预）算各表格的过程中，有些表格是互相利用、交叉进行、相互补充的，编制时要理顺关系，正确填列。

5. 编制概（预）算的原始资料均应有据可查

编制概（预）算的原始资料都要明确其来源，并真实可靠。特别是对06表的计算内容、05表中设备购置内容以及年造价增涨率等伸缩性较大的项目、数量、指标、费率的确定，更应项项有据，切勿夸大其词、以权谋私。

若材料价格可以按各地交通厅（局）规定的价格计列时，要有相应的文件，并不必编10表。

6. 加强复核

编制概（预）算有环环相扣的特点，即一步算错，步步连错。因此，在编制时应加强复核工作。每张表格应由“编制”和“复核”两人完成，并应分步完成，每步复核无误后再进行下一步，切勿单人自编自核，更不要未复核就引用。

课题四　概（预）算软件的应用

目前，随着计算机技术的迅速发展，公路工程概（预）算编制和工程招投标都采用电算方法。它有着快速、准确、方便、劳动强度低等优点。国内普遍使用的有交通部公路工程定额站开发的“公路基本建设工程估算、概算、预算软件”即“XJTU 系统”；由广东珠海同望科技有限公司开发的“公路工程造价管理系统 Wcost2000”；重庆海特科技有限公司开发的“公路工程造价分析系统 PCS2004”等。利用这些软件不仅能把概、预算编写人员从大量繁琐的计算、抄写、校核工作中解放出来，而且又能快速、准确、完整、高质量地把概、预算文件编制出来。下面以“公路工程造价管理系统 Wcost2000”和“公路工程造价分析系统 PCS2004”为例阐述概（预）算软件的应用。

一、公路工程造价管理系统 Wcost2000 的使用要点

1. 系统概述

公路工程造价管理系统 Wcost2000,是由广东珠海同望科技有限公司开发的,近几年来在全国已得到广泛的应用。该系统操作简便,易学易用,使用效果良好。

1)编制依据

交通部交工发[1992]65 号通知发布的《公路工程预算定额》、《公路工程概算定额》;

交通部交公路发[1996]612 号通知发布的《公路基本建设工程概算、预算编制办法》及附录十一,《公路工程概算定额》、《公路工程预算定额》基价表;

交通部交公路发[1996]611 号通知发布的《公路基本建设工程投资估算编制办法》、《公路工程估算指标》;

交通部交公路发[1996]610 号通知发布的《公路工程机械台班费用定额》;

交通部工程管理司《公路工程国内招标文件范本》、《公路工程国际招标文件范本》(人民交通出版社 1991 年版)、交公路发[1999]615 号《公路工程国内招标文件范本》;

各省、市、自治区交通厅(局)公布的《公路基本建设工程概、预算编制办法补充规定》。

2)主要功能

同望 Wcost2000 标准版(7.25)计算机编制软件,具有操作简便、快速的文件导入、导出功能,不论是复制到软盘、硬盘,还是指定路径,其操作非常简单方便。Wcost2000 系统的主要功能如下:

(1)可编制工程估算、概算、预算以及国内标或国际标的招、投标标价、工程量清单、单价分析表。

(2)直观的操作方式、即时存储功能,不论中途停电、关机或误操作,均不会丢失数据。

(3)自动生成单价文件。利用工、料、机分析功能,自动汇集工程需要的工、料、机到单价文件中。

(4)自动生成费率文件。利用系统自带的交通部及各省、市、区、地方标准,自动生成采用部颁或地方标准的费率文件。

(5)快捷的定额、项目选取与输入功能。从概预算项目、工程类别、标段到定额费用标准等都只需用鼠标轻轻点取即可。也可直接输入定额编号和工程数量,进行批录入。

(6)即时剖析功能,可以让用户即时得到各定额、分项的建安单价,方便审核和修改。

(7)自定义企业定额。可以在部颁概、预算定额的基础上,方便地建立企业定额既符合造价市场的发展方向,又免去了每次调整或修改相同定额的麻烦,更可以在其上直接编制补充定额,从而逐步形成企业定额。

(8)方便的补充定额编制功能,用户可以根据需要在系统中建立自己的补充定额体系。同时系统中已为用户制定了部分省、市的补充定额。

2. Wcost2000(V7.25 版)编制概(预)算的方法

Wcost2000(V7.25 版)编制概(预)算的程序见图 5-4-1。

1)新建建设项目文件

登录完成后,进入 Wcost2000 的主界面,点按打开文件快键图标,系统会自动弹出一个建设项目对话框。选择好建设项目类型后,点按“新建”按钮,在新增加的行中输入项目编号、名称、负责人、编制及复核者,再点按“打开”,则可完成新建建设项目工作。

2)准备定额文件

在新建建设项目时，已选择了建设项目类型，如：预算。那么，打开建设项目后，在“视窗 2/定额”中已有了“部颁预算定额”文件。如果在预算中需要用到概算定额等情况，就可以通过“导入文件”来实现。具体方法如下：

(1)通过菜单“文件/建设项目管理”打开需编制的建设项目。

(2)执行菜单中“建设项目/导入文件”命令，弹出对话框。

(3)在安装的 Wcost 的系统下有一个文件夹：定额标准，打开这个文件夹。

(4)选择文件类型，如“概算定额(＊·DE3)”，双击“部颁概算定额”文件打开。系统就会将部颁概算定额导入到本建设项目中。

3)准备费率文件

(1)确定地方费率标准

建立费率文件，首先要确定建设项目所在地的地方费率标准。确定地方费率标准可以复制原版费率标准——“部颁费率”标准，然后对其修改或保存为地方费率标准。其方法是打开项目建设文件后，选择菜单“工具/定制《编制办法》补充规定/其他直接费、现场经费及间接费“。进入该界面后点按“标准名称”下拉键，在弹出的列表中，选用部颁标准。点击“工具/另存标准”，将部颁标准另存为一个复件，并将此复件名称改为新建的地方费率标准名称，如图 5-4-2 所示。

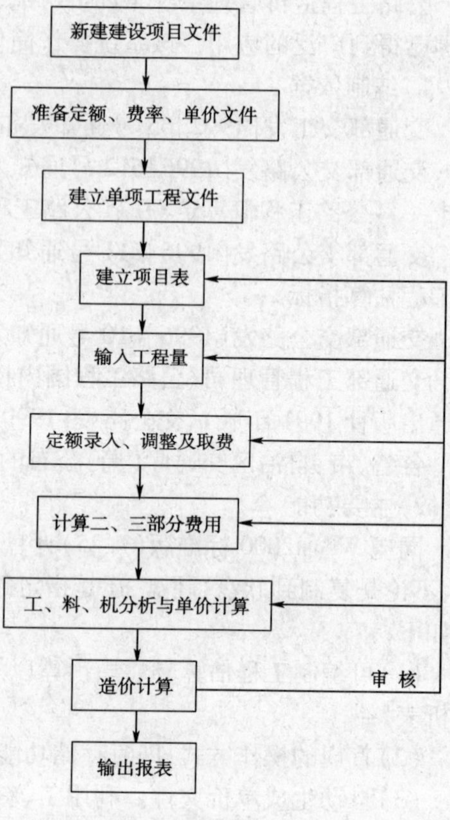

图 5-4-1　概(预)算编制程序

参数	名称	人工土方	机械土方	汽车运土	人工石方	机械石方	高级路面	其他路面
0	不计	0.000	0.000	0.000	0.000	0.000	0.000	0.000
1	冬一区I -1 以上	0.940	0.830	0.150	0.200	0.180	0.700	0.230
2	冬一区II -1 以上	1.460	1.300	0.230	0.320	0.290	0.980	0.420
3	冬二区I -1～-4	1.990	1.790	0.320	0.420	0.390	1.340	0.600

图　5-4-2

通常地方费率标准都是在部颁标准上乘系数得到的，首先选择一个需进行修改定制的“费率项目”，然后在乘系数框里输入系数，再用鼠标点按“乘系数”图标确认，系统会自动计算并保存。也可选择多列乘系数，不选择时，默认对所有列乘系数。也可以直接修改表中的数据，系统会自动保存修改结果。

为了便于操作,Wcost2000 已为用户提供了全国各地的费率标准,用户可以直接在视窗标准名称下拉键中进行选择。

(2)新建费率文件

首先让光标停在“视窗 2/费率”上,点按“新建文件”图标,在视窗 2“请输入名称”处,输入该费率文件的名称,并回车。然后点击“文件属性”图标,打开“属性表”对话框。输入或选择属性表的各项参数,点按“确定按钮”确认并退出,系统会自动生成各费率文件,如图 5-4-3 所示。

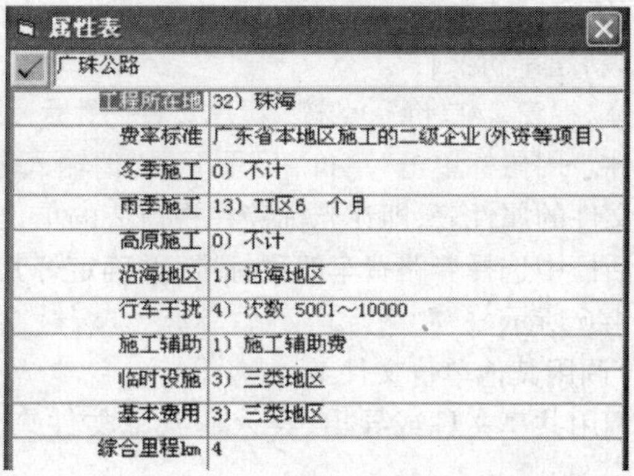

图　5-4-3

(3)调用其他费率文件

对于其他建设项目的费率文件,如果本建设项目需要调用,可以通过调用共享文件或导出、导入非共享文件来实现。具体操作如下:

导出文件　选定所要导出的文件,如“例题:广珠公路”中编制范围为 K0 + 000—K5 + 000 的路线工程。执行“建设项目/导出文件”命令。对话框中已确认了文件保存类型,并将文件名和文件所属的建设项目默认显示,最好不要修改这些默认,直接点按“保存”即可,文件导出完成,如图 5-4-4 所示。

导入文件　如果建立的建设项目中,需要调用本软件系统内其他建设项目的文件,就可以利用“导入文件”这个功能。先打开一个建设项目,如:“例题:广珠公路”,执行“建设项目/导入文件”命令。选定好文件类型后,找到所要导入文件的目录,在确定文件名后,点按打开,如图 5-4-5 所示。

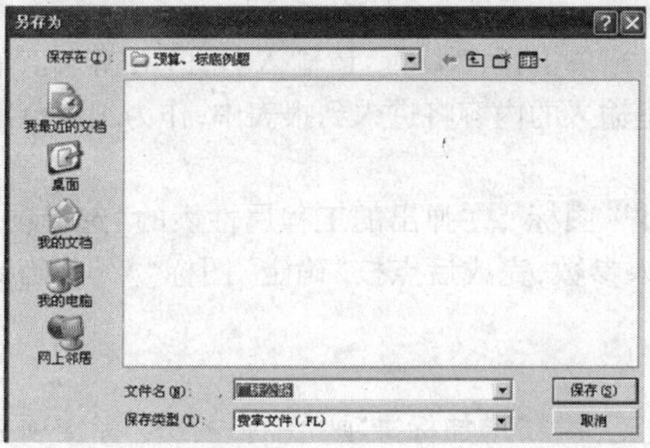

图　5-4-4

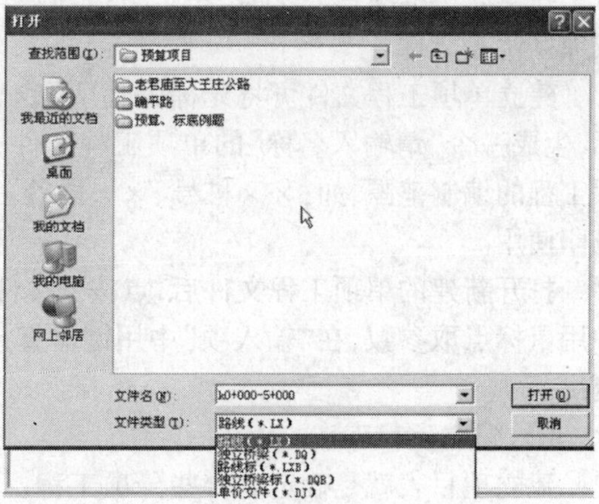

图　5-4-5

4)准备单价文件

(1)定制养路费和车船使用税

打开菜单“工具/定制《编制办法》补充规定/养路费及车船使用税”，在“标准名称”下拉键中选用“部颁养路费及车船使用税标准(北京标准)”，再将此标准另存为一个复件，并改名为自定的标准名称。根据工程项目实际情况对视窗中的养路费、车船使用税参数进行修改，完毕后，软件会自动保存修改数据，并计算结果。

(2)新建单价文件

选择“视窗2/单价”，点按“新建文件”图标，系统自动生成一个名为“请输入名称”的新单价文件。用鼠标单击“单价”目录下的“请输入名称”进入编辑状态，输入单价文件名称。打开单价文件的属性表，即让光标停在视窗2的单价文件上，再点按文件属性图标，在弹出的属性表对话框中选择养路费车船税标准，并确定好其他参数后，点按“确认”图标“√”确认退出，如图5-4-6所示。

(3)调用其他单价文件

按调用共享文件或导出、导入非共享文件来实现。

如果其他建设项目有共享的单价文件，则可以在打开的建设项目中执行“建设项目/共享文件”菜单，就可以选用所要调用的“单价文件”，点按确定，就会在本项目中打开选定的单价文件。如果其他建设项目中有“非”共享的单价文件，则先要导出所需单价文件，然后再导入此单价文件到本建设项目中。不论是“共享”或“非共享”单价文件，引入本建设项目后，其单价文件通常也不全，均要待建立单项工程文件和工、料、机分析结束后进行补充。

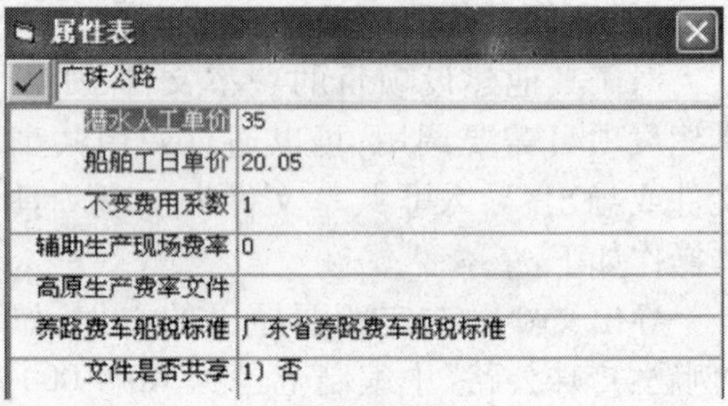

图 5-4-6

5)建立单项工程文件及项目表

(1)新建单项工程文件

在建立工程项目表之前，要先建立一个单项工程文件。所谓单项工程是指某条路线文件或独立桥梁文件。

建立单项工程文件可将光标停在“视窗2/单项工程文件”，如“路线”上，点按“新建”图标，生成一个“请输入名称”的单项工程文件；用鼠标单击视窗2的“请输入名称”，输入该单项工程的编制范围，如：××桩号、××段等。这里输入的内容将进入到报表中，作为编制范围打印使用。

打开新建的单项工程文件后，点按“文件属性”图标，在弹出的工程属性表的“选择项”中用鼠标点取参数，在“输入项”中用键盘直接输入参数，完成后点按“确定”图标“√”，确认退出。

(2)建立项目表

建立项目表就是确定有哪些分项工程。点按工具栏“增加标准项”图标，打开“标准项目表”。在所要选择的项目前的方框里打上勾，完成选择后点按“确定”键确认退出。

非标准增加是指建立项目表时，自定义项、目、节，Wcost2000提供了3种非标准增加的方式，即追加子项、插入前项、追加后项。点按非标准增加快捷图标(如插入前项)，系统会自动弹出一个“增加非标准项”对话框，在其中输入编号、名称，并选择单位，再点按“确定”键确认，如图 5-4-7 所示。

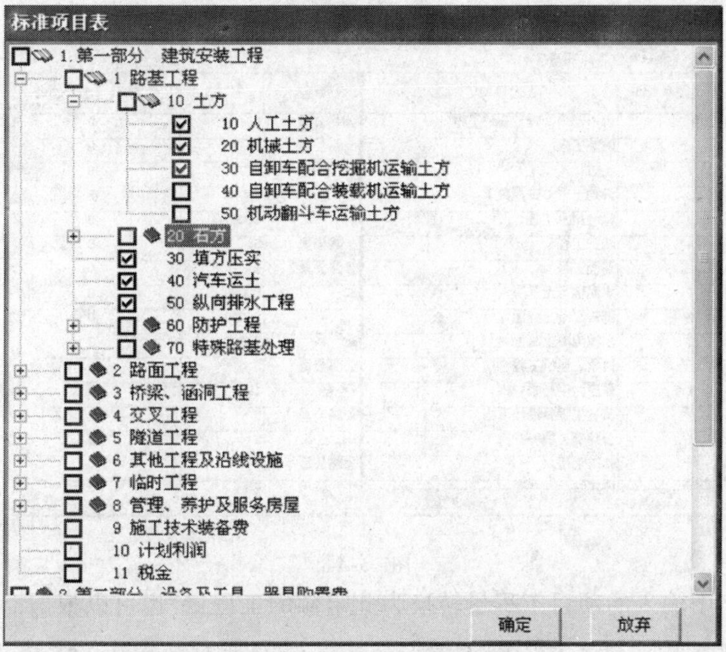

图　5-4-7

6)输入工程量

当完成项目表的编制后,点按“项目文件/ 填写公路公里(桥梁米)数量”菜单,系统会给单位为“公路公里”的所有分项填写路线(桥梁)长度。同时,将其他单位的项目工程量在“视窗 1/表格”中一并填入,以便于套定额时,可自动调用;同时,报表有关项目工程量的数据均来自于这里。

打开单项工程文件后在视窗 1 左上角有 4 个选项,即层次、表格、文本、报表。此时还要将视窗 1 中的“表格”打开,在表格中有“数量 1”和“数量 2”,当项目有两个单位时要填入两个单位,如中桥单位是“m/座”,则“数量 1”填“m”,“数量 2”填“座”,如图 5-4-8 所示。

7)定额录入、调整、取费

(1)定额录入、取费

工程项、目、节确定以后,就要套用合适的定额,套定额可以用鼠标点入,也可以用键盘输入。

定额选取:打开视窗 2 的单项工程文件→选择视窗 1 项目表中的计算项目→双击打开视窗 2 中的所需定额库及定额类别→找到定额所在的章、项、子目→选取合适的定额子目→在视窗 3/定额子目中,选取定额并点击选入图标(手形)确认。此时,在视窗 3 右半部的“已选定额表”中就会显示出已选好的定额。在已选定额表中需填入工程数量、取费类别。重复以上操作选好其他分项的定额,点按“退回”按钮,结束定额选取操作,如图 5-4-9 所示。

定额输入:打开单项工程文件后,选择视窗 1/项目表中的计算分项→进入“视窗 3/定额计算类”→“在定额表号”栏里直接输入定额号→回车或移动光标后即显示出该定额的名称、单

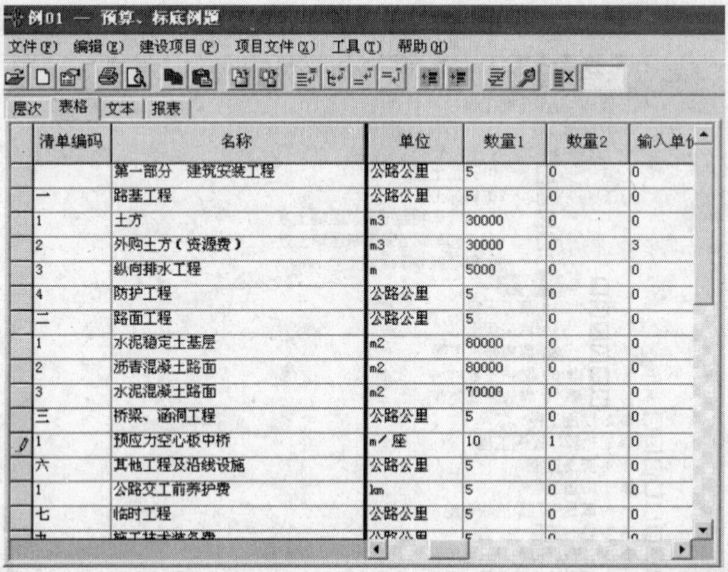

图 5-4-8

位，同时根据表格中输入的项目工程量转换为此定额的工程量，也可以根据情况直接修改。

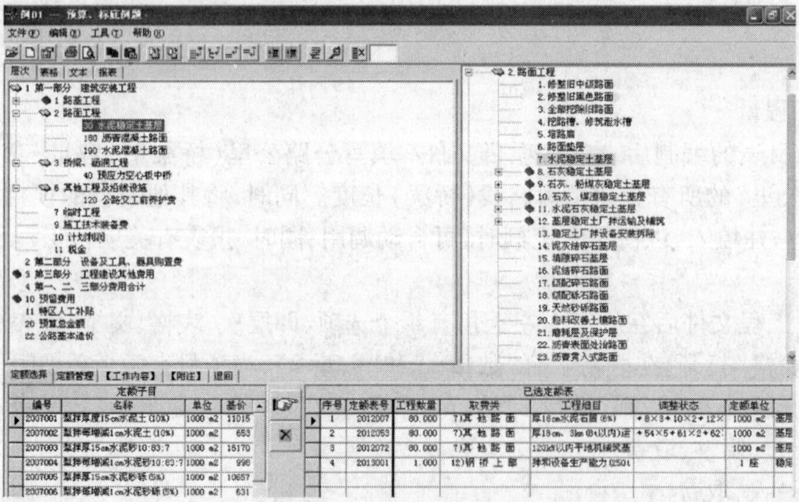

图 5-4-9

(2)定额调整

一个分项工程在查定额时往往不只用到一个定额，也不只用到一栏定额值，而需要几个才能完成。另外，设计的混凝土配合比，或石灰、水泥剂量与定额不符时需要进行抽换。遇到这种情况，软件具有对定额进行调整的功能。调整项目有增加辅助定额指标；砂浆、混凝土配合比调整；工、料、机消耗修改等。这里主要叙述辅助定额调整和砂浆、混凝土配合比调整，其余调整请参阅软件使用手册。

辅助定额调整：

实际施工内容 基层厚 20cm，运输 3km，8t 以内自卸车运输

主定额　2012053——厚 15cm,第一个 1km(8t 以内)运输

辅助定额 1　2012054——增减 1cm,第一个 1km(8t 以内)运输

调整量　20 - 15 = 5(厚度调整)

辅助定额 2　2012061——厚 15cm,每增运 1km(8t 以内)运输

调整量　3 - 1 = 2(运距调整)

辅助定额 3　2012062——增减 1cm 每增运 1km(8t 以内)运输

调整表达式　54 × 5 + 61 × 2 + 62 × 10(综合调整)

对于上述例子,在实际操作时可打开本分项工程,选择需要调整的定额,点按"定额调整"图标进入定额调整状态,切换到辅助定额后,在"辅助定额 1"中输入 2012054。也可以将光标停留在"定额号"栏中,双击鼠标左键寻找辅助定额(Wcost 会找到最靠近主定额的辅助定额),或根据按钮后翻、前翻查找并确定辅助定额,如图 5-4-10 所示。

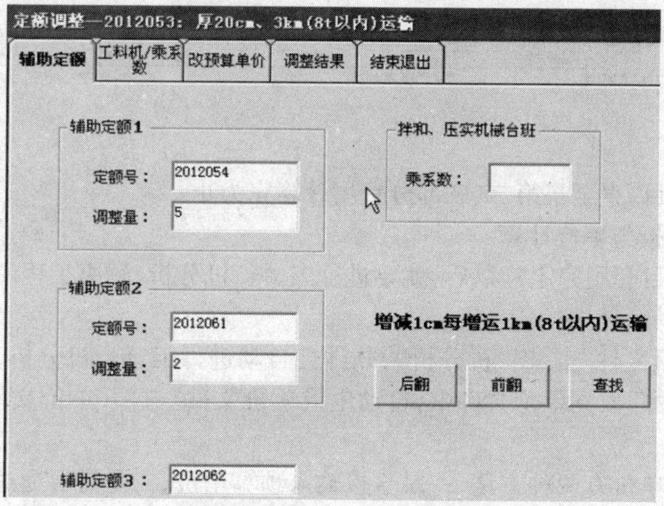

图　5-4-10

另外,在对话框内还有一个乘系数问题。根据概预算定额规定,如果基层等压实厚度超过规定厚度时,拌和、压实机械台班应乘以系数 2,至于所需要增加的工日数软件会自动增加。

砂浆、混凝土配合比调整:如前所述,进入定额调整状态后,将其切换到"砂浆、混凝土配合比",在"表号"下拉键中选择所需的新的配合比,软件将自动对辅助定额做相应调整。

8)计算第二、三部分费用

(1)打开"标准项目表",在项目表中选择第二、三部分费用项目。这一步在前面"建立项目表"时也可以完成。

(2)打开视窗 1 中需计算的费用项目,同时在视窗 3 中可以看到"数量计算类"和"列表计算类"等选项卡,根据费用项目的不同计算方法,打开相应的选项卡。如"勘察设计费"应属于列表计算类。

(3)对数量单价类,可直接在视窗 3 中输入计算项目的名称、单位、数量和单价。

(4)对列表计算类,在输入计算项目名称后,还需输入计算式。此时可以用计算编辑器进行。方法是点按视窗 3 计算式一栏中的下拉按钮,即可打开计算编辑器。计算编辑器中有计

算基数的选择,方便计算,如图 5-4-11 所示。

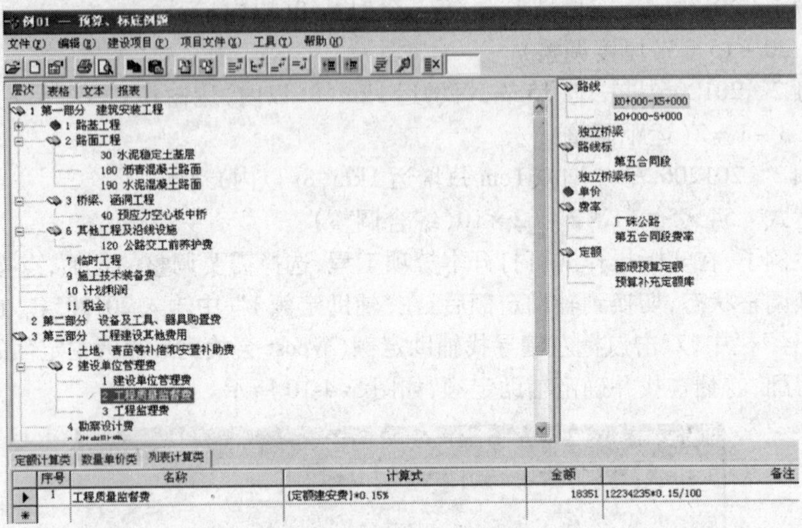

图　5-4-11

逐一计算每一目,直至将第二、三部分费用计算完为止。

9)工、料、机分析与单价计算

对分项工程项目套用完定额以后,就要进行工、料、机分析,解决工程所需的人工、材料、机械台班及相应的单价。

选择菜单"项目文件/工、料、机分析",软件会自动进行工、料、机分析,检测出每个定额所需的工、料、机,汇总后放到单价文件中,自动生成单价文件。打开单价文件,即可确定工、料、机单价。

确定工、料、机单价有两种方法,一是直接输入预算单价,二是需要通过单价计算后才能求得预算单价。对于需要通过单价计算的材料,先将其涂蓝选择后,点按"单价文件/添加计算材料"菜单,将选择的材料添加到视窗 3 中,进入材料计算状态。也可以用鼠标双击三角按钮,直接选入一个材料进行单价计算。

在单价计算中,需要计算运费时,将其切换到"运费计算"状态。对于非自办运输,可根据计算栏填入起讫地点、运输工具、t · km 运价等参数,如图 5-4-12。

对于自办运输材料,在"运输工具"栏下拉键中,选择"自办运输",此时会出现"t · km 运价"计算栏(自办运输定额)。在视窗 2 中打开预算定额第九章,选择所需的自办运输定额,将其定额号输入栏中即可。

对于需要进行原价计算的材料,则切换到"原价计算"栏,进入原价计算状态。当材料为非自采时,直接输入供应价格及个供应点的加权系数;当材料为自采时,在"料场价格计算(自采材料定额)"栏中输入自采材料定额号即可。

机械台班单价计算要简单些,只要输入机械工单价,在"材料"里输入燃料(如煤、柴油等)单价,在"单价文件"表中选择"养路费、车船使用税"地方标准,在视窗 3 中确定可变费用的定额消耗(软件默认为部颁定额消耗)即可。

确定好工、料、机单价计算的全部参数后,点按菜单"单价文件/预算价计算",软件即可完

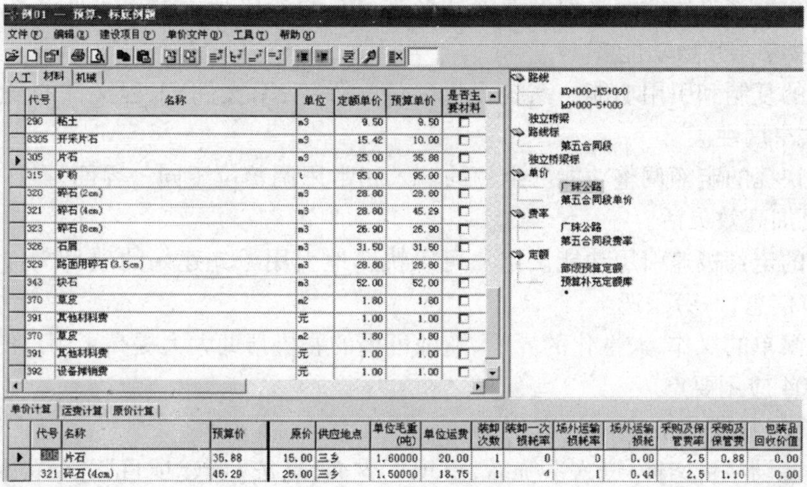

图　5-4-12

成全部单价计算工作。

10)造价计算

打开单项工程项目文件后,点按“项目文件/造价计算”菜单,软件能快速进行全部造价计算。造价计算完毕后在视窗 1 中选择“报表”按钮,就会出现全部的报表文件,用鼠标随意点击某一报表,即可查看该报表的内容。

造价计算完毕后,立即对每套报表进行检查,如有不妥之处,应及时修改、调整,之后重新进行造价计算。

11)输出报表

首先进行页面设置,可设置成 A4 或 A3 纸两种。A4 纸时,左、右边距之和不宜大于 2.5cm,以免文件打印不全。在版式选择中,如不需要 08 表,则要选择“不排版”。若要将当前报表另存为其他格式的文件,如 Excel 或 txt 等格式,则要选择“打印预览”栏,点击“导出报表”图标即可。使用相应的应用程序打开它,便可以进行任意的编辑和输出。

二、公路工程造价分析系统 PCS2004 的使用要点

1. 系统的主要功能和特点

(1)PCS2004 集估算、概算、预算和工程量清单为一体,可轻松、准确地完成工程项目各阶段的造价文件编制及审核。具体地讲,公路施工企业编制投标报价、预算、概算;建设单位编制标底、预算、概算和估算;设计单位编制设计概算、施工图预算;公路管理部门进行投资审核和工程造价审核等,本系统均可完成。

(2)灵活多样的报表输出功能。系统的报表格式设计美观、灵活多样,用户可以任意选择所需的报表幅面。系统同时提供多种单价分析表和审核比较表,并可以直接打印或输出到 Excel 设置成任意格式。

(3)兼容“XJTU”的数据格式。用户可以将数据轻松地导入、导出“XJTU”系统,并生成相应的格式文件,从而实现资源共享。

(4)参数化费率设置功能。部颁费率和各省、市、自治区地方费率可任意新建、选定和维护,并且具有费率乘系数功能。

(5)强大的复制和引用功能。系统提供单价文件、费率文件、工程文件的复制和引用,并可任意设置共享属性。

(6)简单快捷的定额调整功能。定额的输入和常用调整位于同一界面,操作更方便,原始数据的输入更加高效灵活。

(7)独创的定额极速引用功能。用户可以快速地引用原先建好的项目文件中的定额、工程量及项目节信息,一劳永逸。

(8)快捷简单的操作、人性化的界面、随处可得的联机帮助大大提高了用户的工作效率。

2. PCS2004 应用要点

1)编制概(预)算的步骤

(1)新建建设项目文件:进入系统后,出现主界面,点按"新建项目",选择项目类型,输入项目名称等内容,确定。

(2)准备定额、费率、单价文件:系统内已有部颁概算、预算定额文件,使用时直接调用即可。点按"项目管理/费率文件"或"当前工程/费率",选择或输入费率计算参数,即可得到所需费率,把该费率文件另存在一定位置备用。点按"当前工程/单价",选择或输入单价文件属性,确定并另存单价文件。

(3)建立单项工程文件:点按"项目管理/新建工程/路线工程或桥梁工程",在"工程属性"中选择或输入有关参数,确定。

(4)建立项目表输入工程量:点按"当前工程/项目表",在"标准项目节"中双击节点选择项、目、节,并可通过"同级增加"和"下级增加"增加非标准目、节。然后逐一输入工程量。

(5)套定额及定额调整:选择"定额(精灵)",打开要选用的定额子目,双击定额细目,即完成定额选择工作。

需要进行定额调整时,点击"定额调整"在已选入的定额中选定要调整的定额,根据需要分别对"工料机或混凝土(消耗量)"、"辅助定额(厚度、距离调整)"、"稳定土(配合比)"等进行调整。

(6)输入定额工程量并取费:在选好的定额中输入工程量及取费类别。

(7)确定第二、三部分费用:按照《编制办法》的有关规定,并结合工程实际需要计列相关项目,采用系统中的"数量乘单价"或"公式计算"功能,输入已知参数或计算公式进行费用计算。

(8)综合计算:点按"项目管理/综合计算",系统会自动计算出结果。但该结果的工料机预算单价是系统默认的定额基价,要得到实际的预算结果,需对单价文件进行修改和计算。然后再进行综合计算。

在单价文件中可以直接输入预算单价,也可以进行单价计算。计算时,点击"工料机分类",选中要计算的材料,击鼠标右键,点按"选择为计算材料",输入原价、装卸次损耗等,进行运杂费时,选择"运杂费计算",输入起讫地点、运输方式、运距、运价、装卸单价次数等参数。还可以进行"原价和料场"计算。

(9)查看报表审核结果:选择"当前工程/报表",打开要查看的报表,并进行审查,若不满意,对(4)~(8)步进行修改。

(10)打印输出:若对计算结果满意,进行打印设置和格式设置后即可打印。

2)编制标价的工程量清单及进行造价分析的步骤

新建建设项目文件→准备单价、费率、补充定额文件→新建工程量清单、建立分摊项(如果有)→导入工程量清单→选定额、调整、取费→100 章费用计算→确定单价分析表→综合计算→分摊及计算→调价计算→报表输出。

本系统拥有强大的造价分析功能,工程量清单的编制非常快捷方便。下面叙述编制工程量清单的方法。

(1)新建建设项目文件:与概预算编制方法基本相同,只是把"项目类型"选择为"清单文件"。

(2)准备单价、费率、补充定额文件:同概(预)算编制。

(3)新建工程量清单、建立分摊项:在标准项目节中双击鼠标左键选择所需内容,并通过"追加后项"建立分摊项,输入编号、名称、单位、工程量等参数。

(4)导入工程量清单:在 Excel 或 Word 中录入清单,再导入到本系统中,或复制其他工程的清单到本系统,并对之修改即可。

(5)选定额、调整、取费:同概预算编制。

(6)100 章费用计算:采用数量乘单价或公式计算的方法进行计算。

(7)确定单价分析表:在单价分析表栏内打"√"选择确定。

(8)综合计算:点"项目管理/综合计算"即可。

(9)分摊及计算:点按当"前工程/分摊/执行分摊",选择分摊方式(按混凝土用量分摊、按清单金额分摊、自定义分摊比例),然后保存。

(10)调价计算:结合招标或投标策略,如果对计算结果不满意,可根据以往编制工程报价的经验,确定新的单价,即调价。操作时,点按"当前工程/调价",在总报价行输入调价系数,或差额或目标报价,点按"应用"即可完成。

若在调价后改变了项目内容,在综合计算后点"初始化/恢复",重新调价。若需要选择不同的调价范围,可在上部的表格"调价"一栏中打勾选择。若只调工料机单价,在应用后"综合费"列调价系数改为 1。若只调综合费,则将工料机行调价系数改为 1。

本系统可打印调价前和调价后两套报表,见"报表"。

(11)报表输出:系统提供的报表相当丰富,用户可以根据需要随意选择,输出时可以任选页面和格式。

课题五　概(预)算编制练习

前面已经把公路工程概(预)算的编制方法介绍完了,下面我们以一个工程实例进一步说明概(预)算的编制。

1. 路线名称及地理位置

某公路位于河南省境内,地处平原微丘区。

2. 主要设计资料

(1)该公路为二级改建公路,长 8.5km,路基宽 12m,路面宽为 9.0m,路面基层为 3% 水泥

10% 石灰综合稳定土,厚 20cm(机械沿路拌和),路面面层为水泥混凝土路面(混凝土场拌,自卸汽车运输 2km),厚 24cm,水泥混凝土标号为 30 号普通混凝土,土路肩宽 2×1.5m,厚 24cm。

(2)该路段以机械施工为主,工期一年(不计物价上涨费),工地转移距离 100km,主副食综合里程 10km。

(3)本段路占用农田 65 亩,土地、青苗补偿费按 8000 元/亩计算。

(4)汽车临时便道 4km,路基宽 7.0m,无路面。

(5)临时输电线路支线 500m(三线橡皮线)。

(6)供电贴费按总用电量每 kW·h 补助 0.68 元计算。

(7)本路段交工前养护里程 8.5km,平均养护月数为 3 个月。

(8)该路段需购置路政电脑管理设备 3 台,每台 8000 元。

3. 主要工程数量

(1)路基挖土方(普通土):65 000m^3,零填及挖方压实:51 000m^2

(2)填土方:38 000m^3

(3)路面基层:3% 水泥 10% 石灰综合稳定土 80 750m^2

(4)水泥混凝土路面:76 500m^2,钢筋:16.3t

(5)防护工程:干处挖基土方 64m^3,5 号浆砌片石基础 48m^3,5 号浆砌片石护坡 105m^3

4. 主要材料、供应价格、运距一览表(表 5-5-1)。

材料供应价格、运距一览表　　表 5-5-1

序号	代号	规格名称	单位	供应价格(元)	起讫地点	装卸损耗率	运输方式、比重及运距(km)
1	10	原木	m^3	850.000	驻市—汝南		汽车 30km
2	11	锯材	m^3	1300.000	驻市—汝南		汽车 30km
3	16	Ⅰ级钢筋	t	2200.000	驻市—汝南		汽车 30km
4	17	Ⅱ级钢筋	t	2200.000	驻市—汝南		汽车 30km
5	20	钢绞线	t	5000.000	驻市—汝南		汽车 30km
6	28	波纹管钢带	t	6000.000	驻市—汝南		汽车 30km
7	31	型钢	t	2300.000	驻市—汝南		汽车 30km
8	32	钢板	t	3000.000	驻市—汝南		汽车 30km
9	35	钢管	t	4400.000	驻市—汝南		汽车 30km
10	41	钢丝绳	t	6000.000	驻市—汝南		汽车 30km
11	42	电焊条	kg	3.000	驻市—汝南		汽车 30km
12	52	钢护筒	t	4000.000	驻市—汝南		汽车 30km
13	55	钢模板	t	4000.000	驻市—汝南		汽车 30km

续上表

序号	代号	规格名称	单位	供应价格(元)	起讫地点	装卸损耗率	运输方式、比重及运距(km)
14	57	组合钢模板	t	4000.000	驻市—汝南		汽车 30km
15	58	门式钢支架	t	4000.000	驻市—汝南		汽车 30km
16	80	钢支座	t	7000.000	驻市—汝南		汽车 30km
17	86	板式橡胶支座	dm^3	80.000	驻市—汝南		汽车 30km
18	128	钢绞线群锚(19 孔)	套	800.000	驻市—汝南		汽车 30km
19	132	钢绞线群锚垫板	t	5000.000	驻市—汝南		汽车 30km
20	145	板式橡胶伸缩缝	m	321.000	驻市—汝南		汽车 30km
21	150	铁件	kg	3.500	驻市—汝南		汽车 30km
22	151	铁钉	kg	3.500	驻市—汝南		汽车 30km
23	153	8～12 号铁丝	kg	3.500	驻市—汝南		汽车 30km
24	154	20～22 号铁丝	kg	4.000	驻市—汝南		汽车 30km
25	160	铸铁管	kg	2.500	驻市—汝南		汽车 30km
26	176	橡皮线	m	5.000	驻市—汝南		汽车 30km
27	177	皮线	m	4.000	驻市—汝南		汽车 30km
28	230	油毛毡	m^2	2.500	驻市—汝南		汽车 30km
29	242	325 号水泥	t	210.000	确山—汝南	0.4	汽车 50km
30	243	425 号水泥	t	220.000	确山—汝南	0.4	汽车 50km
31	260	石油沥青	t	1910.000	驻市—汝南	1.0	汽车 30km
32	263	重油	kg	2.500	驻市—汝南		汽车 30km
33	264	汽油	kg	3.200	驻市—汝南		汽车 30km
34	265	柴油	kg	3.000	驻市—汝南		汽车 30km
35	266	煤	t	230.000	驻市—汝南	0.4	汽车 30km
36	267	电	kW·h	1.000	汝南		
37	268	水	m^3	2.000	汝南		
38	269	木柴	kg	0.300	驻市—汝南		汽车 30km
39	275	青(红)砖	千块	180.000	驻市—汝南	1.0	汽车 30km
40	278	生石灰	t	105.000	确山—汝南	1.0	汽车 50km

续上表

序号	代号	规格名称	单位	供应价格(元)	起讫地点	装卸损耗率	运输方式、比重及运距(km)
41	280	土	m^3	0.010	汝南	1.0	
42	285	砂	m^3	10.000	确山—汝南	1.0	汽车 50km
43	286	中(粗)砂	m^3	10.000	确山—汝南	1.0	汽车 50km
44	287	砂砾	m^3	10.000	确山—汝南	0.4	汽车 50km
45	290	粘土	m^3	15.000	汝南		
46	305	片石	m^3	15.000	确山—汝南		汽车 50km
47	315	矿粉	t	110.000	确山—汝南	0.4	汽车 50km
48	320	碎石(2cm)	m^3	21.000	确山—汝南	0.4	汽车 50km
49	321	碎石(4cm)	m^3	21.000	确山—汝南	0.4	汽车 50km
50	323	碎石(8cm)	m^3	20.000	确山—汝南	0.4	汽车 50km
51	324	碎石	m^3	20.000	确山—汝南	0.4	汽车 50km
52	326	石屑	m^3	20.000	确山—汝南	0.4	汽车 50km
53	327	路面用碎石(1.5cm)	m^3	0.000	确山—汝南	0.4	汽车 50km
54	328	路面用碎石(2.5cm)	m^3	21.000	确山—汝南	0.4	汽车 50km
55	329	路面用碎石(3.5cm)	m^3	0.000	确山—汝南	0.4	汽车 50km
56	343	块石	m^3	50.000	确山—汝南		汽车 50km

注:新规范水泥、混凝土按强度等级分级,不影响计算结果。

运价率为 0.4 元/(t·km),由于各地装卸费标准不一致,暂不计装卸费和杂费。

根据上述工程设计资料,参照《编制办法》中"路线工程概、预算项目表",并结合《预算定额》相应子目,将工程分解,并按项、目、节的顺序一一列出,以便准确套用定额,输入工程数量。

运用 Wcost2000 标准版(V7.25 版)软件编制的上述工程的预算文件见附录。

6

单元六　施工质量管理

【知识目标】

1. 了解质量管理的概念及管理的发展阶段；
2. 熟悉公路工程施工项目质量管理工作体系；
3. 掌握全面质量管理的基本方法。

【能力目标】

1. 具有质量管理意识，能够对施工过程的质量进行管理和控制；
2. 能运用几种主要的质量管理方法进行施工质量管理。

课题一　质量管理的概念

一、质量管理的概念

质量管理，是指企业制定和实施质量方针、质量目标和职责，并在质量体系中通过质量策划、质量控制、质量保证和质量改进等，实施其全部管理职能的所有活动。

质量管理是一个施工企业为保证和提高产品质量而进行的一系列经营活动的总称，其发展过程大体上经历了三个阶段。

1. 质量检验阶段

自 1911 年泰勒出版了《科学管理原理》一书以来，管理职能从作业职能中分割出来，形成了专门的管理职能部门，其中包括专职的质量检查部门。这个阶段仅限于对产品进行检验，目的是发现不合格产品，实质上是一种事后检验。

2. 统计质量管理阶段

1924 年，美国人休哈特运用数理统计的原理，创造了质量管理控制图，使质量管理迈进了统计质量管理阶段。它是把数理统计方法用来控制生产过程和作为产品质量的管理方法。其目的在于用最少费用搜集少量必要的抽样资料进行分析研究，以发现并消除异常性原因对质量的影响，达到“既把关又帮助过关”的目的，从事后把关发展到预防为主。

3. 全面质量管理阶段

20 世纪 50 年代，随着生产迅速发展，单纯依靠统计方法来控制生产过程是不够的，还需做一系列的管理工作。美国人朱兰等人提出了全面质量管理（TQC）的新概念。日本人把这些东西加以吸收，在 20 世纪 60 年代提出：“全面质量管理，是把企业中人的质量意识、经营管理、专业技术和数理统计方法有机地结合起来，形成完整的质量保证体系，用逐级负责制，从研究设计、制造工艺到销售服务，最终使用户得到满意的产品。”日本靠 TQC 实现了经济飞跃，并使 TQC 向更广泛的内容开展，TQC 已经成为了一个国际性的活动。目前我国处于在宣传贯彻 GB/T19000 系列标准（等同 ISO9000 系列标准）基础上深入开展全面质量管理的新时期。

全面质量管理是指参与产品生产的所有组织、部门和全体人员，以产品质量为核心，把专业技术、管理技术和数理统计方法结合起来，建立起一套科学、严密、高效的质量保证体系，控制生产全过程中影响质量的各种因素，以优质的工作，最经济的手段，生产出满足规定要求产品的一系列活动。其基本特征是把工程质量从过去的事后检验、把关为主，变为预防、改进为主；从管理结果变为管理因素，把影响质量问题的诸因素及时查出来，并首先解决主要矛盾；发动全员、各有关部门参加，依靠科学的理论、程序和方法，使产品生产的全过程都处于受控状态。

质量管理发展 3 个阶段的特点与差别摘要对比如表 6-1-1 所示。

质量检验、统计质量管理与全面质量管理的对比 表 6-1-1

全面质量管理	单纯质量检验	统计质量管理
对标准负责，限于保证既定标准	基本按既定质量标准进行控制	把满足用户需要放在第一位，以既定标准为基本，以用户需要为方向，不仅保证或维持质量，而且着眼于提高质量
以事后把关为主	从把关发展到监控生产过程，重在预防控制	防检结合，以防为主，重在管理影响产品质量各项因素
限于生产制造过程管理	从制造发展到设计过程管理	实行设计、生产、辅助、使用全过程管理
依靠少数技术检验人员	依靠少数技术部门、检验部门等管理部门	实行全企业、全员的质量管理
主要用技术检验方法	主要用统计方法	综合运用组织管理、专业技术和数理统计方法
管理对象限于产品质量	管理对象包括产品质量与工序质量	既管产品质量，又管工作质量，不仅保证产品质量好，还要成本低，供货及时，服务周到
实行严格标准化，不仅贯彻一套技术标准，而且要求管理工作标准化	缺乏标准化	限于控制部分的标准

二、质量管理体系

质量管理体系就是施工企业为了长期实施连续有效的质量控制所建立的内部质量体系。根据全面质量管理的基本原理和科学的管理程序，公路工程施工项目质量管理工作体系如图6-1-1所示。

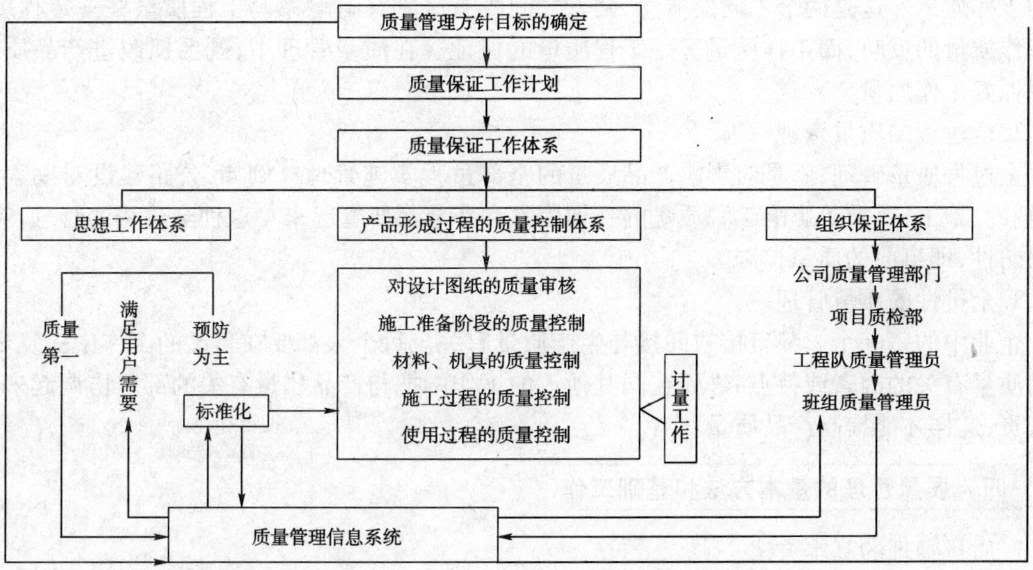

图6-1-1 公路工程施工项目质量管理工作体系

质量管理目标的确定，就是根据项目自身的质量问题、质量通病以及与先进质量标准对比的差距，或者用户提出的更新、更高的质量要求所确定的项目在计划期内应达到的质量标准。

质量保证工作计划，就是为实现上述质量管理目标所采用的具体措施的计划。质量保证工作计划应做到材料、技术、组织三落实。

质量管理目标的确定和质量保证工作计划，构成了质量管理工作体系的"计划"阶段。

质量保证工作体系由思想工作体系、组织保证体系和产品形成过程的质量控制体系组成，它形成质量管理工作体系的"实施"阶段。

质量信息系统，是指对有关质量信息(计划目标、实际资料、资料等)的汇总、分析和处理工作系统。凡是指向质量信息系统的箭头，表示各部门、各环节的实际质量信息的收集和反馈的过程，这就是质量管理工作体系中的"检查"阶段。

凡从质量信息系统发出的箭头，表示对反馈的质量信息经过分析、处理后，发出的调节指令，这就是质量管理工作体系中的"处理"阶段。

三、工程质量的形成及管理的指导思想

工程质量形成于生产过程的全过程，对公路产品而言，即形成于勘察设计、施工准备、施工、辅助生产和养护等生产过程。公路工程质量最根本的取决于勘察设计质量和施工质量。

工程质量，受生产经营活动等多种因素的影响是生产过程中各部门、各项工作的综合反

应。保证和提高工程质量必须把影响质量的因素全面的系统的管起来。也就是说,企业的质量管理包括了企业的全部质量工作,必须要实行全面质量管理,它是管理的更高境界,包含3个基本思想:

1. 全面的质量管理

全面质量管理中的"质量",是一个广义的概念,它不仅包括产品(工程)质量,而且还包括人的工作质量。这是两个不同的概念,两者之间既有区别又有联系。工程质量在一定程度上是工作质量的反映,而工作质量又是工程质量的保证。在质量管理中,既要抓改进产品质量,又要抓好工作质量。

2. 全过程的质量管理

全过程质量管理,就是对影响产品质量的全部过程实施管理。例如,公路建设对勘察、设计、辅助、施工、养护等影响工程质量的一切因素和环节都要管起来。这种全过程的管理,突出了预防性,即事前的质量控制。

3. 全员性的质量管理

企业中的每一个人都直接或间接与生产质量有关。每个人都要在自己的工作中去发现与产品质量有关的因素或特点,进而在同其他人的工作中把与产品质量有关的部分协调起来,各负其责,这样才能提高产品质量。

四、质量管理的基本方法和基础工作

1. 质量管理的基本方法

全面质量管理的基本方法可以概括为1个过程、4个阶段、8个步骤、7种工具。

1个过程是指一个管理的过程,从确定方针,目标,传达布置到贯彻执行,再通过了解情况反映上来,然后经过分析研究作出奖励和制订下一步的措施。

这个过程具体可分为4个阶段,即计划(Plan)、实施(Do)、检查(Check)、处理(Action)4个阶段,形成一个循环,称为PDCA循环,它是由美国数理统计学家戴明创立的,所以也称戴明环。

(1)计划阶段(也叫P阶段)。这一阶段工作内容是分析现状,找出存在的质量问题与原因,针对主要原因,拟定对策和措施,提出计划,预计效果。

在该阶段要明确5个W和1个H:

Why——为什么要有计划?

What——计划要达到什么目的?

Where——在哪个部门进行?

When——什么时候完成?

Who——具体落实到哪个人去办?

How——计划如何去执行?

(2)实施阶段(也叫D阶段)。这阶段工作内容是按计划去实施、执行、使措施得以实现。

(3)检查阶段(也叫C阶段)。这是对执行的结果进行必要的检查和测试,将执行的实际结果,与预定目标对比,检查执行情况。简言之,考察取得的效果。

(4)处理阶段(也叫A阶段)。对检查出来的各种问题进行处理,正确地加以肯定,总结成文，编制标准；不能解决的问题则移到下一循环作进一步研究。即巩固成绩，使效果明显的问题标准化，并把遗留问题移到下一循环。这种关系如图 6-1-2 所示。

PDCA 循环是一个科学管理方法的形象化，它好象一个前进的车轮，不停地向前运转。其特点如下：

（1）循环的完整性。每一个循环都要经历 4 个阶段，缺一不可。

（2）循环的程序性。循环中的阶段和步骤顺序不能颠倒。

（3）循环的前进性。PDCA 循环过程是一个不断前进、不断提高的运动过程，每循环一次都能解决一定的质量问题，并提出新的内容和目标，进入下一个循环。即循环一次，改善一次，提高一步，通过周而复始的循环，使质量水平如同爬楼梯一样，不断提高。如图 6-1-3 所示。

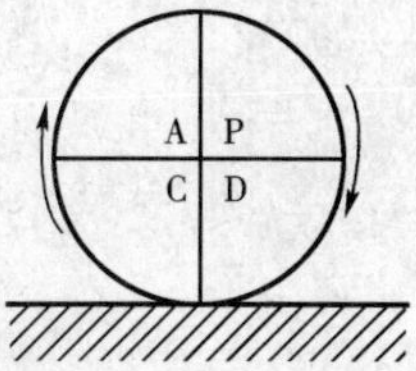

图 6-1-2　PDCA 不断循环

（4）循环的系统性。PDCA 循环适用于企业各级、各方面的管理。整个企业有一个大循环，企业的各级、各部门又都有各自的小循环，依次又有更小的循环，直至每个人。通过大环套小环，环环相扣，一层一层的解决问题，形成整个企业的循环质量管理体系，如图 6-1-4 所示。

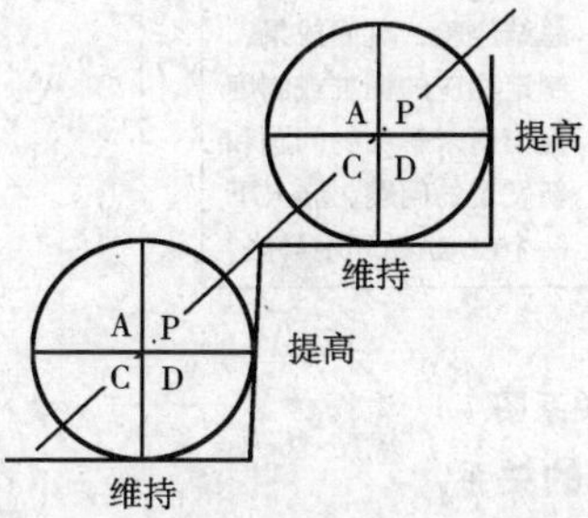

图 6-1-3　PDCA 循环逐步提高示意图

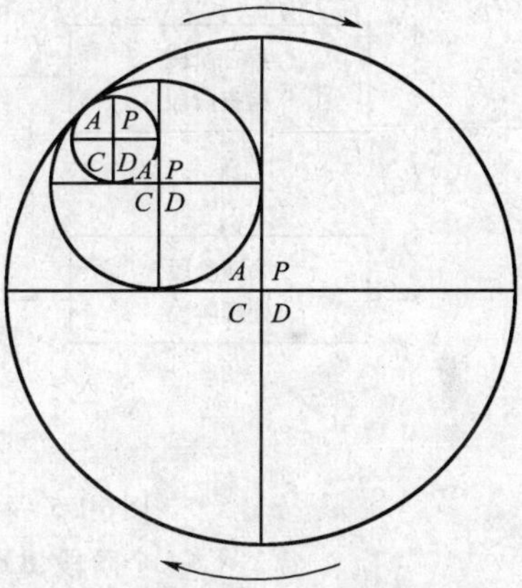

图 6-1-4　PDCA 循环关系示意图

（5）循环的关键是处理阶段。在 4 个环节中，处理阶段是关键，重点在于制定标准。通过总结经验，肯定成绩，并对成绩加以“标准化”、“制度化”，从而形成新的标准，并制定新的目标，使 PDCA 循环能继续转动。否则，PDCA 不再循环，质量也就无法再提高。

为了解决和改进质量问题，通常 4 个阶段又进一步划分为 8 个步骤，见图 6-1-5。

全面质量管理需用科学的数理统计方法对大量的资料进行整理、分析和研究，才能作出科学判断。能应用的统计方法很多，常用的主要有 7 种（又称为 7 种工具）。属于一般统计方法的有排列图、因果分析图、调查表法、分层分析法；属于数理统计方法的有直方图、管理图、相关分析图。

这 7 种工具，由于其研究、分析问题的方法不同而适用于 PDCA 循环中的不同阶段和步骤，4 个阶段、8 个步骤与 7 种工具的关系见表 6-1-2。

2. 全面质量管理的基础工作

1）编制质量体系文件

质量体系文件是企业开展质量管理和质量保证的基础，是质量体系审核和质量体系认证的主要依据。建立、完善质量体系文件可以进一步理顺关系，明确职责、权限和协调好各部门之间的关系。

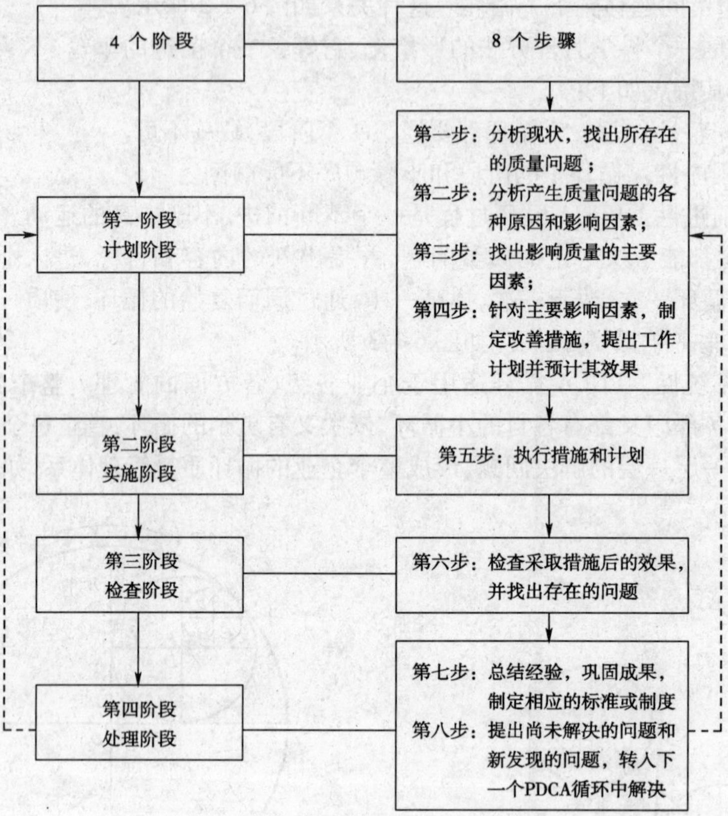

图 6-1-5　4 个阶段与 8 个步骤关系图

4 个阶段、8 个步骤与 7 种工具的关系　　表 6-1-2

4 个阶段	计划阶段				实施阶段	检查阶段	处理阶段	
8 个步骤	① 分析现状	② 找出影响因素	③ 找出主要影响因素	④ 制定解决措施	⑤ 按措施执行	⑥ 调查实施效果	⑦ 制定标准	⑧ 转入下一循环
采用工具	排列图 直方图 管理图	因果分析图	排列图 相关分析图	—	管理图	排列图 直方图 管理图	—	—

注：调查表法和分层分析法是两种最基本的方法，在各个步骤都可能用到。

2）做好计量工作

通过计量工作，可以提供各方面的资料，以实现质量管理的定量化。没有计量，或计量不准，就根本谈不上正确贯彻执行质量标准。

做好计量工作，起码应做到：施工生产中所需的量具、器具及仪表配齐配全，完整无缺，能正确、合理地使用，达到使用灵活可靠。

3）做好质量信息工作

搞好质量管理必须掌握大量准确而又齐全的第一手资料，包括施工过程中各个环节的质量信息、基本资料、原始记录、验收结果、统计分析、以及用户意见等。这些信息和情报资料的收集、整理、分析和反馈，是企业提高和保证质量的巨大动力。必须注意，资料的收集要做到及时、准确、系统、全面。

4）建立质量责任制

质量责任制，是把质量管理各方面的质量要求落实到每个部分，每个工作岗位，把与质量有关的各项工作都组织起来，形成一个严密的质量管理工作体系。

完整的质量管理工作体系，必须组织上要合理，规章制度要健全，责任制要严密，三者缺一不可。

5）开展质量教育，加强技术培训

全面质量管理的中心是人，TQC 认为人的质量观念比什么都重要。要培养人的质量意识，确立质量第一观念，就是要对员工进行质量教育。

质量教育的内容：第一是培养质量意识，第二是学习质量管理方法。

质量教育的对象：首先是各级领导，其次是全体职工。

质量教育的步骤：由初级到高级，长期地、反复地进行。随着不同时期的产品、任务和客观变化情况而变化教育内容。

在加强全面质量管理教育的同时，还要进行一定的技术业务培训，使职工具有保证操作质量的技术知识和业务技术能力。

课题二　施工过程的质量管理

施工过程的质量管理，就是质量事故的防范，是质量管理工作的重点。施工过程的质量管理，就是建立一套完整的质量保证体系，对公路施工项目的所有环节进行质量控制。

一、质量保证体系

公路工程产品质量形成的过程，一般可分为勘察、设计、施工、辅助和使用等 5 个过程。5 个过程之间的相互关系和各自在保证工程质量方面的作用、地位，如图 6-2-1 所示。

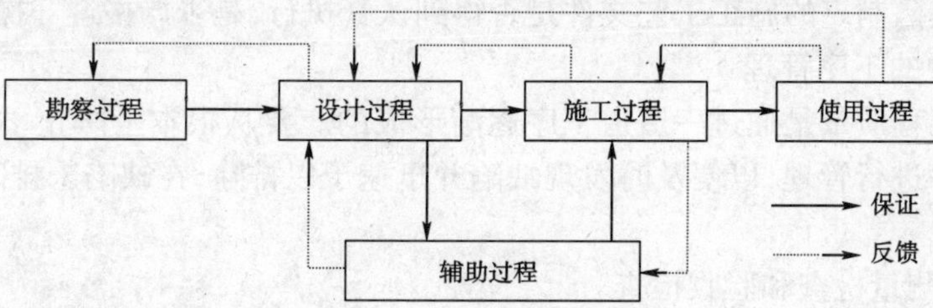

图 6-2-1　5 个过程的关系

从图中可以看出，每一个过程都会对工程质量发生影响，各个过程的相互作用及其配合，即质量保证和质量反馈是否合理，往往对工程质量有很大影响。

质量保证，就是前一过程应做好本过程的质量保证，并对下一过程的质量要求和保证起到预防、控制作用。

质量反馈,就是质量形成的逆过程,凡发现上一过程质量问题,应及时反馈并请示处理。

质量保证体系就是通过必要的制度、手段和方法,把公路建设从勘察、设计、施工、辅助、使用等全过程一切影响质量的因素控制起来,使质量管理工作贯穿于公路建设的全过程。

二、施工准备阶段的质量管理

施工准备工作,是完成公路工程施工任务的重要前提,施工准备阶段的质量管理工作,对公路产品最终的质量有很大的影响,它主要包括以下几个方面的内容。

1. 施工方案和施工组织设计的质量保证

如果施工方案和施工组织设计的质量不高,就难以保证在预定的成本范围内,按期交工和确保工程质量,也就不可能创全优工程。

怎样来保证施工方案和施工组织设计的质量呢?第一,要讲究科学的编制程序和方法;第二,编制时要进行技术经济分析和比较,做到设计优化。

2. 检查施工准备工作的质量

按有关准备工作的计划做如下检查:

(1)全场性的施工准备工作;

(2)单位工程的施工准备工作;

(3)作业条件的施工准备工作。此外还应检查临时性的生产设施是否达到技术标准;施工用机械设备是否检测、试验和鉴定等。

3. 做好技术交底

做好技术交底,使施工人员熟悉工程情况、设计意图、技术要求、质量标准和施工方法,做到人人心中有数。

三、施工过程的质量管理

施工过程的质量管理,是工程项目质量管理的核心,直接影响工程实体的质量状况。

1. 施工过程质量管理的主要内容

1)加强施工工艺管理

工艺管理好了,就可以从根本上减少废品和次品,提高质量的稳定性。加强工艺管理,主要是及时督促检查已制定的施工工艺文件是否得到认真执行,是否严格遵守操作规程等。

2)施工过程中的工序管理

好的产品或工程质量是通过一道道工序逐渐形成的。要从根本上防止不合格品的产生,就必须对每道工序进行管理,以便及时发现缺陷并迅速予以排除,在缺陷未排除前不准进入下一道工序的施工。

3)试验检查、测量检查和验收检查

试验检查的中心任务是对原材料、混合料的试验和检查,对工艺过程的试验、检验,对结构物强度、路基、路面压实度和平整度的试验检查等。

测量检查的基本任务则是保证公路几何要素和结构物的几何尺寸完全符合合同、图纸和规范精度的要求。

验收检查是对公路施工的单个工程或者构件、或者公路结构物的某一独立部分、或者某一部分的检查,如隐蔽工程、墙身、墩、台、梁等。验收检查的实施一般应由项目监理工程师负责,而且承包人必须履行中间交验手续,在自检合格的基础上填报中间交验申请书。

2. 质量管理的依据

(1)设计图纸和有关规范。严格按照设计图纸和技术规范中写明的试验项目、材料性能、施工要求和允许偏差等有关规定进行施工,没有监理工程师的同意,不得引用其他任何标准。

(2)合同条款。图纸和技术规范是对工程的具体要求,而合同条款则是要求承包人执行规范、按图纸施工的法律保证,二者结合起来才能保证工程质量达到规定水平。

3. 质量管理的分项划分

结合公路的专业性质,将公路工程项目划分成若干工程分项或专业,按照质量管理的基本程序和内容,依据合同条款、图纸和规范的规定,对质量进行分项管理。这样做有利于专业对口、分工明确、责任清楚,便于管理。一般可按下列分项进行划分:

1)道路专业

①路基土石方;②路面;③路基防护及排水;④交通工程。

2)桥隧专业

①大中桥;②隧道工程;③小桥涵;④立交。

3)试验

①土工;②钢材与水泥混凝土;③沥青混凝土。

4)测量

①平面及高程;②几何尺寸;③其他。

5)材料

①外购;②当地加工。

4. 质量分项管理控制程序的制定

各工程的分项和专业的管理控制程序各不相同,现以路面工程质量管理控制程序的制定过程为例列举如下:

路面是用各种材料,如砂、碎石、矿渣、工业废渣、水泥混凝土、沥青混凝土等经过制备、运输、摊铺和压实建筑而成的。因此路面施工的质量在很大程度上取决于路面材料的制备、摊铺和压实工艺。抓住路面材料的制备、摊铺、压实这 3 个主要环节的质量管理,路面质量就会得到保证。

例如:沥青混凝土路面面层施工,其质量管理控制程序如图 6-2-2 所示。

5. 施工过程中质量管理的基本方法

(1)设立管理点,运用数理统计方法实施质量管理控制。所谓管理点,就是设置在需要加强质量管理控制的重点工序(或重点部位)的测试点。正确设立管理点是进行工序质量管理控制的前提。管理点通常设置在:

①关系到工程主要性能和使用安全的关键工序或部位。

②工艺上有特殊要求,对下道工序或后续工程有重大影响的工序或部位。

③质量不稳定,出现不合格较多的工序或部位。

第一步：沥青混合料配合比设计

承包人按规定的级配范围并参考沥青用量，在试验室制订符合规范规定的多种沥青含量配合比设计，并将各组沥青含量配合比设计所做的试验结果报监理工程师审批，监理工程师在审查满意后以正式文件批准试拌

↓

第二步 拌和厂试拌

承包人按监理工程师批准的沥青混合料配合比设计进行工厂试拌，试拌时严格控制拌和温度和拌和时间。根据试拌情况推荐一组最佳沥青用量和最佳拌和时间的混合料。监理工程师在选取时经反复查看和检查，选择其中最佳一组，并以正式文件批准试拌

↓

第三步 沥青混合料的试铺

承包人根据监理工程师批准的最佳沥青用量的混合料进行试铺，试铺时严格控制摊铺和碾压温度。若一切符合要求，承包人应向监理工程师提交一份试铺报告，经监理工程师以正式文件批准后可进行大面积的铺筑

↓

第四步 正式铺筑沥青混凝土面层

承包人按批准的沥青混合料配合比设计和试铺报告所总结的一套程序进行拌和和摊铺压实，正式摊铺碾压时承包人对摊铺和碾压温度进行不间断的测试和记录，待路面摊铺、压实并经各项指标测试一切符合标准后，由承包人填写中间交验申请书，报监理工程师批准

↓

第五步 计量

在承包人和监理工程师都在场的情况的下进行实际量测，由承包人填写计量申请，监理工程师审查认可后签字

图 6-2-2 沥青混凝土路面面层施工质量管理控制程序

④根据反馈信息，质量不良的单位。

(2)开展质量统计分析，掌握工程质量动态。开展工人和班组的自检和互检，同时组织专业人员进行专门检验。

为了充分发挥施工过程中质量管理的预防作用，必须系统地、经常地掌握各施工处、施工班组在一定的时间(月、季等)内产品质量或工作质量的现状及发展动态。为此，就必须开展

质量状况的统计分析。统计分析的指针一般有两类：

①工程质量指针。主要有优良品率、合格率及分布情况，用以考核分部（项）工程的质量水平。

②工作质量指针。主要有废品率、返修率等。

通过分析，查出发生质量问题的原因，如图纸错误、材料不合格、不按图施工、违反工艺及操作规程、技术指导错误等。在几个原因同时起作用的情况下，则要分清主次。原因力求具体，以便采取预防措施和防范对策。

课题三　施工质量管理常用方法

在全面质量管理中，常用的统计方法主要有7种：排列图法、因果分析图法、调查表法、直方图法、管理图法、分层法、相关图法。此外，还有正交试验法、优选法、系统图法、矩阵图法、矩阵资料分析法等。在本节重点介绍排列图、因果分析图、调查表、直方图、管理图5种统计方法。

一、排列图

排列图又称巴累托（Pareto）图或主次因素排列图，这是找出影响产品质量主要问题的一种有效方法。巴累托是意大利经济学家，他最早用排列图来分析社会财富占有状况。后来，美国质量管理学家朱兰（J·M·Juran）在质量管理中采用了排列图。

把影响工程（产品）质量的缺陷、特性或要因（简称项目），用宽度相等、高度为该项目频数的直方，按着由高到矮的原则，由左向右排列到直角坐标中并对应画出各项目累积比率变化曲线。这种图称为质量管理用的排列图。

1. 排列图的作法

（1）决定调查对象，收集资料。

确定调查对象、范围、内容等，通过实测收集一批数据，并按内容和原因进行分类。

（2）把经过整理的数据，按照频数（点数）的大小重新排列项目，计算各自的比率、累计百分率（如表6-3-1所示）。

质量问题调查　　表6-3-1

项　目	质量问题		累计百分率（%）
	个数	所占（%）	
混凝土强度不符合设计要求	78	56.5	56.5
构件表面蜂窝麻面	30	21.7	78.2 = 56.5 + 21.7
局部有露筋	15	10.9	89.1 = 78.2 + 10.9
振捣不密实	10	7.2	96.3 = 89.1 + 7.2
养生不合理早期脱水	5	3.7	100 = 96.3 + 3.7
合计	138		

(3)在坐标纸上画出纵、横坐标,并画出各项目的直方(见图6-3-1)。

在横坐标上从频数大的项目起自左到右依次写入项目名称。左边纵坐标表示频数,右边纵坐标表示累计百分率。纵横坐标的长度比一般为1:1 ~2:1。按照这个比例来决定刻度的间隔。各直方的宽度相等,直方之间不留空隙。

(4)画出累计百分率曲线。根据累计百分率在直方图相应部位点上点,连接这些点,便得一根曲(折)线,叫做"累计百分率曲线"。

(5)分析主要因素。把排列图的累计百分率曲线分为3类,分别在80%和90%处绘两条横线,把图分成3个区域:0% ~80%为A类因素,称为主要因素;80% ~90%为B类因素,称为次主要因素;90% ~100%为C类因素,称为次要因素。这样找到主要因素,就可以集中力量加以解决。

(6)写入必要事项,包括标题、期间、数字合计、工序名称、制作者等。

【例6-3-1】 某大桥的构件预制场,在一段时间内,质量问题较多,经抽样调查,发现138个样品的质量问题,如表6-3-1所示,试绘制排列图,并分析主要因素。

解:按上述作图步骤,绘制本例排列图,如图6-3-1所示。

经分析,"强度不足"和"蜂窝麻面"两项为主要因素。

2. 排列图的用途

(1)找主要问题。利用排列图,可以从很多问题中找出其中最主要的问题。

(2)调查质量不良及故障的原因。

(3)鉴定技术改进的成果。

3. 排列图的应用要点及注意事项

(1)在制作排列图时,要掌握尽可能多的情报(资料)。

(2)要抓住关键的少数,因素分类不宜过多,突出一两个主要原因,以便集中力量去解决。

(3)要变换分层方法,从不同方面进行分类,从各种不同角度分析问题,画出排列图进行比较,这样容易从复杂的问题中找出最主要的问题。

(4)对一个问题采取措施前后都要画出排列图,对照分析,验证效果。

二、因果分析图

找到主要矛盾以后,可用因果分析图找出主要矛盾产生的根源。因果分析图又称特性要因图或鱼刺图。它是日本东京大学教授石川馨提出的一种简单而又有效的方法,它的格式如图6-3-2所示。

发生产品质量问题的原因是多方面的,但是一般总离不开机械、人、工艺、材料、测量和环境6个方面。每个原因又有它产生的具体原因(次要原因),而这些次要原因则是由于更小的原因形成的。把所能想到的原因分门别类的归纳起来,绘成一张树枝状或鱼刺状的因果分析图,就能搞清楚各个原因之间的关系。当然主要原因不一定是这6类,可以根据具体问题来分析,从各个不同角度来分析质量问题的起因,凡是想到的原因都要一个不漏地列在因果分析图上。如图6-3-3所示为某混凝土裂缝因果分析图。

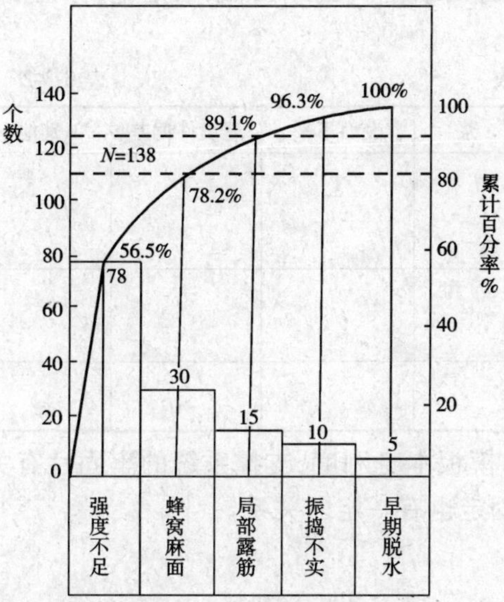

图 6-3-1　排列图

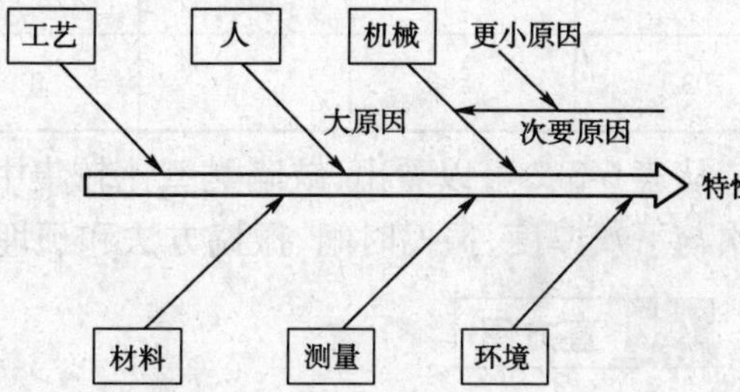

图 6-3-2　因果分析图

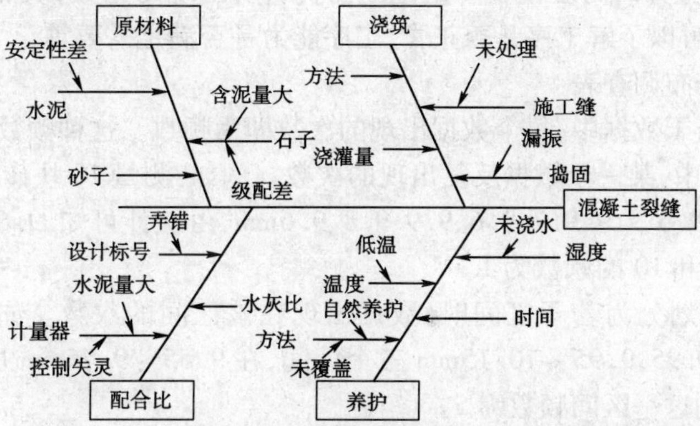

图 6-3-3　混凝土裂缝因果分析图

三、调查表

调查表又称检查表，是用来进行数据收集、整理，并给其他数理统计工具提供依据和粗略原因分析的一种工具，是日常了解问题、监视质量情况的一种简单易行的方法。其格式各种各样，一般根据调查目的有以下几种：

(1)工序分布调查表：可用来作频数分布直方图。

(2)不良项目调查表：可用来作排列图。

(3)缺陷位置调查表：可用来调查质量状况。

(4)不良要因调查表：可用来作散布图。

(5)工程检查评定调查表。

表 6-3-2 是某工地由工长填写的装配式 T 形梁混凝土外观缺陷检查表，也称不良项目调

查表。它用来记载混凝土外观存在的各类缺陷，以便针对缺陷找出原因，采取措施，保证混凝土外观质量。

不良项目调查表 表 6-3-2

施工工段	蜂窝麻面	露 筋	胀 模	漏 浆	表面不平	埋设件偏差	其他
1	一		正	下	丅	丅	
2		一	正一	丅		丅	
3			正	丅		一	

从表 6-3-2 可以看出，缺陷类型比较集中，主要与模板本身刚度、支撑系统的牢固性有关，其次与下灰厚度、振捣时间、振捣方法和预埋铁件的固定也有一定的关系。

四、直方图

直方图又叫质量分布图。它是将收集到的数据，按一定的要求加工整理，然后画成柱状（直方）统计图，每个直方的高度代表一定范围内资料所出现的频数，从而由频数的分布情况来分析质量问题，它可以了解工序是否正常，工序能力是否满足需要等。

1. 频数及频数分布调查表

在质量管理的若干数据中，每个数据出现的次数即为频数。这种频数含意有二种：

（1）在一组资料中，某一个数据反复出现的次数。例如：测量 10 块砖的厚度，其尺寸误差分别为 10、9.6、9.8、9.6、9.9、9.7、9.6、9.9、9.8、9.6mm，由统计可知，9.6 的频数为 4、9.8 和 9.9 的频数为 2、9.7 和 10 的频数为 1。

（2）将一组数据划分为若干区间时，数据出现在该区间的次数。如上例的数据划分为 9.55～9.75，9.75～9.95，9.95～10.15mm 三个区间，在 9.55～9.75mm 区间内，数据有 9.6、9.7 二处合计 5 个，则这一区间频数为 5。

将上列数据按大小顺序整理且划分为三个区间，统计各区间内的数据个数，就得到频数分布调查表，参见表 6-3-3。

频数分布调查表 表 6-3-3

组 号	组的边界	组中值	频 数
1	9.55～9.75	9.65	5
2	9.75～9.95	9.85	4
3	9.95～10.15	10.05	1

由频数分布调查表就可大致看出数据分布的状况了。

2. 频数分布直方图的作法

（1）收集数据。数据不能太少，太少了易使误差大，不精确。一般取 50～200 个，数据总个数为 N。例，某公路实测弯沉值的记录如表 6-3-4，共有 100 个数据，即 $N=100$。

弯沉实测值(0.01mm)　　表6-3-4

数据										X_{max}	X_{min}
256	248	241	255	248	259	240	238	252	241	259	238
246	256	237	252	248	263	254	250	238	245	263	237
248	250	247	244	232	259	246	256	246	234	259	232
250	252	249	250	240	247	251	250	245	244	252	240
242	247	245	245	252	238	248	252	246	247	252	238
243	248	244	244	234	252	250	246	254	247	254	234
252	246	250	248	246	245	268	248	254	241	268	241
249	250	249	246	243	248	260	246	248	248	260	243
244	256	246	252	230	231	246	250	249	254	256	230
250	238	246	246	246	246	252	256	241	247	256	238

(2)求出数据中的最大值X_{max}和最小值X_{min}。全体数据中的最大值与最小值之差,称为极差或散差R,这个R描述了数据分布范围。上例中:

$$X_{max}=268,X_{min}=230$$

$$R=X_{max}-X_{min}=268-230=38$$

(3)确定组距和分组数。分组要适当,一般以分成10组左右为宜。组数用K表示,组距用h表示,一般先定组数,再定组距。组数K的选定可参考表6-3-5。

则:　$$h=R/K$$

本例取$K=8$,$h=38/8=4.75$,取$h=5$。

资料个数与组数　　表6-3-5

资料个数(N)	组数(K)	资料个数(N)	组数(K)
50以内	5~7	100~250	7~12
50~100	6~10	250以上	10~20

(4)确定分组区间值(组界值)。为了避免数据刚好落在组界上,组界值的资料要比原资料的精度高一位。第一区的上下界值,可按下式计算:

$(X_{min}-h/2)\sim(X_{max}+h/2)=(230-5/2)\sim(230+5/2)=227.5\sim232.5$

第二区的上界值=第一区的上界值+h

第三区的上界值=第二区的上界值+h

……

(5)编制频数分布调查表。分组区间值确定之后,就可以绘制频数分布调查表,参见表6-3-6。

(6)画频数分布直方图。从频数分布调查表上可了解数据的分布情况,但为了进一步了解产品质量情况,还可画出频数分布直方图,该图横坐标表示分组区间,纵坐标表示各个组间数据发生的频数,下图是根据上表画成的频数分布直方图,参见图6-3-4。

频数分布调查表

表 6-3-6

序号	分组区间界限值	组中值	频数统计	频数	频　率
1	227.5 ~ 232.5	230	下	3	0.03
2	232.5 ~ 237.5	235	下	3	0.03
3	237.5 ~ 242.5	240	正正	9	0.09
4	242.5 ~ 247.5	245	正正正正正正 下	32	0.32
5	247.5 ~ 252.5	250	正正正正正正正 下	38	0.38
6	252.5 ~ 257.5	255	正正	10	0.10
7	257.5 ~ 262.5	260	下	3	0.03
8	262.5 ~ 267.5	265	一	1	0.01
9	267.5 ~ 272.5	270	一	1	0.01

（7）判断质量分布状态。作直方图的目的，是通过观察图的形状，来判断产品质量是否稳定，预测生产过程的不合格品率。有正常型和异常型两种情况。

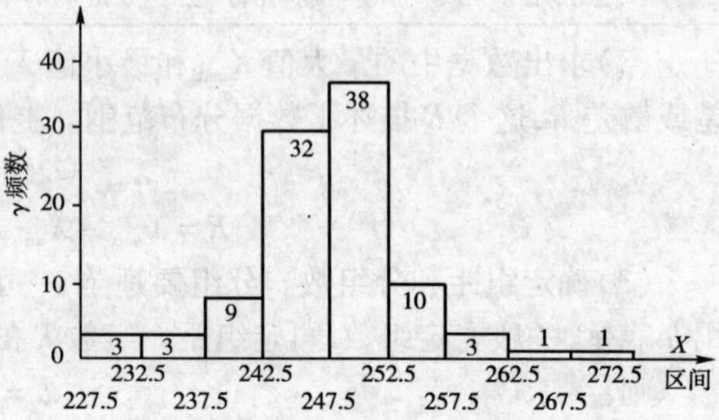

图 6-3-4　频数分布直方图

①正常型：图形中间高，两边低，基本近似正态分布。判断方法是用直方图与公差（或标准）进行对比，看直方图是否都在公差要求的范围内，见图 6-3-5。

图中：$\bar{X}$ 是平均值，B 是实际质量分布范围，T 是公差范围。这种对比有 6 种情况：a）图中，B 在 T 中间，平均值也正好与公差中心重合，实际尺寸两边还有一定余地，这样的工序质量是很理想的；b）图中，B 虽然落在 T 内，但因偏一边，因此仍有超差可能，须采取措施把分布移到中间来；c）图中，B 在 T 中间，但两则完全没有余地，稍有不慎就会超差，必须缩小分布范围；d）图中，公差范围大于实际分布，此时应考虑适当放宽精度，降低成本；e）图中，B 过份偏离 T 的中心造成超差，应采取措施纠正；f）图中，实际尺寸大于公差，产生超差，应缩小实际分布，提高操作精度。

②异常型：若图形呈现孤岛形（图 6-3-5g）、双峰形（图 6-3-5h）、折齿形（图 6-3-5i）、陡壁形（图 6-3-5j）等形状，都为异常型状态，就要分析判断原因，采取处理措施。

五、管理图

管理图也叫控制图，它是动态地分布和判断工序是否处于稳定状态，预报工序中是否存在影响质量异常原因的一种有效工具。

绘制管理图的基本方法是：定期收集若干资料，分别计算其平均值 $\bar{X}$ 和极差 R，点绘成曲线；同时绘出控制上限线 UCL 和控制下限线 LCL，根据资料点在控制线内的分布情况判断工序是否稳定或生产异常，如图 6-3-6 所示。

管理图是典型的动态分析方法，它的控制线是用来判断工序是否发生异常变化的尺度，而决不是用来判断产品合格与否的标准。当生产处于控制（稳定）状态时，图上资料点应在控制界限范围

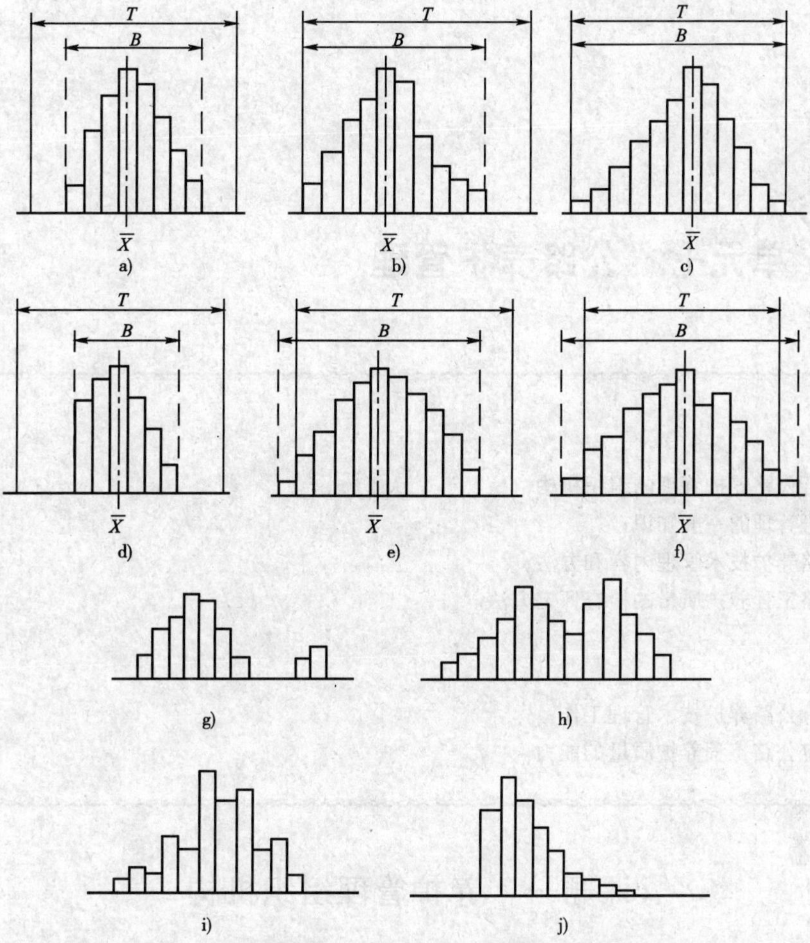

图 6-3-5　直方图的类型图

内和在中心线两侧附近随机排列;当生产处于失控(不稳定)状态时,资料点就会出现异常情况,根据实践归纳,判定异常情况有以下几条原则:

(1)资料点超过控制上、下界限。

(2)资料点在中心线以侧连续出现 7 次以上。

(3)连续 3 点中,至少有 2 点在中心线的上方或下方 2σ 横线以外出现者。

(4)资料点发生倾向性变化,如连续上升或下降、连续多点出现在中心线一侧。

(5)资料点保持周期性的变化等。

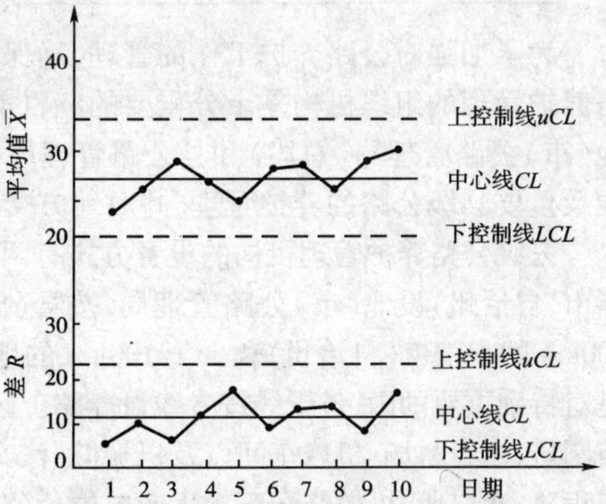

图 6-3-6　管理图

当生产出现上述情况后,就应及时采用全面质量管理的其他几种方法找出原因,采取措施,保证生产的正常进行。

单元七　公路养护管理

【知识目标】

1. 熟悉现行公路养护管理的组织机构；
2. 具备道班管理的一般知识；
3. 熟悉公路养护技术管理内容和方法；
4. 掌握公路工程养护质量的检查评定方法。

【能力目标】

1. 能够进行公路养护技术管理工作；
2. 具备评定公路工程养护质量的能力。

课题一　养护管理组织机构

一、现行公路养护管理的组织机构

为了加强对公路养护工作的管理，确保完成公路养护所规定的任务，建立、健全完善的公路养护管理的组织机构是十分重要的。目前我国基本上采用省级交通部门设省公路管理局、地(市)公路管理局(总段)和县公路管理局(段)三级公路管理机构，负责对国家干线、省级干线及重要县级公路的养护管理，并对地方交通部门养护的一般县、乡公路进行业务指导。

三级公路养护管理机构的设置方式有两种：一是在省公路管理局领导下，原则上按地区(省辖市、自治州)设地(市)公路管理局，按县(旗、市、自治县)设县公路管理局。但养护里程少于500km的小辖市(自治州)和少于100km的地辖市(县)应与相邻的地区或县合并设管理局。二是对特别重要的国、省干线按专线设养路工区(大道班)，并视需要设桥工班、中修工程队、渡班、苗圃班、砂石料场、机修车间以及机械队、汽车队等生产单位。公路局也可根据需要设置直属的工程队、渡口所、机械修配厂等生产单位。公路养护管理机构和基层组织如图7-1-1所示。

省、地(市)、县三级公路养护管理组织机构分别设总工程师、主任工程师和主管工程师组成技术管理体系，是同级行政领导成员，负责贯彻公路养护技术规范及其他有关标准规范的各项规定，有权决定其职责范围内的技术业务问题并负有技术责任，其主要职责为：

(1)贯彻执行国家有关公路技术法规和公路养护、修建的技术政策和规章制度。

(2)定期组织检查公路各项工程设施的技术状况,提出各类养护工程的技术措施和方案。

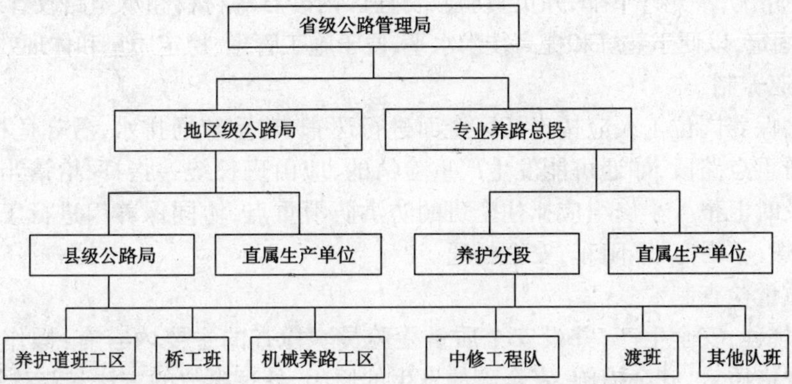

图 7-1-1　公路养护管理机构和基层组织

(3)负责组织养护工程的竣工验收及参与组织改建工程的竣工验收,对不符合工程质量标准的工程项目不予接养。

(4)负责组织公路交通情况调查,系统地观测公路使用情况,掌握各项技术经济指标,充实和修订公路技术档案,逐步建立数据库系统。

(5)掌握国内外公路科技发展动态,积极引进、开发公路养护新技术、新工艺、组织科技交流和培训专业人才。

各级公路管理机构,必须配备足够的养护工程技术人员,要求地(市)级以下管理机构的专职养护工程技术人员每管养 100km 至少配备 4 人。地(市)和县级机构内,养护工程技术人员总数占全部管理及服务人员总数的比例应不少于 30%,随着技术水平的提高和业务人员的补充,其所占比例应相应增加。

二、养护道班任务

一个道班一般担负着 10 ~ 15km 以上的公路养护生产作业任务,如使用机械化养路,则养路里程在 20 ~ 30km 以上,其具体任务是养路和护路。道班养路生产的基本原则是:全面养护,以养路面为主。除养路、护路工作外,还要搞好绿化,管好绿化。对于道班养护工作的评价,应该通过对小修保养工程的工程质量和道班的工作质量的实际成果综合评定。所谓工作质量主要是指班组的计划、管理、各项制度、工人的思想、劳动态度等,而小修保养的工程质量则应按照《公路养护质量检查评定标准》(JTJ 075—94)来进行。

三、道班管理

搞好养路道班生产工作的关键在于搞好班组管理,而搞好班组管理的关键在于健全养路责任制。道班实行的养路责任制,其实质是道班岗位责任制,主要有下列 6 项内容:

1. 小修保养分工制

全班工人划分为小修和保养两个组。分工合作,共同负责,是道班养路责任制的中心。小修组负责全班养护路线范围内进行周期性的养护工作,其基本要求是:在巩固原有路况的前提下,按计划逐步地、有重点地进行小修，提高路况使之符合良等路或优等路标准。保养组则是把养护路线分为几个保养小段，每段安排一定的人力负责经常性的保养工作。其基本要求是：在正常情况下，负责维护路况，不允许下降，并负责验收责任区内砂石等材料和承担路政管理。工人的责任管区宜基本固定，以便于熟练和提高技术水平，便于施工管理、稳定质量和体现效果。

2. 雨雪天巡养制

在雨雪天，保养岗位工人应按责任区全面进行巡查，着重疏通排水，看守危桥，除雪破冰，坚守防洪、防滑重点路段，如遇可能发生严重险情的，应由班长统一指挥，恰请当地乡村支援，组织抢修，并及时上报。小修组应抓住全班的防洪防滑重点，协同保养组进行工作，力争全班所养路线不被毁、不滑车、不阻车，安全畅通。

3. 安全、质量检查制

坚持操作规程，安全生产，并设安全质量检验员。检查的主要内容有：操作方法、施工质量、路面材料规格质量、安全措施、安全事故发生的原因、处理事故的方法和路政管理。检查办法是：以岗位工人经常自检为主，全班工人利用多种方便机会进行现场互检，班组长、检验员采取随时抽查与定期(至少每旬一次)全面检查相结合。

4. 材料、机具保管制

道班要设置机具保管员，具体掌握材料存入(库)数据、规格，以便安排备料计划。掌握现有工具、机械设备的名称、数量、技术状况及盈缺情况，以便安排添置计划，并建立采购、验收、保管、领用、回收、修理、报废、换新等制度，做到有物有账、账物相符。碎石、油料等项材料消耗量要随时记录，定期盘存核对，累积资料，统计实际消耗定额。

5. 班组经济核算制

实行班组经济核算，是全面的核算，它是县公路局经济核算的组成部分。每个人干什么，管什么，便核算什么。班组经济核算应有道班和县公路局共同配合进行。班组经济核算，除了从养路技术经济指标核算外，还要考核使用效果，即汽车运输技术经济指标，要求运输部门定期提供轮胎、油料、车速、小修用料金额等资料，通过前后对比，反映各个时期养路效果对运输的影响。

6. 轮流值日制

为了使道班生产、生活、学习等有秩序的进行，全班人员轮流值日，协助班长领导指挥全日活动，值日员不脱产。其主要职责是：①组织召开当晚的班日生产会议或其他会议；②负责执行前一天晚上班日生产会议决定，组织生产活动，掌握生产动态；③掌握全日作息时间；④填写道班大事记和晴、雨气温登记表；⑤处理日常事物，如整理内务、收拾文件报纸等；⑥收工后检查工具、机械保养，牲畜饲养，检查道班房安全保卫工作；⑦办好值日员上下交班手续，并提出注意事项。

搞好班组组织，除了上述6项内容之外还必须辅以其他一些必要的管理制度，以促进养路责任制的实现。

四、班组经济核算的内容

根据公路养护的特点，要在保证好路率、安全和完成养护任务的前提下，核算班组的人工、材料、机械和其他支出的消耗等有关指标。其主要内容包括：质量的核算、劳动的核算、材料消耗的核算及成本的核算。

1. 质量核算

质量核算主要是对路况进行核算,因为它反映了道班的生产成果。公路质量按部颁标准分为优、良、次、差4个等级。按路面、路基构造物、桥涵隧道、沿线设施、绿化5项内容分项记分,以100分为满分,其中以路面为主,综合衡量,其主要指标为好路率和养护质量综合值,其计算方法在课题三中论述。

2. 劳动核算

上述质量的核算,也是劳动成果的核算。劳动核算,就是核算取得上述成果所消耗的劳动时间。只有对这两方面都加以核算,才能正确考核生产过程中劳动效率的高低。对于一个班组,在定员数量确定之后主要核算以下几项内容:

(1)出勤率核算:核算劳动出勤率的高低。

$$出勤率 = 出勤工日数/制度工日数 \times 100\%$$

其中: 制度工日数 = 日历工日数 - 公休日天数

出勤工日数 = 制度工日数 - 缺勤工日数(考勤记录)

(2)出工率核算:考核出工率所达到的程度。

$$出工率 = 出工日数/出勤工日数 \times 100\%$$

其中:出工日数 = 出勤工日数 - 非生产日数(考勤记录)

(3)工时利用率核算:考核工时利用程度。

$$工时利用率 = \frac{实际工作时间(小时)}{制度工作时间} \times 100\%$$

(4)劳动效率核算:考核道班工人劳动效率的程度。

$$劳动效率 = \frac{实际完成工作项目的劳动数量}{定额劳动数量} \times 100\%$$

例如:某道工某日完成整修边坡200m,定额为180m,则:

劳动效率 = (200/180) × 100% = 111%,超额完成11%。

(5)全班当月平均劳动效率。

3. 材料消耗核算

材料消耗核算是对劳动对象的核算。道班的主要材料是砂、石和油料,系通过定额控制。应注意的是,公路养护单位是根据路龄和路况等级确定的年公里材料消耗定额,反映的是要达到计划要求的好路率必须的材料消耗。因此,材料消耗的核算不是主要核算节约数量,而是要保证这些材料的合理使用,使有限的材料在养护生产过程中充分发挥作用,达到提高好路率的目的。耗用量的降低只有在保证路况质量的前提下才有意义。尽管这样,为了反映班组材料的消耗水平还是应当核算材料消耗的节约或超支。

$$年公里材料消耗节约或超支 = \frac{道班年实际耗用总量}{道班养护里程} - 年公里定额数量$$

4. 成本核算

生产成本是反映生产消耗和生产成果的一个综合性指标,公路养护班组的成本是由上年初一次下达,分季度控制的。因此班组的成本核算首先要对计划成本所有项目进行分解,具体组织实施方案。它包括以下几项内容:

(1)年公里班组养护成本:它是指班组在年度内平均每公里所消耗的生产费用。

年公里养护成本 = 年度内实际总养护费用/养护里程

成本降低率 = [(计划总成本 - 实际总成本)/计划总成本] × 100%

(2)人工成本:指养护班组核算人工费。

(3)材料成本:公路养护的主要材料是砂、石和油料,由于来源不同的,必须分别计算。

(4)机械成本:班组自有的小型机械的核算。

课题二　公路养护技术管理

一、养护技术管理概述

公路养护工作,必须加强技术管理,其基本任务就是要严格贯彻国家有关公路建设、养护的技术政策、标准规范、办法和相应的操作规程、管理条例,以提高公路养护质量并做到安全生产。

公路养护技术管理主要内容包括:交通情况调查、公路路况登记、建立路况数据库、工程检查与验收和公路定期检查。

公路养护技术管理的任务是,严格控制和考核各项技术经济指标,健全基层管理制度,加强安全生产管理。

二、交通情况调查

1. 调查的内容与要求

1)内容

开展交通情况调查是公路交通部门一项重要的基础工作,通过有组织、有计划地进行观测调查,将与公路交通有关的某些数据记录下来,通过对数据进行必要的处理与整理之后再作进一步分析与研究。取得的成果可供有关部门作为公路建设总体布局与规划、公路建设可行性研究、旧路技术改造、公路工程设计、制订养路计划及交通管理措施等的依据,同时,为交通工程学基础理论研究和其他公路科学研究提供基础资料。

公路交通情况调查的内容是指交通量及其组成和行车速度的调查或观测,以及对原始数据的计算整理和分析。有条件的地方可逐步开展车流密度、起讫点、油载、通行能力、车头时距、车辆横向分布等调查工作。

2)要求

交通情况调查应组织专人长期进行,采取相应措施以保证调查数据的准确可靠,并逐步开发应用先进的观测记录和数据加工处理技术。调查整理的资料,应按时逐级上报,归入公路技术档案,长期保存。

2. 交通量观测

1)观测方法

交通量的观测,根据情况可采取下列两种方式:一是间隙式观测,按预先确定的观测日期,对交通量进行定期统计观测;二是连续式观测,全年分小时连续不断地对交通量进行统计观测。

交通量观测方法是用人工或仪器将通过规定观测断面的各种类型车辆分车型记录在表格或计数器具上,每小时终了,将记录结果进行整理并登记于规定的表格上。

2)观测站的设置

凡列入管养范围的路段,原则上都应进行交通量观测。观测站(点)的设置应从全局出发,根据公路网布局和所划定的调查区间,由省、地(市)级公路管理部门决定。连续式观测站,应设在主要干线和重要旅游公路交通量有代表性的适当地点;间隙式观测站应设在调查区间范围内能代表所在路段交通量的地点,每个调查区间只设一个观测站。对于某些特定地点,如交叉口、渡口及隧道出入口等,根据使用目的可设临时性的补充观测站(点),待完成观测任务后撤除。

观测站应选在视线开阔、便于观测的地点,并应离开市区适当距离,以免受城市交通量的影响。观测站(点)位置一经设定,不得随意变动,并应统一编号。

高速公路的交通量观测可结合收费站(点)或监控设施观测。

观测站(点)数量可根据公路里程、路线交通量变化情况,由各省自行确定,并划定调查区间。每省(市、自治区)应在国道上设立若干个连续式观测站。

观测站(点)均应配备固定的观测人员,对于连续式观测站每站一般为4~8人,对于间隙式观测站每站为1人,具体人数可根据交通量的大小来确定。补充观测站(点)人数可视观测断面的个数及交通量大小确定。

3)观测时间

连续式观测时间可从观测站建站开始,连续不断地长期进行。

间隙式观测一般每月应观测2~3次。每个观测日连续观测24h,观测时间一般为观测日6时起至次日6时止。为了减少观测资料的偶然性,观测日应尽量避开法定节假日。观测日若遇地方性集会或一般的雨雪天气,仍应照常观测,但应注明;如遇大雪、暴风雨等特殊气候,应改期观测,改期不应超过3d,对无法补测者,可取消本次观测;由于公路施工等原因阻断交通,短期内不能恢复通车的路段在此期间可停止观测,但应在附注栏内说明上述情况。

夜间交通量稀少的路段及北方严寒季节,在充分积累资料取得昼夜交通量换算系数的情况下,可观测白天6时至18时或6时至22时的交通量,但需计入推算的夜间交通量。

4)资料整理

交通量观测站观测的原始资料,应及时整理、汇总、计算、分析,并按规定的各类报表和图表上报。交通量观测站原始记录日整理表见表7-2-1。

交通量观测站原始记录日整理表　　表7-2-1

路线编号:　　观测站编号:　　名称:　　桩号:　　观测日期:　　年　月　日　天气情况:

车种 交通量 时序	小型载货汽车	中型载货汽车	大型载货汽车	小型客车	大型客车	客货拖挂车		汽车		小型拖拉机	大中型拖拉机	畜力车	人力车	自行车	备注
						拖挂车	集装箱	重型车	合计						
6~7															
7~8															
8~9															
9~10															
10~11															

续上表

交通量 车种 时序	小型载货汽车	中型载货汽车	大型载货汽车	小型客车	大型客车	客货拖挂车		汽车		小型拖拉机	大中型拖拉机	畜力车	人力车	自行车	备注
						拖挂车	集装箱	重型车	合计						
11~12															
12~13															
13~14															
14~15															
15~16															
16~17															
17~18															
18~19															
19~20															
20~21															
21~22															
6~22 小计															
22~23															
23~24															
0~1															
1~2															
2~3															
3~4															
4~5															
5~6															
全天合计 绝对															
全天合计 折算															

注:重型车系指后轴载大于100kN的车辆,此栏供抽样或典型调查时记录统计。　　　　填表人______

根据交通量的观测资料,可用加权平均法计算线路(全线、路段)的平均日交通量 $N_{平均}$:

$$N_{平均} = (N_1 L_1 + N_2 L_2 + \cdots + N_i L_i)/(L_1 + L_2 + \cdots L_i)$$

式中:$N_{1,2\cdots i}$——各观测站的交通量(辆/d);

$L_{1,2\cdots i}$——各观测站所对应的调查区间(代表路段)长度(km);

n——各观测站的个数

3. 车速调查与观测

车速是单位时间内车辆行驶的距离。车速调查与观测包括车辆通过公路较短区间的地点车速调查和较长公路区间(或整条路线)的区间车速调查。每条路线每年不得少于一次,有条件的可适当增加观测次数。地点车速观测可采用人工观测、雷达测速仪、车辆检测仪等方法进行观测。区间车速调查可通过运输部门或经常行驶于某条路线的行车单位进行调查，也可采用跟车法、记车号法、浮动车观测法等方法观测。

以上车速观测、调查所用的记录表格和资料整理汇总表格可详见《公路养护技术规范》(JTJ 073—96)。

4.公路交通起讫点(OD)调查

起讫点调查是指在某一区域内，为获得通过两个出行的交通量及其组成、流向、货物类型、车辆实载率及交通目的等所进行的调查，简称OD调查。通过调查，可对远景交通量的预测、公路类型和等级的确定、互通立交的设置、公路横断面设计、交通服务设施的配置、交通管理与控制、规划方案和建设项目的国民经济评价及财务分析、交通规划的完善和建设项目的科学决策等提供定量依据。

5.四类公路交通量比重调查

四类公路交通量比重调查是为了掌握公路交通流量的地区分布和路线分布特征，分析和评价国道、省道、县道、乡道四类公路的使用功能，论证和探讨现有公路网的合理性，为公路规划、可行性研究、技术经济分析论证、设计、改造等提供依据。

调查内容为调查辖区范围内国、省、县、乡道的交通量，以及四类公路的里程和汽车、机动车拥有量。调查日宜选择运输旺季的某一天，利用区域路网交通量调查设置的观测站，采用间隙式观测法。根据调查所得资料，计算每个观测站的日机动车交通量和日汽车交通量(均为绝对值)、每条路线的交通量和日交通量、调查区域内各行政区的四类公路里程比重、路线交通量所占比重、日交通量及年路线总交通量。

6.轴载调查

轴载调查是为了预测某一时期内行车对路面的破坏作用，科学的制定公路养护措施，合理分配公路养护和改造资金。

轴载调查一般每年进行一次，每次调查天数以每类车辆的代表当量轴载换算系数的稳定性而定，一般不宜少于3d。标准轴载的换算方法可分别参见《公路沥青路面设计规范》(JTJ 014—97)和《公路水泥混凝土路面设计规范》(JTJ 012—94)。

三、安全生产管理

安全生产管理，就是要保证人和机械设备在养护生产中的安全，教育全体职工树立“安全第一”的思想，遵守安全生产规章制度，切实做到“生产必须安全，安全促进生产”。

1.施工现场安全管理规定

(1)施工现场必须具备良好的施工环境和作业条件，实行安全生产，避免发生人身伤亡事故。进入施工现场的所有人员必须遵守施工现场安全管理规定。

(2)施工现场安全生产实行项目经理负责制。应建立健全工地安全组织保障体系，制定和完善安全管理制度，采取各项安全防护措施，确保施工正常进行。

(3)施工现场所有施工人员必须经过上岗前的安全教育。应备有各个工种安全生产手册或须知，做到每个职工人手一册，使从事施工活动的每个职工具备本工种的安全常识，增强防范意识。特种工种须经过专业培训，持证上岗。

(4)进入施工现场的所有人员，应穿戴、使用有关防护用品、用具。

(5)施工现场应设置必要的提示、警示、警告等各种安全防范标志,避免施工现场的人员发生意外伤害。

(6)施工现场必须杜绝违章指挥、违章作业、违反劳动纪律的“三违”行为。

(7)施工现场必须做好防火、防电、防爆和防坠落等防护工作。

(8)施工现场应建立完善的机具设备例保、检修制度,保证机械设备正常安全运作。

2. 养护维修安全作业规程

1)公路养护维修安全作业

(1)凡在公路上进行养护维修作业的人员必须穿着带有反光标志的红色工作装(套装),管理人员必须穿着带有反光标志的桔红色背心。

(2)公路路面养护维修作业必须按作业控制区交通控制标准设置相关的渠化装置和标志,并指派专人负责维持交通。

(3)在高速公路和一级公路上养护维修作业时,应用车辆接送养护维修作业人员。养路维修作业人员不得在控制区外活动或将任何物体置于控制区以外。

(4)在山体滑坡、塌方、泥石流等路段养护维修作业时,应设专人观察险情。

(5)在高路堤路肩、陡边坡等路段养护维修作业时,应采取防滑坠落措施,并注意防备危岩、浮石滚落。

(6)坑槽修补应当天完成,若不能完成须按规定布置养护维修作业控制区。

2)桥梁、隧道养护维修安全作业

(1)公路桥梁、涵洞、隧道养护现场要专门设置养护维修作业时的交通标志。桥面养护应按作业控制区布置要求设置相关的渠化装置和标志,并设专人负责维持交通。

(2)桥梁养护维修作业时,应首先要了解架设在桥面上下各种管线,并应注意保持公用设施(煤气、水管、电缆、架空线等),必要时应与有关单位联系,取得配合。

(3)在桥梁栏杆外进行作业须设置悬挂式吊篮等防护设施,作业人员须系安全带。

(4)桥墩、桥台维修时,应在上、下游航道两端设置安全设施,夜间须设置警告信号。

(5)在养护维修明洞和半山洞前,应及时清除山体边坡和洞顶危石。

(6)在隧道内进行登高堵漏作业或维修照明设施时,登高设施的周围应设醒目的安全设施。

(7)对隧道衬砌局部坍塌进行养护维修作业时,应采取措施保证养护人员安全。

(8)当实测的隧道内 CO 浓度或烟尘浓度高于规定的允许浓度时,作业人员应及时撤离,并开启通风设备进行通风。

(9)隧道内不准存放易燃易爆物品,严禁明火作业或取暖。

(10)隧道洞口周围 100m 范围内,未经隧道养护机构许可,不得挖砂、采石、取土、倾倒废弃物,不得进行爆破作业及其他危及公路隧道安全的活动。

(11)养护作业宜选择在交通量较小时段进行。在进行养护作业前,应做好以下工作:

①检测隧道内 CO、烟雾等有害气体的浓度及能见度是否会影响施工安全。

②检测隧道结构状况是否会影响作业安全,如有危险,应先处理后作业。

③检查施工信号灯是否准确、明显,施工标志设施是否规范。

④对养护机械、台架应进行全面的安全检查,并应在机械上设置明显的反光标志,在台架

周围设置防眩灯，以反映作业现场的轮廓。

（12）在隧道内进行养护作业时，应遵守以下规定：

①养护维修作业控制区经划定后不得随意变更。

②作业人员不得在工作区外活动或将任何施工机具、材料置于工作区以外。

③养护施工路段内的照明应满足要求。

（13）电力设施等有特别要求维护的，应按有关部门的安全操作规程执行。

（14）隧道内发生交通事故时，应通知并配合交通安全管理部门到现场处理交通事故。

（15）事故发生后，应尽快清理现场，排除路障，恢复隧道正常行车，并登记相关损失，应认真分析事故原因，恢复或改善隧道的防灾能力。

3）养护维修机具安全操作

（1）养护机械应按其技术性能要求正确使用，不得使用缺少安全装置或安全装置已失效的机械作业，不得操作带故障的机械作业。

（2）操作人员必须执行有关工作前的检查制度、工作中的观察制度和工作后的检查保养制度。

（3）养护机械进入施工现场前，应查明行驶路线上的隧道、跨线桥的通行净空，必须时应验算桥梁的承载力，确保机械设备安全通行。

（4）养护机械在作业时，操作人员应熟悉作业环境与施工条件。

（5）养护机械在靠近架空输电线路作业时，必须采取安全保护措施，养护机械工作装置运动轨迹范围与架空导线的安全距离必须符合相关规定。

（6）养护机械应按时进行保养，严禁养护机械带故障运转或超负荷运转。

（7）禁止在养护机械运转中进行保养、维修作业。各种电气设备的检查维修，应停电作业。

3. 养护维修作业控制区的布置

养护维修作业区应由警告区、上游过渡区、缓冲区、工作区、下游过渡区及终止区组成，其布置规定参见图 7-2-1 和图 7-2-2。

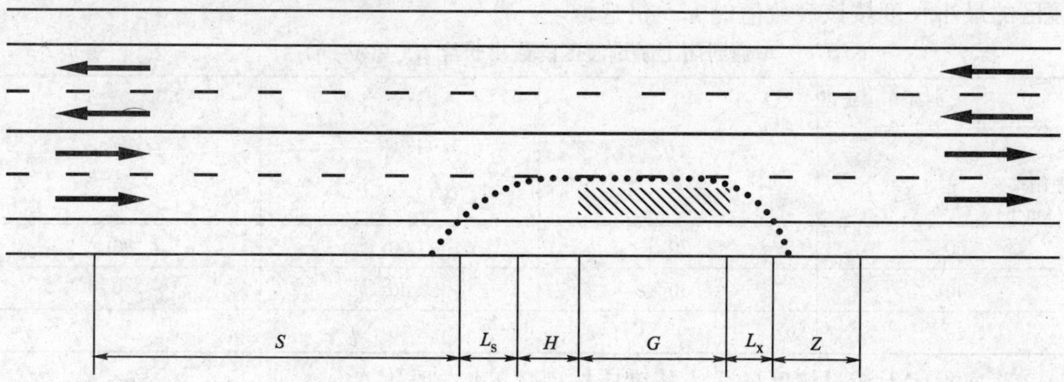

图 7-2-1　车道封闭时的作业控制区

S-警告区；L_s-车道封闭上游过渡区；H-缓冲区；G-工作区；L_x-下游过渡区；Z-终止区

（1）警告区的最小长度按表 7-2-2 选取。

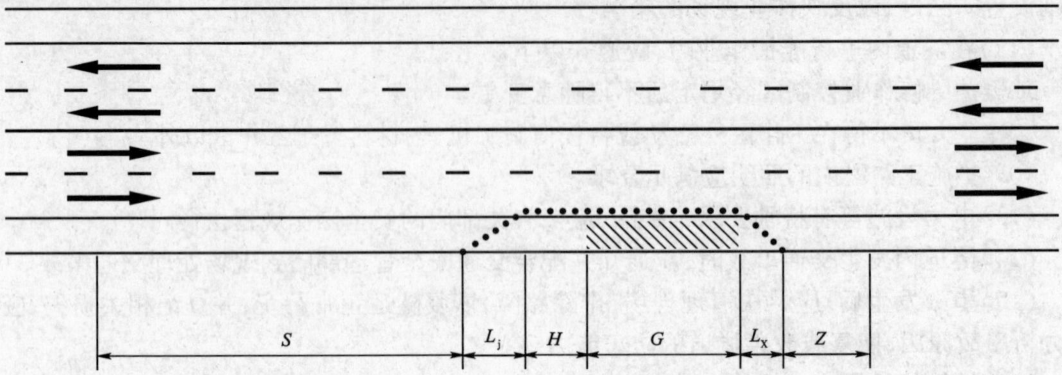

图 7-2-2　路肩封闭时的作业控制区

S-警告区;L_j-路肩封闭上游过渡区;H-缓冲区;G-工作区;L_x-下游过渡区;Z-终止区

警告区最小长度 S(单位:m)　　表 7-2-2

位　置	公 路 等 级	设计速度(km/h)	警告区最小长度(m)
路段	高速公路、一级公路	120、100	1600
		80、60	1000
	二、三级公路	80	1000
		60	800
		40	600
		30	400
各类平面交叉口			200

(2)当需要封闭车道或路肩(紧急停车带)时,必须设置过渡区。过渡区的设置应使车流的变化平缓。

①车道封闭上游过渡区的最小长度应按表 7-2-3 选取,当在隧道内进行时,车道封闭上游过渡区的最小长度按该表数值的 1.5 倍选取。

车道封闭上游过渡区的最小长度 L_s(单位:m)　　表 7-2-3

最小长度(m) / 封闭车道宽度(m) / 限制车速(km/h)	3.0	3.5	3.75
60	70	90	90
40	30	40	40
20		10	

②路肩封闭上游过渡区的最小长度应按表 7-2-4 选取。

③下游过渡区的最小长度宜取 30m。

(3)缓冲区的最小长度宜取 50m;工作区长度应根据养护维修作业的实际需要确定;终止区的最小长度宜取 30m。

路肩封闭上游过渡区的最小长度 L_j（单位：m）　　表 7-2-4

最小长度（m）/ 封闭路肩宽度（m）/ 限制车速（km/h）	1.5	1.75	2.5	3.0	3.5
60	20	20	30	40	50
40			20		
20			10		

四、技术档案管理

1. 建立技术档案的意义

各级公路管理部门和较大的工程都应建立技术档案。技术档案是公路技术历史记录的汇总，是以路线为单元的全部技术变更过程的资料，应分别建立专案存档并装订成册，以便查阅。应设置专人保管（或兼管），并建立有关制度，对重要图纸和绝密资料更要妥善保管，要拨给资金，购置相应的设备，做好防火、防盗、防虫蛀等工作，并明确岗位责任制。

2. 技术档案管理的主要内容

（1）公路路况调查登记：它是反映路线和结构物技术经济状况，并为改善路况决策的依据。这些技术资料的要求，应按现行《公路养护技术规范》（JTJ 073—96）中的规定进行办理。

（2）改建和大、中修工程的技术档案，其主要内容包括：

①每个工程的设计文件及施工图纸、预算及原始资料。

②图纸会审记录。

③材料、构件、仪器的质量出厂证明及试验单据。

④各项工程原始施工记录。

⑤质量与事故及处理情况有关资料。

⑥竣工图表，决算及竣工验收文件。

⑦施工总结等。

（3）养路技术管理资料：主要包括公路养护远景规划，年度计划，改革成果，养路机械效果，相关的各种报表及统计资料及其他有关资料。

（4）科学试验的有关技术资料：科研计划，科研方案，试验资料，试验报告等。

（5）公路交通情况观测：《公路养护技术规范》（JTJ 073—96）中所规定的各项资料。

（6）有关图片、照片和实物。

五、路政管理

公路路政管理，是指公路主管部门及其授权的公路管理机构，根据《中华人民共和国公路法》（以下简称《公路法》）等有关的法律、法规和规章的规定，为保护公路、公路用地、公路附属设施、维护公路合法权益所进行的行政管理。

1. 路产保护

公路路产包括公路、公路用地和公路附属设施。保护路产的完好，保障公路畅通是路政管理的中心任务。主要表现在制止和查处如超限运输、在公路上试刹车、挖掘公路以及毁坏公路的路基、路面、桥梁、隧道、涵洞、排水设施、防护构造物、花草林木、苗圃等违法行为。

2. 维护路权

维护路权不受侵犯,是路政管理的重要任务。主要表现在控制公路两侧建筑红线、审理跨越公路的各种管线和渠道,审理各种道路与公路交叉、废弃公路的产权归属等。

3. 维持秩序

维持公路工作的正常秩序是路政管理的任务之一,主要表现在维持公路渡口、公路养护施工作业的正常秩序、公路外部行政管理的正常秩序。

4. 保护权益

主要是保护公路管理机构、路政管理机构的合法权益,以公路养护施工作业人员、公路管理人员从事生产、执行公务时的合法权益。

课题三　公路养护质量检查评定

一、养护质量基本要求

公路养护质量检查与评定,是公路养护技术管理中的重要内容,是保证公路养护质量的有力措施。为了统一质量的检查评定口径,通用交通部颁发的《公路养护质量检验评定标准》(JTJ 075—94)。对公路养护质量的基本要求是:保持路面整洁、横坡适度、行车舒适;路肩整洁、边坡稳定、排水畅通;构造物、桥涵及隧道完好;沿线设施完善,绿化协调美观;逐步实施GMB工程,力争构成畅、洁、绿、美的公路交通环境。

根据上述要求,将公路养护质量分为优、良、次、差4个等级。以优、良等路里程占实际评定养护里程的百分比,即"好路率"作为评定养护质量的主要指标。好路率的计算公式如下:

$$Q = (A + B)/M_y \times 100\% \tag{7-3-1}$$

式中:Q——好路率;

A、B——分别为优、良等路里程(km);

M_y——实际评定的养护里程(km),其长度确定见后面的说明。

二、养护质量检查评定方法

1. 养护质量的检查评定

养护质量的检查评定规定以公里为单位,以里程碑为界,分为路面、路基构造物、桥涵隧道、沿线设施、绿化5个项目进行评定。其总分为100分,其中路面占50分;路基构造物20分;其他3项均为10分。其具体标准是:以1km为以评定单元,总分在90分以上,且路面在45分以上,路基15分以上,其他3项均不低于6分的定为优等路;总分在75分以上,且路面在38分以上的定为良等路;总分在60分以上的定为次等路;总分不足60分的定为差等路。

上述优等路的4个条件中,如有一条达不到要求,即定为良等路;良等路的两个条件中,如有一条达不到要求即定为次等路。

2. 分项计分标准

1）路面

满分 50 分。为了客观反映路面病害程度，并具有可比性，将路面病害归纳为按面积计算和按长度计算两类。

（1）以面积计算的病害，其每一处的数量，应沿病害待修补边缘丈量。以长乘宽求出面积，并按实际量测的各类病害面积分别乘以其相应的换算系数，换算为折算面积，然后按折算面积之和占该公里公路理论面积的百分比即病害含量 Y_1 扣分。

$$病害含量\ Y_1 = 病害折算面积之和(m^2)/该公里公路理论面积(m^2)$$

$$= \frac{\sum F_i K_i}{F_n} \times 100\% \tag{7-3-2}$$

式中：F_i——实际量测的各类病害面积（m^2）；

F_n——该公里公路理论面积，即路面设计宽度乘以长度（m^2）；

K_i——与各类病害相对应的换算系数，见表 7-3-1。

路面病害换算系数 *K* 值　　表 7-3-1

<table>
<tr><th colspan="2">沥 青 路 面</th><th colspan="3">水泥混凝土路面</th><th colspan="2">砂 石 路 面</th></tr>
<tr><th>病害名称</th><th>系数</th><th colspan="2">病害名称</th><th>系数</th><th>病害名称</th><th>系数</th></tr>
<tr><td>坑槽</td><td>3</td><td colspan="2">沉陷</td><td>3</td><td>翻浆</td><td>3</td></tr>
<tr><td>翻浆</td><td>3</td><td colspan="2">拱起</td><td>3</td><td>坑槽</td><td>2</td></tr>
<tr><td>沉陷</td><td>2.0</td><td colspan="2">严重破碎板</td><td>2</td><td>沉陷</td><td>2</td></tr>
<tr><td>拥包</td><td>1.5</td><td colspan="2">坑洞</td><td>2</td><td>松散</td><td>1</td></tr>
<tr><td>松散</td><td>1</td><td colspan="2">板角断裂</td><td>2</td><td>露骨</td><td>1</td></tr>
<tr><td>龟裂</td><td>1</td><td colspan="2">露骨</td><td>1</td><td>车辙</td><td>1</td></tr>
<tr><td>车辙</td><td>0.5</td><td colspan="2">平整度差</td><td>2</td><td></td><td></td></tr>
<tr><td>脱皮</td><td>0.5</td><td colspan="2">错台</td><td>2</td><td></td><td></td></tr>
<tr><td>啃边</td><td>0.5</td><td colspan="2">唧泥</td><td>1</td><td></td><td></td></tr>
<tr><td>泛油</td><td>0.2</td><td rowspan="3">裂缝</td><td>严重</td><td>2</td><td></td><td></td></tr>
<tr><td>网裂</td><td>0.1</td><td>中等</td><td>1</td><td></td><td></td></tr>
<tr><td></td><td></td><td>轻微</td><td>0.5</td><td></td><td></td></tr>
<tr><td></td><td></td><td colspan="2">接缝养护差</td><td>0.5</td><td></td><td></td></tr>
</table>

（2）以长度计算的病害，沿病害实际长度丈量，沥青路面、砂石路面按其实有病害数量之和扣分；水泥混凝土路面按实际量测的各类病害长度分别乘以其相应的换算系数（见表 7-3-2），换算为折算长度，然后按折算长度之和占该公里公路理论面积的百分比即病害含量 Y_2 扣分。

$$病害含量\ Y_2 = 病害折算长度之和(m)/该公里公路理论面积(m^2)$$

$$= \frac{\sum L_i K_i}{F_n} \times 100\% \tag{7-3-3}$$

式中：L_i——水泥混凝土路面实际量测的各类病害长度（m）；

K_i、F_n——同前。

以上扣分标准见表 7-3-2、表 7-3-3、表 7-3-4。

沥青路面扣分标准 表 7-3-2

病害名称 / 扣分数	按面积计算	按长度计算	
	坑槽、翻浆、沉陷、拥包、松散龟裂、车辙、脱皮、啃边、泛油、网裂（%）	波浪（搓板）平整度差（m）	横坡不适（m）
扣1分	$Y_1 \leqslant 0.1$	50 以下	
扣2分	$0.1 < Y_1 \leqslant 0.2$	50～100	
扣3分	$0.2 < Y_1 \leqslant 0.3$	100～150	
扣4分	$0.3 < Y_1 \leqslant 0.4$	150～200	
扣5分	$0.4 < Y_1 \leqslant 0.5$	200～250	
	余类推	余类推	
最高扣分	30	18	2

注：①横坡不适最高扣2分。扣分标准每个档次不含下限（以下同）；

②当用连续式平整度仪检测平整度时，实侧值每高于标准值0.5mm扣1分。水泥混凝土路面及砂石路面与此相同。

水泥混凝土路面扣分标准 表 7-3-3

病害名称 / 扣分数	按面积计算	按长度计算
	沉陷、拱起、严重破损板、坑洞、板角断裂、露骨（%）	平整度差、错台、唧泥、裂缝（严重、中等、轻微）接缝养护差（%）
扣1分	$Y_1 \leqslant 0.2$	$Y_2 \leqslant 1$
扣2分	$0.2 < Y_1 \leqslant 0.4$	$1 < Y_2 \leqslant 2$
扣3分	$0.4 < Y_1 \leqslant 0.6$	$2 < Y_2 \leqslant 3$
扣4分	$0.6 < Y_1 \leqslant 0.8$	$3 < Y_2 \leqslant 4$
扣5分	$0.8 < Y_1 \leqslant 1$	$4 < Y_2 \leqslant 5$
	余类推	余类推
最高扣分	30	20

砂石路面扣分标准 表 7-3-4

病害名称 / 扣分数	按面积计算	按长度计算	
	翻浆、坑槽、沉陷、松散、露骨、车辙（%）	波浪（搓板）平整度差（m）	横坡不适（m）
扣1分	$Y_1 \leqslant 0.3$	50 以下	
扣2分	$0.3 < Y_1 \leqslant 0.6$	50～100	
扣3分	$0.6 < Y_1 \leqslant 0.9$	100～150	
扣4分	$0.9 < Y_1 \leqslant 1.2$	150～200	
扣5分	$1.2 < Y_1 \leqslant 1.5$	200～250	
	余类推	余类推	
最高扣分	30	15	5

2）路基构造物

路基构造物满分20分。如存在病害，根据分项病害数量按表7-3-2扣分。路基构造物病害分为按长度和处数两类计算。同一路段路基两侧同时存在病害时，应分别记录并按两侧病害数量累计扣分，如表7-3-5所示。

路基构造物扣分标准　　表 7-3-5

病害名称 / 扣分数	路肩不清洁、路肩不整齐、水沟淤塞（m）	边坡坍塌（处）	构造物损坏（m）
扣 1 分	50 以下	1 ~ 2	10 以下
扣 2 分	50 ~ 100	3 ~ 4	10 ~ 20
扣 3 分	100 ~ 150	5 ~ 6	20 ~ 30
	余类推	—	余类推
最高扣分（分）	12	3	5

3）桥涵隧道

满分 10 分。如存在病害，根据分项病害数量按表 7-3-6 扣分。桥涵隧道病害以处计。

桥涵、隧道扣分标准　　表 7-3-6

病害名称 / 扣分数	桥头（涵顶）跳车（处）	桥涵排水不良、构部件破损、隧道损坏（处）	病害名称 / 扣分数	桥头（涵顶）跳车（处）	桥涵排水不良、构部件破损、隧道损坏（处）
扣 1 分	1	1		余类推	—
扣 2 分	2	2	最高分	4	6
扣 3 分	3	3			

4）沿线设施

满分 10 分。如存在病害或缺陷，根据分项病害或缺陷数量按表 7-3-7 扣分。沿线设施系指除道班房、交调站、通讯设施以外的标志标线等附属设施，病害以块（根）、处数及长度计。

沿线设施扣分标准　　表 7-3-7

病害名称 / 扣分数	标志缺损（处或根）	安全设施损坏（处）	标线不完整
扣 1 分	1 ~ 2	1	200 以下
扣 2 分	3 ~ 4	2	大于 200
扣 3 分	5 ~ 6	3	—
	余类推	余类推	—
最高扣分	4	4	2

5）绿化

满分 10 分。如存在病害或缺陷，根据分项病害或缺陷数量按表 7-3-8 扣分。公路用地范围以内按现行公路养护技术规范要求已种的整齐乔木（胸径 3cm 以上，高度 2m 以上）、灌木、花卉或有整齐草皮覆盖者，均视作已绿化；否则视为未绿化，绿化病害以长度计。

绿 化 扣 分 标 准　　表 7-3-8

病害名称 / 扣分数	空白路段（m）	护管不善（m）	
		一般	严重
扣 1 分	20 ~ 50	200 以下	—
扣 2 分	50 ~ 100	大于 200	200 以下
扣 3 分	100 ~ 150	—	大于 200
扣 4 分	150 ~ 200	—	—
	余类推	—	—
最高扣分	7	3	

注：养护质量检查评定中，在同一检查部分（路面、路基等 5 部分）的同一处有两种以上病害时，以最严重的一种病害数量扣分。

【例 7-3-1】 表 7-3-9 所示为某养路工区 2004 年 4 月份 K238 + 000 ~ 239K + 000 段的养护质量检查记录,经过计算各分项得分和总得分,评定该公里的养护质量等级为良。

公路养护质量检查记录表(沥青路面) 表 7-3-9

路线名称:5315 线　　调查面积:23000m²　　2004 年4 月份　　养护单位:城区公路局

项目	病害名称		单位	K238 + 000 ~ 239K + 000										合计	系数	折算面积	总计	扣分
				1	2	3	4	5	6	7	8	9	10					
路面(50)	坑槽		m²(30)			3	1	1.5	1.2	1	1.5	2	1.5	12.7	3	38.1	134.1 m² 0.58(%)	6
	翻浆														3.			
	沉陷														2.0			
	拥包														1.5			
	松散														1			
	龟裂						15	20	20		15		15	85	1	85		
	车辙														0.5			
	脱皮														0.5			
	啃边														0.5			
	泛油														0.2			
	网裂						20	10	10	10	20	20	20	110	0.1	11		
	波浪(搓板)	18	m(20)	30		15	15		15	30	15		15	135			135m	3
	平整度差																	
	横坡不适	2																
路基构造物(20)	路肩不清洁		m(12)															
	路肩不整齐																	
	水沟淤塞																	
	边坡坍塌		处(3)				1					1					2	1
	构造物损坏		m(5)															
桥涵隧道(10)	桥头(涵顶)跳车		处(4)															
	桥涵排水不良		处(6)															
	构部件破损																	
	隧道损坏																	
沿线设施(10)	标志缺损(4)		块、根															
	安全设施损坏(4)		处															
	标线不完整(2)		m															
绿化(10)	空白路段(7)		m															
	管护不善(3)	一般					70	40			50	40					220	2
		严重																

质量分数及评定等级	路面	路基	桥涵	沿线设施	绿化	合计分数	评定等级
	41	19	10	10	8	88	良

检查日期:2004 年 4 月 28 日　　负责人:杨志强

三、公路病害和缺陷的定义

1.沥青路面

(1)坑槽:路面破坏成坑洼深度大于2cm,面积在0.04m^2以上。如小面积坑槽较多又相距很近(20cm以内),应合在一起丈量。

(2)松散:路面结合料失去粘结力,集料松动,面积在0.1m^2以上。

(3)拥包:路面局部隆起,高度在1.5cm以上。

(4)翻浆:路面、路基湿软,出现弹簧、破裂、冒泥浆现象。

(5)沉陷:路面、路基有竖向变形,路面下凹,深度在3cm以上。

(6)脱皮:路面面层层状脱落,面积在0.1m^2以上。

(7)啃边:路面边缘破碎脱落,宽度在10cm以上,数量按单侧长度累加乘以平均宽度。

(8)泛油:高温季节沥青被挤出,表面形面薄油层,行车出现轮迹。

(9)车辙:路面上行车轮迹产生的纵向带状凹槽,浓度在1.5cm以上,数量按实际长度乘以变形部分的平均宽度。

(10)龟裂:缝宽3mm以上,且多数缝距10cm以内,面积在1m^2以上的块状不规则裂缝。

(11)网裂:缝宽1mm以上或缝距40cm以下,面积在1m^2以上的网状裂缝。路面上出现的长度1m以上、缝宽1mm以上由单条裂缝或深度在5mm以上的划痕也纳入网裂病害中,其数量按单缝累计长度乘以0.2m计。

(12)波浪与搓板:路面纵向产生连续起伏,有似搓板状峰谷高差大于1.5cm的变形。

(13)横坡不适:路面横坡小于1%或大于3%,或中线偏移,以及应设超高而无超高或出现反超高的。

(14)平整度差:用3m直尺沿路面纵向每100m至少量三尺。尺底间隙:沥青表面处治路面1.2cm以上,沥青贯入式路面1cm以上,沥青混凝土及沥青碎石路面0.8cm以上的,按整尺(3m)长度计算病害。

2.水泥混凝土路面

(1)沉陷:路面连续数块板下沉,低于相邻路面板平面(或设计高程),深度在3cm以下的,按全部下沉板块数量计算面积。

(2)严重破碎板:裂缝将整块面板分割成三块以上,并有严重剥落或沉陷。碎裂面积小于半块按半块计面积,大于半块按一块计面积。

(3)坑洞:路面板粗集料脱落形成局部凹坑,面积在0.01m^2以上。

(4)板角断裂:裂缝与纵横缝相交将板角切断,当其两个交点距离角隅均在15cm以上,小于边长一半并伴有沉陷或碎裂时,按板角断裂部分计算面积。

(5)露骨:路面板表面细集料散失,粗集料暴露,面积在1 m^2以上的。

(6)拱起:纵向相邻两块板或多块板相对其邻近面板向上突起在3cm以上的,按突出的全部板块计病害面积。

(7)平整度差:用3m直尺沿路面纵向每100m至少量三尺,尺底空隙在8mm以上的,按整尺(3m)长度计算病害。也可用连续式平整度仪检测的均方差值与规定标准值比较,大于标准值按病害计。同一横断面内只量最严重的一处。

(8)错台：接缝处相邻两块板垂直高度差在8mm以上，按有高差的全部长度计算病害。

(9)唧泥：基层材料形成泥浆从接缝处或板边缘挤出，板底出现脱空，按挤出泥浆的接缝或板边长度计。

(10)裂缝：面板内长度在1m以上的各种开裂，按其对行车的影响程度分为轻微、中等、严重3种裂缝。轻微裂缝缝宽小于2mm，无剥落；中等裂缝宽在2～5mm之间，并有轻度剥落；严重裂缝缝宽大于5mm，并有严重剥落和沉陷。接缝边有长0.5m、宽度5cm以上剥落时，也作为严重裂缝计算。

(11)接缝养护差：接缝内无填缝料，或出现填缝料与板边脱离、凹陷(凸出)在1cm以上的。

3. 砂石路面

(1)松散：主结构层结合料散失，颗粒间失去粘结力而松动，面积在1 m^2 以上。

(2)坑槽：路面结构层破坏成坑洼，坑深3cm以上，面积在0.04 m^2以上者。

(3)车辙：路面上沿行车轮迹产生的纵向带状凹槽，深度在3cm以上，数量按实有长度乘以变形部分的平均宽度。

(4)翻浆：同沥青路面。

(5)沉陷：同沥青路面。

(6)露骨：磨耗层散失，形成粗集料裸露，面积在1 m^2 以上者。

(7)波浪与搓板：路面纵向产生连续起伏，有似搓板状，峰谷高差大于3cm的变形。

(8)横坡不适：路面横坡小于2%，大于4%，中线偏侧或应设超高而无超高以及出现反超高的。

(9)平整度差：用3m直尺沿路面纵向每100m至少量三尺；尺间间隙在1.5cm以上的，按整尺长度(3m)计算病害。

4. 路基构造物

(1)路肩不清洁：路肩上有杂物、垃圾、堆积物及15cm以上的高草。

(2)路肩不整齐：路肩与路面衔接不平顺，低于路面2cm以上(硬化路肩低于1cm)或高于路面；横坡小于路面横坡；不平整、不密实影响横向排水；路肩宽度小于设计宽度；路肩外缘不顺适，宽度差有20cm以上突变者。

(3)水沟淤塞：边沟、截水沟、排水沟有淤积影响排水者，以及应有边沟路段而无边沟者。

(4)边坡坍塌：挖方边坡坍方3 m^2 以上，填方连坡有冲沟，缺口宽30cm以上；边坡坡度陡于设计坡度。

(5)构造物损坏：挡墙等圬工体断裂、沉陷、倾斜、局部塌陷、松动、较大面积勾缝脱落者。

5. 桥涵、隧道

(1)桥头(涵顶)跳车：桥梁、过水路面衔接处不平及涵洞顶纵坡不适；桥梁伸缩养护不良，引起行车颠簸者，每跳车一次记病害一处。

(2)桥涵排水不良：桥面不整洁，泄水孔堵塞，影响桥面排水；涵洞(管)淤塞超过孔径1/4者。

(3)构部件破损：人行道、栏杆、帽石、锥坡、端墙、墩台有缺件、断裂、破损及露筋等；伸缩缝、支座被杂物卡住或出现松动、锈蚀、老化现象。

(4)隧道损坏：有衬砌隧道出现拱圈、侧墙变形、裂缝，砌体脱落；无衬砌隧道出现危石或大量碎落石;洞身较大范围渗漏水;洞口端墙、翼墙倾斜或发生位移;隧道内排水系统淤塞积水以及应有的照明、通风设备未设或效果较差者。

6. 沿线设施

(1)标志缺损:各种交通标志残缺,位置不当,式样、尺寸、颜色不规范、不鲜明。

(2)安全设施损坏:护拦、隔离栅、隔离墩等安全设施有残缺者。

(3)标线不完整:二级和二级以上公路路面,按现行公路养护技术规范要求,应标线而未标线或已标线但有脱落、不清晰或未按标准划的。

7. 绿化

(1)空白路段:宜绿化路段一侧连续未绿化长度20m以上者。

(2)护管不善:路树、花草修剪不整齐或修剪过度,扶育不良;病虫害未及时防治;路树影响行车视线。按其是否影响绿化植物的继续生长分为一般、严重两类。

四、养护质量综合值的计算

为了综合衡量各单位的公路养护质量,便于各单位之间的评比和有关的统计分析工作,除了统计好路率指标外,还应采用"加权平均"方法求得"养护质量综合值"。其计算公式如下:

$$G = (A \times 100 + B \times 80 + C \times 50 + D \times 20)/M_y$$

式中:A、B、C、D——分别为优、良、次、差等级里程;

M_y——实际评定的养护里程;

G——养护质量综合值。

实际评定的养护里程:指设有道班养护的县级以上公路总里程减去因路面施工等原因不能进行养护质量检查评定的里程。

【例7-3-2】 某养路工区本年度内实际评定的养护里程为13km,上半年经养护质量检查评定,优等路1km,良等路5km,次等路4km,差等路3km;通过年终检评,优等路3km,良等路3km,次等路7km,试分别计算好路率、养护质量综合值,并作简要分析。

解:(1)根据上半年的检评结果:$A=1\text{km}$,$B=5\text{km}$,$C=4\text{km}$,$D=3\text{km}$,且已知$M_y=13\text{km}$

则上半年好路率为:$Q_1=[(A+B)/M_y]\times100\%$

$=[(1+5)/13]\times100\%=46.1\%$

养护质量综合值为:$G_1=(A\times100+B\times80+C\times50+D\times20)/M_y$

$=(1\times100+5\times80+4\times50+3\times20)/13$

$=760/13=58.46$

(2)年终评检结果:$A=3\text{km}$,$B=3\text{km}$,$C=7\text{km}$。

则年终好路率为:$Q_2=[(A+B)/M_y]\times100\%=[(3+3)/13]\times100\%=46.1\%$

养护质量综合值为:$G_2=(A\times100+B\times80+C\times50)/M_y$

$=(3\times100+3\times80+7\times50)/13$

$=68.46$

简要分析:由上述计算结果可以看出,好路率均为46.1%,但综合值由上半年的58.46,年终上升到68.46,提高了10%,且优等路里程增加了2km,差等路已消灭,仅用好路率一项指标并不能全面反映道路状况提高的情况,而综合值则可以较全面的反映这一情况。

附录：WCOST2000预算示例计算结果

总 预 算 表

建设项目名称：驻—新公路

编制范围：K0 + 000 ~ K8 + 500

第1页　共2页　01表

项	目	节	工程或费用名称	单位	数量	预算金额(元)	技术经济指标	各项费用比例(%)	备注
			第一部分　建筑安装工程	公路公里	8.500	8 895 963	1 046 583.92	81.53	
一			路基工程	公路公里	8.500	1 015 071	119 420.12	9.30	
	1		土方	m^3	65 000.000	841 429	12.95	0.00	
		1	机械土方	m^3	65 000.000	165 571	2.55	0.00	
		2	自卸车配合挖掘机运输土方	m^3	65 000.000	615 076	9.46	0.00	
		3	零填及挖方压实	m^2	51 000.000	60 782	1.19	0.00	
	2		填方压实	m^3	38 000.000	150 450	3.96	0.00	
	3		防护工程	公路公里	8.500	23 192	2728.47	0.00	
		1	石砌护坡	m^3/m	153.000	23 192	151.58	0.00	
二			路面工程	公路公里	8.500	7 001 488	823 704.47	64.17	
	1		修整旧路面	m^2	67 000.000	1 248 948	18.64	0.00	
	2		水泥、石灰稳定土基层	m^2	80 750.000	1 096 194	13.58	0.00	
	3		水泥混凝土路面	m^2	76 500.000	4 656 346	60.87	0.00	
六			其他工程及沿线设施	公路公里	8.500	14 375	1 691.18	0.13	
	1		公路交工前养护费	km	8.500	14 375	1 691.18	0.00	
七			临时工程	公路公里	8.500	47 829	5 626.94	0.44	
	1		便道	km	4.000	35 442	8 860.50	0.00	
	2		临时电力线路	km	0.500	12 387	24 774.00	0.00	
九			施工技术装备费	公路公里	8.500	227 726	26 791.35	2.09	
十			计划利润	公路公里	8.500	303 634	35 721.64	2.78	

总 预 算 表

第 2 页　共 2 页

项	目	节	工程或费用名称	单 位	数 量	预算金额(元)	技术经济指标	各项费用比例(%)	备 注
十一			税金	公路公里	8.500	285 840	33 628.23	2.62	
			第二部分　设备及工具、器具购置费	公路公里	8.500	42 700	5 023.53	0.39	
一			设备购置费	公路公里	8.500	24 000	2 823.53	0.22	
	1		不需安装的设备	公路公里	8.500	24 000	2 823.53	0.00	
三			办公及生活用家具购置	公路公里	8.500	18 700	2 200.00	0.17	
			第三部分　工程建设其他费用	公路公里	8.500	1 654 584	194 656.94	15.16	
一			土地、青苗等补偿和安置补助费	公路公里	8.500	520 000	61 176.47	4.77	
	1		土地、青苗等补偿	公路公里	8.500	520 000	61 176.47	0.00	
二			建设单位管理费	公路公里	8.500	1 000 060	117 654.12	9.17	
	1		建设单位管理费	公路公里	8.500	128 145	15 075.88	0.00	
	2		工程质量监督费	公路公里	8.500	12 612	1 483.76	0.00	
	3		工程监理费	公路公里	8.500	840 805	98 918.24	0.00	
	4		定额编制管理费	公路公里	8.500	14 294	1 681.65	0.00	
	5		设计文件审查费	公路公里	8.500	4 204	494.59	0.00	
四			勘察设计费	公路公里	8.500	84 081	9 891.88	0.77	
六			供电贴费	公路公里	8.500	50 443	5 934.47	0.46	
			第一、二、三部分费用合计	公路公里	8.500	10 593 247	1 246 264.35	97.09	
			预留费用	元		317 797		2.91	
			预备费	元		317 797		2.91	
			预算总金额	元		10 911 044		100.00	
			公路基本造价	公路公里	8.500	10 911 044	1 283 652.24	100.00	

编制：黄丽平　　　　复核：张建华

人工、主要材料、机械台班数量汇总表

建设项目名称：驻一新公路

编制范围：K0 + 000 ~ K8 + 500　　　　第 1 页　共 2 页　02 表

序号	规格名称	单位	代号	总数量	分项统计						场外运输损耗	
					路基工程	路面工程	临时工程		辅助生产	其他	%	数量
1	人工	工日	1	67 088	807	45 015	198			21 069	0.00	
2	机械工	工日	3	5 728	2 141	3 459	129				0.00	
3	原木	m^3	10	3			3				0.00	
4	锯材	m^3	11	13		13					0.00	
5	I级钢筋	t	16	6		6					0.00	
6	II级钢筋	t	17	11		11					0.00	
7	型钢	t	31	4		4					0.00	
8	钢板	t	32								0.00	
9	组合钢模板	t	57								0.00	
10	铁件	kg	150	75		62	14				0.00	
11	8 ~ 12 号铁丝	kg	153	19		1	18				0.00	
12	20 ~ 22 号铁丝	kg	154	83		83					0.00	
13	皮线	m	177	1 600			1 600				0.00	
14	325 号水泥	t	242	873	10	854					1.00	9
15	425 号水泥	t	243	6 907	4	6 835					1.00	68
16	石油沥青	t	260	279		271					3.00	8
17	汽油	kg	264	124		124					0.00	
18	柴油	kg	265	145 667	95 977	46 048	3 642				0.00	
19	煤	t	266	59		58					1.00	1
20	电	kW·h	267	74 181		74 181					0.00	
21	水	m^3	268	27 281	156	27 125					0.00	
22	青(红)砖	千块	275	9		9					3.00	
23	生石灰	t	278	2 912		2 827					3.00	85
24	土	m^3	280	22 251		21 603					3.00	648
25	砂	m^3	285	214		209					2.50	5
26	中(粗)砂	m^3	286	9 501	63	9 206					2.50	232

人工、主要材料、机械台班数量汇总表

第 2 页　共 2 页　02 表

序号	规格名称	单位	代号	总数量	分项统计						场外运输损耗	
					路基工程	路面工程	临时工程		辅助生产	其他	%	数量
27	片石	m^3	305	176	176						0.00	
28	碎石(2cm)	m^3	320	8		8					1.00	
29	碎石(4cm)	m^3	321	16 079		15 919					1.00	159
30	碎石(8cm)	m^3	323	33		33					1.00	
31	石屑	m^3	326	3 616		3 580					1.00	36
32	路面用碎石(1.5cm)	m^3	327	3 216		3 184					1.00	32
33	路面用碎石(3.5cm)	m^3	329	1 702		1 685					1.00	17
34	其他材料费	元	391	8 868	20	8 713	135				0.00	
35	设备摊销费	元	392	2 466		2 466					0.00	
36	75kW 以内履带式推土机	台班	403	297	66	178	53				0.00	
37	$1m^3$ 以内单斗挖掘机	台班	430	164	164						0.00	
38	120kW 以内自行式平地机	台班	444	76	76						0.00	
39	6～8t 光轮压路机	台班	458	231	98	111	23				0.00	
40	12～15t 光轮压路机	台班	461	121		121					0.00	
41	1t 以内手扶式振动压路机	台班	464	509		509					0.00	
42	15t 以内自行式振动压路机	台班	468	140	140						0.00	
43	电动真空吸水机组	台班	552	266		266					0.00	
44	电动混凝土切缝机	台班	554	265		265					0.00	
45	250L 以内强制及反转式搅拌机	台班	569	4		4					0.00	
46	$3m^3$ 以内混凝土搅拌运输车	台班	592	629		629					0.00	
47	$25m^3/h$ 以内混凝土搅拌站	台班	611	223		223					0.00	
48	4t 以内载货汽车	台班	640	3		3					0.00	
49	8t 以内自卸汽车	台班	649	1 150	1 150						0.00	
50	1t 以内机动翻斗车	台班	675	70		70					0.00	
51	12t 以内汽车式起重机	台班	700	4		4					0.00	
52	小型机具使用费	元	998	24 327		24 327					0.00	
53	定额基价	元	999	6 549 869	780 519	5 729 291	40 059				0.00	

编制：黄丽平　　　　复核：张建华

建筑安装工程费计算表

建设项目名称:驻—新公路

编制范围:K0+000~K8+500

第1页　共1页　03表

序号	工程名称	单位	工程量	定额基价(元)	直接工程费(元) 直接费 人工费	材料费	机械使用费	合计	其他直接费	现场经费	合计	定额直接工程费(元)	间接费(元)	施工技术装备费(元)费率3%	计划利润(元)费率4%	税金(元)综合税率3.41%	建安工程费 合计(元)	单价(元)
1	2	3	4	5	6	7	8	9	10	11	12	13	14	15	16	17	18	19
1	机械土方	m^3	65 000.000	128 310	5 473		135 148	140 621	9 687	10 380	160 689	148 378	4 882	4 598	6 130	5 855	182 154	2.80
2	自卸车配合挖掘机运输土方	m^3	65 000.000	473 070			523 090	523 090	35 717	38 271	597 078	547 058	17 998	16 952	22 602	21 745	676 375	10.41
3	零填及挖方压实	m^2	51 000.000	47 124	859		50 760	51 619	3 558	3 812	58 989	54 494	1 793	1 689	2 251	2 149	66 871	1.31
4	填方压实	m^3	38 000.000	116 622	1 920		125 854	127 774	8 805	9 435	146 013	134 862	4 437	4 179	5 572	5 320	165 521	4.36
5	石砌护坡	m^3	153.000	15 393	5 335	14 701		20 036	532	1 849	22 418	17 774	774	556	742	816	25 306	165.40
6	修整旧路面	m^2	67 000.000	750 333	56 301	894 980	62 061	1 013 343	85 538	113 150	1 212 031	949 021	36 917	29 578	39 438	43 934	1 361 898	20.33
7	水泥、石灰稳定土基层	m^2	80 750.000	915 582	323 818	581 492	52 093	957 404	25 636	76 909	1 059 949	1 018 127	36 245	31 631	42 175	38 819	1 208 819	14.97
8	水泥混凝土路面	m^2	76 500.000	4 063 376	377 930	3 072 277	711 874	4 162 081	125 298	266 897	4 554 276	4 455 572	102 069	136 729	182 306	164 998	5 140 379	67.19
9	公路交工前养护费	km	8.500	12 255	12 883			12 883	380	805	14 068	13 440	308	412	550	509	15 847	1 864.33
10	便道	km	4.000	28 064	2 917		28 271	31 188	786	2 357	34 331	31 207	1 111	970	1 293	1 253	38 958	9 739.48
11	临时电力线路	km	0.500	11 995	413	9 586		9 999	363	1 421	11 784	13 780	604	432	575	442	13 836	27 672.62
	各项费用合计	公路公里	8.500	6 562 124	787 848	4 573 037	1 689 152	7 050 036	296 301	525 288	7 871 626	7 383 713	207 137	227 726	303 634	285 840	8 895 963	1 046 584

编制:黄丽平　　　　复核:张建华

其他直接费、现场经费及间接费综合费率计算表

建设项目名称:驻—新公路

编制范围:K0+000~K8+500　　　　第1页　共1页　04表

序号	项目	其他直接费率(%)								现场经费(%)							间接费率(%)		
										临时设施费	现场管理费						企业管理费	财务费用	综合费率
											基本费用	其他单项费用				综合费率			
		冬季施工增加费	雨季施工增加费	夜间施工增加费	高原施工增加费	沿海地区增加费	行车干扰增加费	施工辅助费	综合费率			主副食运费补贴	职工探亲路费	职工取暖补贴	工地转移费				
1	人工土方	0.000	0.350	0.000	0.000	0.000	11.050	0.000	11.400	4.620	7.800	1.490	0.360	0.000	0.810	15.080	3.370	0.520	3.890
2	机械土方	0.000	0.210	0.000	0.000	0.000	7.340	0.000	7.550	2.340	3.370	0.630	0.430	0.000	1.320	8.090	2.990	0.300	3.290
3	汽车运土	0.000	0.210	0.000	0.000	0.000	7.890	0.000	8.100	1.470	1.660	0.630	0.250	0.000	0.740	4.750	0.840	0.300	1.140
4	人工石方	0.000	0.250	0.000	0.000	0.000	10.500	0.000	10.750	4.620	7.800	1.100	0.360	0.000	0.810	14.690	3.370	0.500	3.870
5	机械石方	0.000	0.230	0.000	0.000	0.000	7.490	0.000	7.720	3.960	4.230	0.720	0.520	0.000	0.960	10.390	3.110	0.320	3.430
6	高级路面	0.300	0.170	0.000	0.000	0.000	2.630	0.000	3.100	3.020	1.410	0.380	0.250	0.000	1.510	6.570	1.910	0.380	2.290
7	其他路面	0.000	0.170	0.000	0.000	0.000	2.630	0.000	2.800	3.000	3.190	0.380	0.320	0.000	1.510	8.400	3.110	0.450	3.560
8	构造物 I	0.300	0.150	0.000	0.000	0.000	2.580	0.000	3.030	4.230	5.000	0.570	0.570	0.000	1.480	11.850	3.840	0.540	4.380
9	构造物 II	0.290	0.140	0.500	0.000	0.000	2.490	0.000	3.420	4.080	4.820	0.550	0.550	0.000	1.480	11.480	3.710	0.540	4.250
10	技术复杂大桥	0.300	0.150	0.000	0.000	0.000	0.000	0.000	0.450	3.530	4.370	0.440	0.320	0.000	1.490	10.150	2.730	0.540	3.270
11	隧道	0.000	0.000	0.500	0.000	0.000	0.000	0.000	0.500	3.660	4.330	0.500	0.500	0.000	1.340	10.330	3.490	0.540	4.030
12	钢桥上部	0.000	0.000	0.000	0.000	0.000	0.000	0.000	0.000	2.790	1.360	0.410	0.230	0.000	1.470	6.260	1.910	0.540	2.450

编制:黄丽平　　　　复核:张建华

设备、工具、器具购置费计算表

建设项目名称:驻—新公路

编制范围:K0+000~K8+500　　　　第1页　共1页　05表

序号	设备、工具、器具规格名称	单位	数量	单价(元)	金额(元)	说明
一	设备购置费	公路公里	8.50	0.00	24 000	
1	不需安装的设备	公路公里	8.50	0.00	24 000	
(1)	路政电脑管理设备	台	3.00	8 000.00	24 000	
三	办公及生活用家具购置	公路公里	8.50	0.00	18 700	
(1)	办公及生活用家具购置费	公路公里	8.50	2 200.00	18 700	

编制:黄丽平　　　　复核:张建华

工程建设其他费用及回收金额计算表

建设项目名称:驻一新公路

编制范围:K0 + 000 ~ K8 + 500　　　　第1页　共1页　06表

序号	费用名称及回收金额项目	说明及计算式	金额(元)	备注
	第三部分　工程建设其他费用		1 654 584	
一	土地、青苗等补偿和安置补助费		520 000	
1	土地、青苗等补偿		520 000	
(1)	土地、青苗等补偿费	65 × 8 000	520 000	
二	建设单位管理费		1 000 060	
1	建设单位管理费		128 145	
(1)	建设单位管理费	{累进办法建管费}	128 145	128 145
2	工程质量监督费		12 612	
(1)	工程质量监督费	{定额建安费} × 0.15%	12 612	8 408 051 × 0.15/100
3	工程监理费		840 805	
(1)	工程建立费	{定额建安费} × 1.6%	840 805	8 408 051 × 1.6/100
4	定额编制管理费		14 294	
(1)	定额编制管理费	{定额建安费} × 0.17%	14 294	8 408 051 × 0.17/100
5	设计文件审查费		4 204	
(1)	设计文件审查费	{定额建安费} × 0.05%	4 204	8 408 051 × 0.05/100
四	勘察设计费		84 081	
(1)	勘察设计费	{定额建安费} × 1%	84 081	8 408 051 × 1/100
六	供电贴费		50 443	
(1)	供电贴费	{总用电量} × 0.68	50 443	74 181 × 0.68
	预留费用		317 797	
2	预备费		317 797	
(1)	预备费	{一、二、三部分合计} × 3%	317 797	10 593 247 × 3/100

人工、材料、机械单价汇总表

建设项目名称:驻—新公路

编制范围:K0+000~K8+500　　　　第1页　共1页　07表

序号	名　称	单位	代号	预算单价(元)	备　注	序号	名　称	单位	代号	预算单价(元)	备　注
1	人工	工日	1	16.84		28	碎石(2cm)	m^3	320	52.80	
2	机械工	工日	3	16.84		29	碎石(4cm)	m^3	321	52.80	
3	原木	m^3	10	883.55		30	碎石(8cm)	m^3	323	51.76	
4	锯材	m^3	11	1 344.80		31	石屑	m^3	326	51.76	
5	I级钢筋	t	16	2 267.30		32	路面用碎石(1.5cm)	m^3	327	31.06	
6	II级钢筋	t	17	2 267.30		33	路面用碎石(3.5cm)	m^3	329	31.06	
7	型钢	t	31	2 369.80		34	其他材料费	元	391	1.00	
8	钢板	t	32	3 087.30		35	设备摊销费	元	392	1.00	
9	组合钢模板	t	57	4 052.12		36	75kW以内履带式推土机	台班	403	448.31	
10	铁件	kg	150	3.60		37	$1m^3$以内单斗挖掘机	台班	430	642.85	
11	8~12号铁丝	kg	153	3.60		38	120kW以内自行式平地机	台班	444	847.74	
12	20~22号铁丝	kg	154	4.11		39	6~8t光轮压路机	台班	458	195.82	
13	皮线	m	177	4.10		40	12~15t光轮压路机	台班	461	285.99	
14	325号水泥	t	242	238.31		41	1t以内手扶式振动压路机	台班	464	57.72	
15	425号水泥	t	243	248.67		42	15t以内自行式振动压路机	台班	468	662.10	
16	石油沥青	t	260	2 031.31		43	电动真空吸水机组	台班	552	59.46	
17	汽油	kg	264	3.29		44	电动混凝土切缝机	台班	554	113.64	
18	柴油	kg	265	3.09		45	250L以内强制及反转式搅拌机	台班	569	108.69	
19	煤	t	266	248.98		46	$3m^3$以内混凝土搅拌运输车	台班	592	635.05	
20	电	kW·h	267	1.02		47	$25m^3/h$以内混凝土搅拌站	台班	611	799.93	
21	水	m^3	268	2.05		48	4t以内载货汽车	台班	640	260.12	
22	青(红)砖	千块	275	222.97		49	8t以内自卸汽车	台班	649	454.92	
23	生石灰	t	278	131.97		50	1t以内机动翻斗车	台班	675	90.66	
24	土	m^3	280	0.01		51	12t以内汽车式起重机	台班	700	552.35	
25	砂	m^3	285	42.02		52	小型机具使用费	元	998	1.00	
26	中(粗)砂	m^3	286	42.02		53	定额基价	元	999	1.00	
27	片石	m^3	305	48.18							

编制:黄丽平　　　　复核:张建华

分项工程预算表

编制范围:K0 + 000 ~ K8 + 500

工程名称:机械土方

第 1 页　共 11 页　08 表

序号	工程项目			挖掘机挖装土方									合计	
	工程细目			$1.0m^3$ 以内挖掘机挖装普通土										
	定额单位			$1\ 000m^3$										
	工程数量			65.000										
	定额表号			1-10-5										
	工、料、机名称	单位	单价(元)	定额	数量	金额(元)	定额	数量	金额(元)	定额	数量	金额(元)	数量	金额(元)
1	人工	工日	16.84	5.000	325.0	5 473							325.0	5 473
2	75kW 以内履带式推土机	台班	448.31	1.010	65.7	29 432							65.7	29 432
3	$1m^3$ 以内单斗挖掘机	台班	642.85	2.530	164.5	105 717							164.5	105 717
4	定额基价	元	1.00	1974.000	128 310.0	128 310							128 310	128 310
	直接费	元				140 621								
	其他直接费	元		7.550		9 687								
	现场经费	元		8.090		10 380								
	间接费	元		3.290		4 882								
	直接工程费与间接费合计	元				165 571								
	本分项费用		人工费:5 473 元　材料费:0 元　机械使用费:135 148 元　直接工程费:160 689 元　定额直接工程费:148 378 元											

编制:黄丽平　　　　复核:张建华

各项费用之间的关系:金额 = 工、料、机单价 × 工程数量;其他直接费、现场经费 = 定额基价 × 相应费率

间接费 = (定额基价 + 其他直接费 + 现场经费) × 间接费率

分项工程预算表

编制范围:K0+000~K8+500

工程名称:自卸车配合挖掘机运输土方　　　　第2页　共11页　08表

序号	工程项目			自卸汽车配合挖掘机运土									合计	
	工程细目			8t以内自卸汽车运距2km										
	定额单位			1 000m^3										
	工程数量			65.000										
	定额表号			1-11-5+6×2										
	工、料、机名称	单位	单价(元)	定额	数量	金额(元)	定额	数量	金额(元)	定额	数量	金额(元)	数量	金额(元)
1	8t以内自卸汽车	台班	454.92	17.690	1 149.9	523 090							1 149.9	523 090
2	定额基价	元	1.00	7 278.000	473 070.0	473 070							473 070.0	473 070
	直接费	元				523 090								
	其他直接费	元	7.550			35 717								35 717
	现场经费	元	8.090			38 271								38 271
	间接费	元	3.290			17 998								17 998
	直接工程费与间接费合计	元				615 076								615 076
本分项费用			人工费:0元　材料费:0元　机械使用费:523 090元　直接工程费:597 078元　定额直接工程费:547 058元											

编制:黄丽平　　　　复核:张建华

各项费用之间的关系:金额=工、料、机单价×工程数量;其他直接费、现场经费=定额基价×相应费率

间接费=(定额基价+其他直接费+现场经费)×间接费率

分项工程预算表

编制范围：K0 + 000 ~ K8 + 500

工程名称：零填及挖方压实　　　　第3页　共11页　08表

序号	工程项目			机械碾压路基									合计	
	工程细目			二级路5t振动压路机碾压										
	定额单位			1 000m³										
	工程数量			51.000										
	定额表号			1-16-23										
	工、料、机名称	单位	单价(元)	定额	数量	金额(元)	定额	数量	金额(元)	定额	数量	金额(元)	数量	金额(元)
1	人工	工日	16.84	1.000	51.0								51.0	859
2	120kW以内洗行式平地机	台班	847.74	0.430	21.9								21.9	18 591
3	6~8t光轮压路机	台班	195.82	0.550	28.1								28.1	5 493
4	15t以内自行式振动压路机	台班	662.10	0.790	40.3								40.3	26 676
5	定额基价	元	1.00	924.000	47 124.0								47 124	47 124
	直接费	元			51 619									51 619
	其他直接费	元	7.550		3 558									3 558
	现场经费	元	8.090		3 812									3 812
	间接费	元	3.290		1 793									1 793
	直接工程费与间接费合计	元			60 782									60 782
	本分项费用		人工费：859元　材料费：0元　机械使用费：50 760元　直接工程费：58 989元　定额直接工程费：54 494元											

编制：黄丽平　　　　复核：张建华

各项费用之间的关系：金额 = 工、料、机单价 × 工程数量；其他直接费、现场经费 = 定额基价 × 相应费率

间接费 = (定额基价 + 其他直接费 + 现场经费) × 间接费率

分项工程预算表

编制范围:K0+000~K8+500

工程名称:填方压实 第4页 共11页 08表

序号	工程项目			机械碾压路基									合计	
	工程细目			二级路5t振动压路机碾压										
	定额单位			1 000m³										
	工程数量			38.000										
	定额表号			1-16-8										
	工、料、机名称	单位	单价(元)	定额	数量	金额(元)	定额	数量	金额(元)	定额	数量	金额(元)	数量	金额(元)
1	人工	工日	16.84	3.000	114.0	1 920							114.0	1 920
2	120kW以自行式平地机	台班	847.74	1.130	54.3	46 066							54.3	46 066
3	6-8t光轮压路机	台班	195.82	1.430	69.5	13 617							69.5	13 617
4	15t以内自行式振动压路机	台班	662.10	2.630	99.9	66 170							99.9	66 170
	定额基价	元	1.00	3 069.000	116 622.0	116 622							116 622.0	116 622
	直接费	元				127 774								127 774
	其他直接费	元	7.550			8 805								8 805
	现场经费	元	8.090			9 435								9 435
	间接费	元	3.290			4 437								4 437
	直接工程费与间接费合计	元				150 450								150 450
本分项费用			人工费:1 920元 材料费:0元 机械使用费:125 854元 直接工程费:146 013元 定额直接工程费:134 862元											

编制:黄丽平 复核:张建华

各项费用之间的关系:金额=工、料、机单价×工程数量;其他直接费、现场经费=定额基价×相应费率

间接费=(定额基价+其他直接费+现场经费)×间接费率

分项工程预算表

编制范围:K0+000~K8+500

工程名称:石砌护坡　　　　　　　　　　第5页　共11页　08表

序号	工程项目			人工挖基坑土石、方			浆砌片石			石砌边坡、边沟、急流槽			合计	
	工程细目			基坑深3m以内干处土方			基础、护底、截水墙			浆砌片石边坡				
	定额单位			$10m^3$			$10m^3$			$10m^3$				
	工程数量			6.400			4.800			10.500				
	定额表号			4-1-1			4-31-1改			5-6-2				
	工、料、机名称	单位	单价(元)	定额	数量	金额(元)	定额	数量	金额(元)	定额	数量	金额(元)	数量	金额(元)
1	人工	工日	16.84	7.70	49.3	830	16.800	80.6	1 358	17.800	186.9	3 147	316.8	5 335
2	325号水泥	t	238.31							0.935	9.8	2 340	9.8	2 340
3	425号水泥	t	248.67				0.738	3.5	881				3.5	881
4	水	m^3	2.05				4.000	19.2	39	13.000	136.5	280	155.7	319
5	中(粗)砂	m^3	42.02				3.955	19.0	798	4.230	44.4	1 866	63.4	2 664
6	片石	m^3	48.18				11.500	55.2	2 660	11.500	120.8	5 818	176.0	8 477
7	其他材料	元	1.00				0.900	4.3	4	1.500	15.8	16	20.1	20
8	定额基价	元	1.00	123.000	787.2	787	910.000	4 368.0	4 368	975.000	10 237.5	10 238	15 392.7	15 393
	直接费	元				830			5 740			13 467		20 036
	其他直接费	元	11.400			90	3.030		132	3.030		310		532
	现场经费	元	15.080			119	11.850		518	11.850		1 213		1 849
	间接费	元	3.890			39	4.380		220	4.380		515		774
	直接工程费与间接费合计	元				1 077			6 609			15 505		23 192
	本分项费用		人工费:5 335元　材料费:14 701元　机械使用费:0元　直接工程费:22 418元　定额直接工程费:17 774元											

编制:黄丽平　　　　　　　　　　复核:张建华

各项费用之间的关系:金额=工、料、机单价×工程数量;其他直接费、现场经费=定额基价×相应费率

间接费=(定额基价+其他直接费+现场经费)×间接费率

分项工程预算表

工程名称:修整旧路面

编制范围:K0+000~K8+500　　　　第6页　共11页　08表

序号	工程项目			修整旧黑色路面									合计	
	工程细目			修整基层及基层沥青表处										
	定额单位			1 000m^3										
	工程数量			67.000										
	定额表号			2-2-1										
	工、料、机名称	单位	单价(元)	定额	数量	金额(元)	定额	数量	金额(元)	定额	数量	金额(元)	数量	金额(元)
1	人工	工日	16.84	49.900	3 343.3	56 301							3 343.3	56 301
2	石油沥青	t	2 031.31	3.914	262.2	532 687							262.2	532 687
3	煤	t	248.98	0.838	56.1	13 979							56.1	13 979
4	水	m^3	2.05	17.000	1 139.0	2 335							1 139.0	2 335
5	砂	m^3	42.02	3.120	209.0	8 784							209.0	8 784
6	石屑	m^3	51.76	53.430	3 579.8	185 291							3 579.8	185 291
7	路面用碎石(1.5cm)	m^3	31.06	47.520	3 183.8	98 890							3 183.8	98 890
8	路面用碎石(3.5cm)	m^3	31.06	25.150	1 685.1	52 338							1 685.1	52 338
9	其他材料费	元	1.00	10.100	676.7	677							676.7	677
10	设备摊销费	元	1.00	36.800	2 465.6	2 466							2 465.6	2 466
11	6~8t 光轮压路机	台班	195.82	1.220	81.7	16 006							81.7	16 006
12	1t 以内手扶式振动压路机	台班	57.72	4.560	305.5	17 635							305.5	17 635
13	1t 以内机动翻斗车	台班	90.66	1.040	69.7	6 317							69.7	6 317
14	小型机具使用费	元	1.00	293.100	19 637.7	19 638							19 637.7	19 638
15	定额基价	元	1.00	11 199.000	750 333.0	750 333							750 333.0	750 333
	直接费	元				1 013 343								1 013 343
	其他直接费	元	11.40			85 538								85 538
	现场经费	元	15.080			113 150								113 150
	间接费	元	3.890			36 917								36 917
	直接工程费与间接费合计	元				1 248 948								1 248 948
	本分项费用		人工费:56 301 元　材料费:894 980 元　机械使用费:62 061 元　直接工程费:1 212 031 元　定额直接工程费:949 021 元											

分项工程预算表

编制范围:K0 + 000 ~ K8 + 500

工程名称:水泥、石灰稳定土基层　　　　第 7 页　共 11 页　08 表

序号	工程项目			水泥、石灰稳定土基层			培路肩						合计	
	工程细目			翻拌厚 20cm 水泥石灰土			培肩厚度 24cm							
	定额单位			1 000m²			1 000m²							
	工程数量			80.750			25.500							
	定额表号			2-11-5 + 6 × 5,改			2-5-1 + 2 × 4							
	工、料、机名称	单位	单价(元)	定额	数量	金额(元)	定额	数量	金额(元)	定额	数量	金额(元)	数量	金额(元)
1	人工	工日	16.84	215.300	17 385.5	292 771	72.300	1843.7	31 047				19 229.1	323 818
2	325 号水泥	t	238.31	10.403	840.0	200 190							840.0	200 190
3	水	m³	2.05	48.000	3 876.0	7 946							3 876.0	7 946
4	生石灰	t	131.97	35.015	2 827.5	373 140							2827.5	373 140
5	土	m³	0.01	267.525	21 602.6	216							21 602.6	216
6	6 ~ 8t 光轮压路机	台班	195.82	0.360	29.1	5 692							29.1	5 692
7	12 ~ 15t 光轮压路机	台班	285.99	1.500	121.1	34 641							121.1203.7	34 641
8	1t 以内手扶式振动压路机	台班	57.72				7.990	203.7	11 760				915 581.8	11 760
9	定额基价	元	1.00	10 837.000	875 087.8	875 088	1 588.000	40 494.0	40 494					915 582
	直接费	元				914 597			42 807					957 404
	其他直接费	元	2.800			24 502	2.800		1 134					25 636
	现场经费	元	8.400			73 507	8.400		3 401					76 909
	间接费	元	3.560			34 642	3.560		1 603					36 245
	直接工程费与间接费合计	元				1 047 249			48 946					1 096 194
	本分项费用		人工费:323 818 元　材料费:581 492 元　机械使用费:52 093 元　直接工程费:1 059 949 元　定额直接工程费:1 018 127 元											

编制:黄丽平　　　　复核:张建华

各项费用之间的关系:金额 = 工、料、机单价 × 工程数量;其他直接费、现场经费 = 定额基价 × 相应费率

间接费 =(定额基价 + 其他直接费 + 现场经费)× 间接费率

分项工程预算表

编制范围：K0+000～K8+500

工程名称：水泥混凝土路面

第8页　共11页　08表

序号	工程项目			水泥混凝土路面			水泥混凝土路面			混凝土搅拌站及混凝土运输			合计	
	工程细目			厚24cm集中拌汽运2km			钢筋			混凝土搅拌站安拆（$15m^3/h$）				
	定额单位			1 000m^2			1t			1座				
	工程数量			76.500			16.300			1.000				
	定额表号			2-28-3+4×4+5×1+6×4,改			2-28-7			4-110-1				
	工、料、机名称	单位	单价（元）	定额	数量	金额（元）	定额	数量	金额（元）	定额	数量	金额（元）	数量	金额（元）
1	人工	工日	16.84	285.200	21 817.8	367 412	7.900	128.8	2 168	495.800	495.8	8 349	22 442.4	377 930
2	原木	m^3	883.55							0.223	0.2	197	0.2	197
3	锯材	m^3	1 344.80	0.170	13.0	17 489				0.138	0.1	186	13.1	17 675
4	I级钢筋	t	2 267.30	0.004	0.3	694	0.359	5.9	13 268	0.221	0.2	501	6.4	14 463
5	II级钢筋	t	2 267.30				0.666	10.9	24 614				10.9	24 614
6	型钢	t	2 369.80	0.047	3.6	8 519				0.062	0.1	147	3.7	8 666
7	组合钢模板	t	4 052.12							0.124	0.1	502	0.1	502
8	铁件	kg	3.60							61.700	61.7	222	61.7	222
9	8～12号铁丝	kg	3.60							1.100	1.1	4	1.1	4
10	20～22号铁丝	kg	4.11				5.100	83.1	342				83.1	342
11	325号水泥	t	238.31							14.292	14.3	3 406	14.3	3 406
12	425号水泥	t	248.67	89.352	6 835.4	1 699 766							6 835.4	1 699 766
13	石油沥青	t	2 031.31	0.110	8.4	17 093							8.4	17 093
14	煤	t	248.98	0.024	1.8	457							1.8	457
15	水	m^3	2.05	288.000	22 032.0	45 166				78.000	78.0	160	22 110.0	45 326
16	青（红）砖	千块	222.97							8.950	9.0	1 996	9.0	1 996
17	中（粗）砂	m^3	42.02	119.968	9177.6	385 641				28.250	28.3	1187	9205.8	386 828
18	碎石（2cm）	m^3	52.80							8.400	8.4	444	8.4	444
19	碎石（4cm）	m^3	52.80	208.096	15 919.3	840 541							15 919.3	840 541

编制：黄丽平　　　　复核：张建华

分项工程预算表

编制范围:K0+000～K8+500

工程名称:水泥混凝土路面　　　　第9页　共11页　08表

序号	工程项目			水泥混凝土路面			水泥混凝土路面			混凝土搅拌站及混凝土运输			合计	
	工程细目			厚24cm集中拌汽运2km			钢筋			混凝土搅拌站安拆(15m³/h)				
	定额单位			1000m²			1t			1座				
	工程数量			76.500			16.300			1.000				
	定额表号			2-28-3+4×4+5×1+6×4,改			2-28-7			4-110-1				
	工、料、机名称	单位	单价(元)	定额	数量	金额(元)	定额	数量	金额(元)	定额	数量	金额(元)	数量	金额(元)
20	碎石(8cm)	m³	51.76							32.830	32.8	1 699	32.8	1 699
21	其他材料费	元	1.00	100.600	7 695.9	7 696				340.50	340.5	341	8 036.4	8 036
22	75kW以内履带式推土机	台班	448.31	2.330	178.2	79 909							178.2	79 909
23	电动真空吸水机组	台班	59.46	3.480	266.2	15 829							266.2	15 829
24	电动混凝土切缝机	台班	113.64	3.460	264.7	30 079							264.79	30 079
25	250L以内强制反转式搅拌机	台班	108.69							3.900	3.9	424	3.9	424
26	3m³以内混凝土搅拌车	台班	635.05	8.220	628.8	399 338							628.8	399 338
27	25 m³以内混凝土搅拌站	台班	799.93	2.920	223.4	178 688							223.4	178 688
28	4t以内载货汽车	台班	260.12							3.250	3.3	845	3.3	845
29	12t以内汽车式起重机	台班	552.35							3.750	3.8	2 071	3.8	2 071
30	小型机具使用费	元	1.00	58.800	4 498.2	4 498	5.000	81.5	82	109.500	109.5	110	4 689.2	4 689
31	定额基价	元	1.00	52 189.00	3 992 458.5	3 992 459	3 032.000	49 421.6	49 422	21 496.0	21 496.0	21 496	4 063 376.1	4 063 376
	直接费	元				4 098 817			40 474					4 162 081
	其他直接费	元	3.100			123 766	3.100		1 532					125 298
	现场经费	元	6.570			262 305	6.570		3 247	6.260		1 346		266 897
	间接费	元	2.290			100 268	2.290		1 241	2.450		560		102 069
	直接工程费与间接费合计	元				4 585 156			46 494			24 696		4 656 346
	本分项费用		人工费:377 930元　材料费:3 072 277元　机械使用费:711 874元　直接工程费:4 554 276元　定额直接工程费:4 455 572元											

编制:黄丽平　　　　复核:张建华

各项费用之间的关系:金额=工、料、机单价×工程数量;其他直接费、现场经费=定额基价×相应费率

间接费=(定额基价+其他直接费+现场经费)×间接费率

分项工程预算表

编制范围：K0 + 000 ~ K8 + 500

工程名称：便道　　　　第 10 页　共 11 页　08 表

序号	工程项目			汽车便道									合计	
	工程细目			汽车便道路基宽 7m 平原微丘区										
	定额单位			1km										
	工程数量			4.000										
	定额表号			7-1-1										
	工、料、机名称	单位	单价(元)	定额	数量	金额(元)	定额	数量	金额(元)	定额	数量	金额(元)	数量	金额(元)
1	人工	工日	16.84	43.300	173.2	2 917							173.2	2 917
2	75kW 以内履带式推土机	台班	448.31	13.280	53.1	23 814							53.1	23 814
3	6 ~ 8t 光轮压路机	台班	195.82	5.690	22.8	4 457							22.8	4 457
4	定额基价	元	1.00	7 016.000	28 064.0	28 064							28 064.0	28 064
	直接费	元				31 188								31 188
	其他直接费	元	2.800			786								786
	现场经费	元	8.400			2 357								2 357
	间接费	元	3.560			1 111								1 111
	直接工程费与间接费合计	元				35 442								35 442
本分项费用			人工费：2 917 元　材料费：0 元　机械使用费：28 271 元　直接工程费：34 331 元　定额直接工程费：31 207 元											

编制：黄丽平　　　　复核：张建华

各项费用之间的关系：金额 = 工、料、机单价 × 工程数量；其他直接费、现场经费 = 定额基价 × 相应费率

间接费 = (定额基价 + 其他直接费 + 现场经费) × 间接费率

分项工程预算表

编制范围:K0 + 000 ~ K8 + 500

工程名称:临时电力线路 　　　　第 11 页　共 11 页　08 表

序号	工程项目			架设输电、电讯线路									合计	
	工程细目			支线输电线路										
	定额单位			100m										
	工程数量			5.000										
	定额表号			7-5-3										
	工、料、机名称	单位	单价(元)	定额	数量	金额(元)	定额	数量	金额(元)	定额	数量	金额(元)	数量	金额(元)
1	人工	工日	16.84	4.900	24.5	413							24.5	413
2	原木	m^3	883.55	0.572	2.9	2 527							2.9	2 527
3	锯材	m^3	1 344.80	0.033	0.2	222							0.2	222
4	钢板	t	3 087.30	0.002	0.0	31							0.0	31
5	铁件	kg	3.60	2.700	13.5	49							13.5	49
6	8 ~ 12 号铁丝	kg	3.60	3.500	17.5	63							17.5	63
7	皮线	m	4.10	320.000	1 600.0	6 560							1 600.0	6 560
8	其他材料费	元	1.00	27.000	135.01	135							135.0	135
9	定额基价	元	1.00	2 399.000	11 995.0	11 995							11 995.0	11 995
	直接费	元				9 999								9 999
	其他直接费	元		3.030		363								363
	现场经费	元		11.850		1 421								1 421
	间接费	元		4.380		604								604
	直接工程费与间接费合计	元				12 387								12 387
	本分项费用		人工费:413 元　材料费:9 586 元　机械使用费:0 元　直接工程费:11 784 元　定额直接工程费:13 780 元											

编制:黄丽平 　　　　复核:张建华

各项费用之间的关系:金额 = 工、料、机单价 × 工程数量;其他直接费、现场经费 = 定额基价 × 相应费率

间接费 =(定额基价 + 其他直接费 + 现场经费)× 间接费率

材料预算单价计算表

建设项目名称：驻—新公路

编制范围：K0+000~K8+500

第1页　共3页　09表

序号	代号	规格名称	单位	原价（元）	运杂费					原价运费合计（元）	场外运输损耗		采购及保管费		预算单价（元）
					供应地点	运输方式、比重及运距（km）	毛重系数或单位毛重	运杂费构成说明或计算式	单位运费（元）		费率（%）	金额（元）	费率（%）	金额（元）	
1	10	原木	m^3	850.000	驻市—汝南	汽车 30km	1.00000	0.4×30	12.000	862.00	0.00	0.000	2.500	21.550	883.550
2	11	锯材	m^3	1 300.000	驻市—汝南	汽车 30km	1.00000	0.4×30	12.000	1 312.00	0.00	0.000	2.500	32.800	1 344.800
3	16	I级钢筋	t	2 200.000	驻市—汝南	汽车 30km	1.00000	0.4×30	12.000	2 212.00	0.00	0.000	2.500	55.300	2 267.300
4	17	II级钢筋	t	2 200.000	驻市—汝南	汽车 30km	1.00000	0.4×30	12.000	2 212.00	0.00	0.000	2.500	55.300	2 267.300
5	20	钢绞线	t	5 000.000	驻市—汝南	汽车 30km	1.00000	0.4×30	12.000	5 012.00	0.00	0.000	2.500	125.300	5 137.300
6	28	波纹管钢带	t	6 000.000	驻市—汝南	汽车 30km	1.00000	0.4×30	12.000	6 012.00	0.00	0.000	2.500	150.300	6 162.300
7	31	型钢	t	2 300.000	驻市—汝南	汽车 30km	1.00000	0.4×30	12.000	2 312.00	0.00	0.000	2.500	57.800	2 369.800
8	32	钢板	t	3 000.000	驻市—汝南	汽车 30km	1.00000	0.4×30	12.000	3 012.00	0.00	0.000	2.500	75.300	3 087.300
9	35	钢管	t	4 400.000	驻市—汝南	汽车 30km	1.00000	0.4×30	12.000	4 412.00	0.00	0.000	2.500	110.300	4 522.300
10	41	钢丝绳	t	6 000.000	驻市—汝南	汽车 30km	1.00000	0.4×30	12.000	6 012.00	0.00	0.000	2.500	150.300	6 162.300
11	42	电焊条	kg	3.000	驻市—汝南	汽车 30km	0.00110	(0.4×30)×0.0011	0.010	3.01	0.00	0.000	2.500	0.075	3.090
12	52	钢护筒	t	4 000.000	驻市—汝南	汽车 30km	1.00000	0.4×30	12.000	4 012.00	0.00	0.000	1.000	40.120	4 052.120
13	55	钢模板	t	4 000.000	驻市—汝南	汽车 30km	1.00000	0.4×30	12.000	4 012.00	0.00	0.000	1.000	40.120	4 052.120
14	57	组合钢模板	t	4 000.000	驻市—汝南	汽车 30km	1.00000	0.4×30	12.000	4 012.00	0.00	0.000	1.000	40.120	4 052.120
15	58	门式钢支架	t	4 000.000	驻市—汝南	汽车 30km	1.00000	0.4×30	12.000	4 012.00	0.00	0.000	1.000	40.120	4 052.120
16	80	钢支座	t	7 000.000	驻市—汝南	汽车 30km	1.00000	0.4×30	12.000	7 012.00	0.00	0.000	1.000	70.120	7 082.120
17	86	板式橡胶支座	dm^3	80.000	驻市—汝南	汽车 30km	0.00320	(0.4×30)×0.0032	0.040	80.04	0.00	0.000	2.500	2.001	82.040
18	128	钢绞线群锚(19孔)	套	800.000	驻市—汝南	汽车 30km	0.03700	(0.4×30)×0.037	0.440	800.44	0.00	0.000	2.500	20.011	820.450

材料预算单价计算表

第2页 共3页 09表

序号	代号	规格名称	单位	原价（元）	运杂费					原价运费合计（元）	场外运输损耗		采购及保管费		预算单价（元）
					供应地点	运输方式、比重及运距（km）	毛重系数或单位毛重	运杂费构成说明或计算式	单位运费（元）		费率（%）	金额（元）	费率（%）	金额（元）	
19	132	钢绞线群锚垫板	t	5 000.000	驻市—汝南	汽车 30km	1.00000	0.4×30	12.000	5 012.00	0.00	0.000	2.500	125.300	5 137.300
20	145	板式橡胶伸缩缝	m	321.000	驻市—汝南	汽车 30km	0.18600	(0.4×30)×0.186	2.230	323.23	0.00	0.000	2.500	8.081	331.310
21	150	铁件	kg	3.500	驻市—汝南	汽车 30km	0.00100	(0.4×30)×0.001	0.010	3.51	0.00	0.000	2.500	0.088	3.600
22	151	铁钉	kg	3.500	驻市—汝南	汽车 30km	0.00100	(0.4×30)×0.001	0.010	3.51	0.00	0.000	2.500	0.088	3.600
23	153	8～12号铁丝	kg	3.500	驻市—汝南	汽车 30km	0.00100	(0.4×30)×0.001	0.010	3.51	0.00	0.000	2.500	0.088	3.600
24	154	20～22号铁丝	kg	4.000	驻市—汝南	汽车 30km	0.00100	(0.4×30)×0.001	0.010	4.01	0.00	0.000	2.500	0.100	4.110
25	160	铸铁管	kg	2.500	驻市—汝南	汽车 30km	0.00100	(0.4×30)×0.001	0.010	2.51	0.00	0.000	2.500	0.063	2.570
26	176	橡皮线	m	5.000	驻市—汝南	汽车 30km	0.00070	0.4×30)×0.0007	0.010	5.01	0.00	0.000	2.500	0.125	5.140
27	177	皮线	m	4.000	驻市—汝南	汽车 30km	0.00030	(0.4×30)×0.0003	0.000	4.00	0.00	0.000	2.500	0.100	4.100
28	230	油毛毡	m^2	2.500	驻市—汝南	汽车 30km	0.00175	(0.4×30)×0.00175	0.020	2.52	0.00	0.000	2.500	0.063	2.580
29	242	325号水泥	t	210.000	确山—汝南	汽车 50km	1.01000	(0.4×50)×1.01	20.200	230.20	1.00	2.302	2.500	5.813	238.310
30	243	425号水泥	t	220.000	确山—汝南	汽车 50km	1.01000	(0.4×50)×1.01	20.200	240.20	1.00	2.402	2.500	6.065	248.670
31	260	石油沥青	t	1910.000	驻市—汝南	汽车 30km	1.17000	(0.4×30)×1.17	14.040	1 924.04	3.00	57.721	2.500	49.544	2 031.310
32	263	重油	kg	2.500	驻市—汝南	汽车 30km	0.00117	(0.6×30)×0.00117	0.020	2.52	0.00	0.000	2.500	0.063	2.580
33	264	汽油	kg	3.200	驻市—汝南	汽车 30km	0.00117	(0.4×30)×0.00117	0.010	3.21	0.00	0.000	2.500	0.080	3.290
34	265	柴油	kg	3.000	驻市—汝南	汽车 30km	0.00117	(0.4×30)×0.00117	0.010	3.01	0.00	0.000	2.500	0.075	3.090
35	266	煤	t	230.000	驻市—汝南	汽车 30km	1.00000	0.35×30	10.500	240.50	1.00	2.405	2.500	6.073	248.980
36	267	电	kW·h	1.000	汝南		0.00000		0.000	1.00	0.00	0.000	2.500	0.025	1.020
37	268	水	m^3	2.000	汝南		1.00000		0.000	2.00	0.00	0.000	2.500	0.050	2.050
38	269	木柴	kg	0.300	驻市—汝南	汽车 30km	0.00100	(0.4×30)×0.001	0.010	0.31	0.00	0.000	2.500	0.008	0.320

材料预算单价计算表

序号	代号	规格名称	单位	原价（元）	运杂费					原价运费合计（元）	场外运输损耗		采购及保管费		预算单价（元）
					供应地点	运输方式、比重及运距（km）	毛重系数或单位毛重	运杂费构成说明或计算式	单位运费（元）		费率（%）	金额（元）	费率（%）	金额（元）	
39	275	青(红)砖	千块	180.000	驻市—汝南	汽车 30km	2.60000	(0.4×30)×2.6	31.200	211.20	3.00	6.336	2.500	5.438	222.970
40	278	生石灰	t	105.000	确山—汝南	汽车 50km	1.00000	0.4×50	20.000	125.00	3.00	3.750	2.500	3.219	131.970
41	280	土	m^3	0.010	汝南		1.40000		0.000	0.01	3.00	0.000	2.500	0.000	0.010
42	285	砂	m^3	10.000	确山—汝南	汽车 50km	1.50000	(0.4×50)×1.5	30.000	40.00	2.50	1.000	2.500	1.025	42.020
43	286	中(粗)砂	m^3	10.000	确山—汝南	汽车 50km	1.50000	(0.4×50)×1.5	30.000	40.00	2.50	1.000	2.500	1.025	42.020
44	287	砂砾	m^3	10.000	确山—汝南	汽车 50km	1.70000	(0.4×50)×1.7	34.000	44.00	1.00	0.440	2.500	1.111	45.550
45	290	粘土	m^3	15.000	汝南		1.40000		0.000	15.00	3.00	0.450	2.500	0.386	15.840
46	305	片石	m^3	15.000	确山—汝南	汽车 50km	1.60000	(0.4×50)×1.6	32.000	47.00	0.00	0.000	2.500	1.175	48.180
47	315	矿粉	t	110.000	确山—汝南	汽车 50km	1.01000	(0.4×50)×1.01	20.200	130.20	1.00	1.302	2.500	3.288	134.790
48	320	碎石(2cm)	m^3	21.000	确山—汝南	汽车 50km	1.50000	(0.4×50)×1.5	30.000	51.00	1.00	0.510	2.500	1.288	52.800
49	321	碎石(4cm)	m^3	21.000	确山—汝南	汽车 50km	1.50000	(0.4×50)×1.5	30.000	51.00	1.00	0.510	2.500	1.288	52.800
50	323	碎石(8cm)	m^3	20.000	确山—汝南	汽车 50km	1.50000	(0.4×50)×1.5	30.000	50.00	1.00	0.500	2.500	1.263	51.760
51	324	碎石	m^3	20.000	确山—汝南	汽车 50km	1.50000	(0.4×50)×1.5	30.000	50.00	1.00	0.500	2.500	1.263	51.760
52	326	石屑	m^3	20.000	确山—汝南	汽车 50km	1.50000	(0.4×50)×1.5	30.000	50.00	1.00	0.500	2.500	1.263	51.760
53	327	路面用碎石(1.5cm)	m^3	0.000	确山—汝南	汽车 50km	1.50000	(0.4×50)×1.5	30.000	30.00	1.00	0.300	2.500	0.758	31.060
54	328	路面用碎石(2.5cm)	m^3	21.000	确山—汝南	汽车 50km	1.50000	(0.4×50)×1.5	30.000	51.00	1.00	0.510	2.500	1.288	52.800
55	329	路面用碎石(3.5cm)	m^3	0.000	确山—汝南	汽车 50km	1.50000	(0.4×50)×1.5	30.000	30.00	1.00	0.300	2.500	0.758	31.060
56	343	块石	m^3	50.000	确山—汝南	汽车 50km	1.85000	(0.4×50)×1.85	37.000	87.00	0.00	0.000	2.500	2.175	89.180

编制：黄丽平　　　　复核：张建华

机械台班单价计算表

建设项目名称：驻—新公路

编制范围：K0＋000～K8＋500

第1页　共1页　10表

序号	定额号	机械规格名称	台班单价（元）	不变费用 调整系数：1		可变费用 人工：16.84元/工日		重油：		汽油：3.29元/kg		柴油：3.09元/kg		煤：248元/t		电：1.02元/kW·h		水：2.05元/m^3		木柴：		养路费及车船使用税（元）	可变费用合计（元）
				定额	调整值	定额	费用	定额	费用	定额	费用	定额	费用	定额	费用	定额	费用	定额	费用	定额	费用		
1	403	75kW以内履带式推土机	448.31	229.23	229.23	2	33.68		0.00		0.00	60	185.40		0.00		0.00		0.00		0.00	0.00	219.08
2	430	$1m^3$以内单斗挖掘机	642.85	405.23	405.23	2	33.68		0.00		0.00	66	203.94		0.00		0.00		0.00		0.00	0.00	237.62
3	444	120kW以内自行式平地机	847.74	551.41	551.41	2	33.68		0.00		0.00	85	262.65		0.00		0.00		0.00		0.00	0.00	296.33
4	458	6～8t光轮压路机	195.82	117.18	117.18	1	16.84		0.00		0.00	20	61.80		0.00		0.00		0.00		0.00	0.00	78.64
5	461	12～15t光轮压路机	285.99	170.27	170.27	1	16.84		0.00		0.00	32	98.88		0.00		0.00		0.00		0.00	0.00	115.72
6	464	1t以内手扶式振动压路机	57.72	28.52	28.52	1	16.84		0.00		0.00	4	12.36		0.00		0.00		0.00		0.00	0.00	29.20
7	468	15t以内自行式振动压路机	662.10	393.58	393.58	2	33.68		0.00		0.00	76	234.84		0.00		0.00		0.00		0.00	0.00	268.52
8	552	电动真空吸水机组	59.46	23.24	23.24	1	16.84		0.00		0.00		0.00		0.00	19	19.38		0.00		0.00	0.00	36.22
9	554	电动混凝土切缝机	113.64	77.42	77.42	1	16.84		0.00		0.00		0.00		0.00	19	19.38		0.00		0.00	0.00	36.22
10	569	250L以内强制及反转式搅拌机	108.69	37.79	37.79	1	16.84		0.00		0.00		0.00		0.00	53	54.06		0.00		0.00	0.00	70.90
11	592	$3m^3$以内混凝土搅拌运输车	635.05	449.13	449.13	1	16.84		0.00		0.00	42	129.78		0.00		0.00		0.00		0.00	39.30	185.92
12	611	$25m^3/h$以内混凝土搅拌站	799.93	424.01	424.01	5	84.20		0.00		0.00		0.00		0.00	286	291.72		0.00		0.00	0.00	375.92
13	640	4t以内载货汽车	260.12	86.62	86.62	1	16.84		0.00	38	125.02		0.00		0.00		0.00		0.00		0.00	31.64	173.50
14	649	8t以内自卸汽车	454.92	201.62	201.62	1	16.84		0.00		0.00	54	166.86		0.00		0.00		0.00		0.00	69.60	253.30
15	675	1t以内机动翻斗车	90.66	39.10	39.10	1	16.84		0.00		0.00	10	30.90		0.00		0.00		0.00		0.00	3.82	51.56
16	700	12t以内汽车式起重机	552.35	352.68	352.68	2	33.68		0.00		0.00	31	95.79		0.00		0.00		0.00		0.00	70.20	199.67

编制：黄丽平　　　　复核：张建华

参 考 文 献

1 交通部第二公路工程局,西安公路交通大学.公路施工项目管理手册.北京:人民交通出版社,2003

2 姚玉玲.公路工程施工组织学.北京:人民交通出版社,1998

3 赖少武,曹晓岩.公路工程施工进度控制.北京:人民交通出版社,1999

4 邬晓光.工程进度监理.北京:人民交通出版社,1999

5 李宗佳.公路工程管理.北京:人民交通出版社,1999

6 高林.公路施工与养护管理.北京:人民交通出版社,2001

7 交通部电视中专教材编审委员会.公路工程管理.北京:人民交通出版社,1997

8 中华人民共和国交通部公路司.公路工程国内招标文件范本(2003 年版).北京:人民交通出版社,2003

9 关庆年.公路工程管理.北京:人民交通出版社,1994

10 交通部.公路工程概算定额.北京:人民交通出版社,1992

11 交通部.公路工程预算定额.北京:人民交通出版社,1992

12 交通部.公路工程概算、预算定额基价表.北京:书目文献出版社,1996

13 交通部.公路工程机械台班费用定额.北京:人民交通出版社,1992

14 交通部.公路基本建设工程概、预算编制办法.北京:书目文献出版社,1996

15 中华人民共和国行业标准.公路养护技术规范(JTJ 073—96).北京:人民交通出版社,1996

16 中华人民共和国行业标准.公路养护质量检查评定标准(JTJ 075—94).北京:人民交通出版社,1994

17 中华人民共和国行业标准.公路养护安全作业规程(JTG H30—2004).北京:人民交通出版社,2004

18 彭富强.公路养护技术与管理.北京:人民交通出版社,2002

19 张起森.公路施工组织与概预算.北京:人民交通出版社,2003

参考文献

1 [illegible]．北京：人民交通出版社，[illegible]
2003
2 [illegible]．北京：人民交通出版社，1998
3 [illegible]．北京：人民交通出版社，1999
4 [illegible]．北京：人民交通出版社，1999
5 [illegible]．北京：人民交通出版社，1999
6 [illegible]．北京：人民交通出版社，2001
7 [illegible]．北京：人民交通出版社，1997
8 中华人民共和国交通部．[illegible]（2003年版）．北京：人民交通出版社，2003
9 [illegible]，1994
10 [illegible]．北京：人民交通出版社，1992
11 [illegible]．北京：人民交通出版社，1993
12 [illegible]
13 [illegible]
14 [illegible]
15 [illegible]
16 [illegible]．北京：人民交通出版社，[illegible]
17 [illegible]．北京：人民交通出版社，[illegible]
18 [illegible]，2002
19 [illegible]．北京：人民交通出版社，2003